Comunicação Empresarial
ALINHANDO TEORIA E PRÁTICA

Comunicação Empresarial
ALINHANDO TEORIA E PRÁTICA

WILSON DA COSTA BUENO

Manole

Copyright© 2014 Editora Manole Ltda., por meio de contrato com o autor.

Editor gestor: Walter Luiz Coutinho
Editora responsável: Ana Maria da Silva Hosaka
Produção editorial: Marília Courbassier Paris e Rodrigo de Oliveira Silva
Editora de arte: Deborah Sayuri Takaishi
Projeto gráfico e diagramação: Acqua Estúdio Gráfico
Capa: Rubens Lima

Dados Internacionais de Catalogação na Publicação (CIP)
(Câmara Brasileira do Livro, SP, Brasil)

Bueno, Wilson da Costa
Comunicação empresarial : alinhando teoria e prática / Wilson da Costa Bueno. -- Barueri, SP : Manole, 2014. -- (Série comunicação empresarial)

Bibliografia
ISBN 978-85-204-3842-8

1. Administração de empresas 2. Comunicação na administração 3. Ética nos negócios 4. Etiqueta nos negócios I. Título. II. Série.

14-04499   CDD-658.45

Índices para catálogo sistemático:
1. Comunicação empresarial : Administração   658.45

Todos os direitos reservados.
Nenhuma parte deste livro poderá ser reproduzida, por qualquer processo, sem a permissão expressa dos editores. É proibida a reprodução por xerox.

A Editora Manole é filiada à ABDR – Associação Brasileira de Direitos Reprográficos.

1ª edição – 2014

Editora Manole Ltda.
Av. Ceci, 672 – Tamboré
06460-120 – Barueri – SP – Brasil
Tel.: (11) 4196-6000 – Fax: (11) 4196-6021
www.manole.com.br
info@manole.com.br

Impresso no Brasil
Printed in Brazil

Dedicatória

A todos aqueles que acreditam na comunicação como processo de libertação e de afirmação da cidadania.

A todos os colegas, amigos e familiares que compreendem a necessidade de praticar a comunicação para a construção de um mundo mais justo.

À Nancy, minha "bueninha", pela alegria de estarmos juntos nesta deliciosa caminhada.

Aos meus amigos *beagles*, coelhos e ratinhos que, enclausurados em laboratórios de grandes empresas, padecem em nome de uma ciência egoísta e desumana.

Sumário

Sobre o autor IX

Apresentação XI

PARTE 1 – **Comunicação Empresarial: refinando a teoria**

1. Comunicação Empresarial: embate entre teoria e prática? 3
2. A Comunicação Empresarial sob uma perspectiva crítica 9
3. Comunicação interna: aprofundando o diálogo 23
4. Comunicação e sustentabilidade: reciclando conceitos e práticas 37
5. Assessoria de imprensa e complexidade: um novo olhar para o processo de relacionamento com a mídia 53

PARTE 2 – **Comunicação Empresarial: definindo boas práticas**

6. A gestão da comunicação antes, durante e após as crises 69
7. Comunicação em situações de risco: gestão e estratégias 79
8. Os novos desafios para a comunicação interna: a geração Y e o uso das mídias sociais 97
9. Política de Comunicação Empresarial: conceitos, etapas e metodologia de construção 123
10. Comunicação e mídias sociais: muito além do modismo 139

PARTE 3 – **Comunicação Empresarial: incorporando a pesquisa**

11 A pesquisa em Comunicação Empresarial: uma perspectiva abrangente ... 159

12 A pesquisa em Comunicação Empresarial: superando equívocos estruturais ... 169

13 A pesquisa em Comunicação Empresarial no Brasil: análise dos grupos cadastrados no CNPq ... 185

14 Avaliando a imagem das organizações: desafios metodológicos e conceituais ... 201

Referências ... 215

Índice remissivo ... 229

Sobre o autor

Wilson da Costa Bueno é jornalista formado pela Escola de Comunicações e Artes (ECA) da USP, onde completou também o seu mestrado e doutorado em Comunicação, e atuou como docente e pesquisador por mais de 35 anos. É especialista em Comunicação Rural pelo Ministério da Agricultura. É líder do Grupo de Pesquisa CRITICOM – Comunicação Empresarial no Brasil: uma leitura crítica, cadastrado no CNPq.

É professor permanente do Programa de Pós-Graduação em Comunicação Social da UMESP – Universidade Metodista de São Paulo, tendo já orientado mais de uma centena de dissertações e teses em Comunicação/Jornalismo e participado de centenas de bancas de pós-graduação. Seu foco de trabalho concentra-se na Comunicação Empresarial/Organizacional e no Jornalismo Especializado (Científico, em Saúde, Rural e Ambiental), com inúmeros livros publicados e mais de uma centena de capítulos em livros e artigos em periódicos acadêmico-científicos no Brasil e no exterior.

Tem atuado como consultor de comunicação para organizações públicas e privadas e foi pioneiro no Brasil na realização de projetos de auditoria de imagem das organizações na mídia e na construção de Políticas de Comunicação (Embrapa, Instituto Federal de Santa Catarina, Cooperforte, Parque Científico e Tecnológico de Juiz de Fora, INCA, entre outras). Foi responsável também pelos primeiros eventos na área de Comunicação Empresarial realizados no Brasil, como o Congresso Brasileiro de

Comunicação Empresarial. Ministra cursos e palestras em Comunicação Empresarial e Jornalismo Especializado e é coordenador de cursos de comunicação e jornalismo a distância.

É editor de vários portais em Comunicação/Jornalismo, diretor da Comtexto Comunicação e Pesquisa e da Mojoara Editorial, foi editor/jornalista responsável de revistas de jornalismo e de divulgação científica. Coordena o curso de especialização presencial em Comunicação Empresarial na UMESP. Ex-presidente da Associação Brasileira de Jornalismo Científico (ABJC).

Apresentação

Em 2003, publiquei o livro *Comunicação Empresarial: teoria e pesquisa* pela Editora Manole, e, para a minha satisfação, ele foi bem recebido pelos colegas da Universidade e do mercado profissional e teve excelente divulgação pela editora.

Evidentemente, como se trata de uma área bastante dinâmica, a Comunicação Empresarial, nestes últimos onze anos, passou por mudanças importantes, potencializadas pela emergência das mídias sociais, maior vigilância do consumidor, adesão a novos conceitos, como os de sustentabilidade e governança corporativa, e significativa presença nos programas de pós-graduação em Comunicação e nos principais eventos da área, acadêmicos ou profissionais.

Quando a colega Ana Maria da Silva Hosaka, da Manole, contatou-me em 2013 para uma nova edição, aceitei de prontidão, especialmente porque ela tinha sido responsável pela edição anterior.

A proposta da obra permanece a mesma, mas este livro está fundamentalmente atualizado, com novos temas, novas preocupações e, como o de 2003, busca aproximar a teoria e a prática em Comunicação Empresarial.

Visando preencher uma lacuna no mercado, surgiu a ideia da criação de uma série sobre a temática "Comunicação Empresarial". Dessa forma, este livro inaugura uma coleção focada na apresentação de estudos, reflexões, pesquisas e *cases* voltados para os principais temas dessa área, sob o olhar de estudiosos e profissionais.

Comunicação Empresarial: alinhando teoria e prática está dividido em 3 partes, com 14 capítulos que compõem um cenário abrangente e diversificado da teoria e da prática em Comunicação Empresarial e, insistentemente, destacam a importância da pesquisa para o incremento da massa crítica na área. A obra incorpora perspectivas modernas, como a que associa comunicação e sustentabilidade; discute processos estratégicos, como o uso da comunicação para o comprometimento das gerações jovens com os objetivos das organizações, e a necessidade de planejamento adequado para atuação nas mídias sociais; define etapas e metodologias para a construção de uma política de Comunicação; e enumera procedimentos para o processo de gestão de riscos. Ao final de cada capítulo, há questões para serem debatidas em sala de aula ou no ambiente profissional.

Espero que este livro tenha, como o anterior, uma boa aceitação e possa realmente contribuir para o incremento da massa crítica, da pesquisa e da reflexão em Comunicação Empresarial.

Wilson da Costa Bueno
(wilson@comtexto.com.br)

Parte 1 – Comunicação Empresarial: refinando a teoria

1 Comunicação Empresarial: embate entre teoria e prática?

INTRODUÇÃO

Toda área de estudos com uma vertente profissional bastante acentuada, como é o caso da Comunicação Empresarial, defronta-se com o embate, às vezes insuperável, entre a teoria e a prática. Esse confronto se evidencia não só na ausência de alinhamento entre o que se postula como ideal e o que acontece na realidade, como também na leitura ou interpretação equivocada de conceitos em que se funda este campo de conhecimento.

A Comunicação Empresarial tem sido, ao longo do tempo, pródiga nesses desvios exatamente porque as práticas profissionais insistem em destruir a consistência de um corpo teórico elaborado com muito esforço na Academia. Uma visão imediatista e não comprometida com posturas éticas flexibiliza conceitos e redesenha processos com o objetivo de atender a interesses comerciais, políticos ou mesmo pessoais, fazendo emergir uma Comunicação Empresarial sem identidade, não sintonizada com os desafios e valores do nosso tempo.

Deve-se reconhecer que, em muitos casos, essas distorções acabam sendo legitimadas pela própria literatura em Comunicação Empresarial, porque parte dela acaba reproduzindo uma perspectiva restrita que contamina a prática profissional e que dissemina noções, definições ou conceitos absolutamente distorcidos ou imprecisos.

Tendo em vista o espaço disponível para essas considerações, analisaremos aqui apenas um fenômeno recorrente na prática comunicacional das organizações: as transgressões realizadas pelo mercado profissional que se apropria de conceitos básicos em Comunicação Empresarial para imprimir-lhes um sentido que se acomoda às suas necessidades de legitimação.

Embora esses deslizes denotativos ou conotativos estejam associados à maioria dos conceitos em Comunicação Empresarial, daremos atenção a alguns casos em particular, como os processos de singularização dos públicos e canais de relacionamento e de esvaziamento das noções de comunicação integrada e estratégica.

A PERDA DA COMPLEXIDADE

A prática da Comunicação Empresarial tem, sistematicamente, afrontado a noção de pluralidade ao propor e operacionalizar processos que estão comprometidos com a simplificação, com a negação da complexidade. Isso ocorre particularmente com a perspectiva que desconsidera a existência de públicos múltiplos e, em consequência, ignora a necessidade de planejar canais de relacionamento para dar conta dessa multiplicidade.

Embora não haja dúvida quanto à existência de um número significativo de públicos de interesse para as organizações, independente de seu porte ou área de atuação, elas continuam planejando sua interação com esses públicos como se eles pudessem ser reduzidos a um perfil único, a um pretenso "perfil padrão". Por esse motivo, a maioria das empresas ainda utiliza um veículo ou canal único para se relacionar com eles, apostando em uma linguagem ou discurso e em um formato que pretensamente atendem a uma gama diversificada de demandas e expectativas.

É sabido que públicos distintos declaram interesses distintos e contemplam uma organização a partir de seus próprios filtros; por esse motivo, seus objetivos podem ser inclusive antagônicos, passando a exigir das organizações atenção redobrada para a coerência de seus discursos. Toda organização, especialmente as que se localizam em espaços de atuação específicos (agroquímicas, petrolíferas, tabagistas etc.), deve admitir que alguns públicos (ambientalistas, sindicalistas ou mesmo profissionais de imprensa) costumam ser mais críticos em relação a certas posturas ou práticas organizacionais do que outros. A Petrobras, por exemplo, sabe que investidores e ambientalistas não a contemplam da mesma forma e que as leituras desses públicos específicos sobre a empresa estão condicionadas a trajetórias, resultados esperados ou mesmo instâncias de mobilização.

A redução da complexidade está consagrada também na expressão "público interno", que tem contribuído para mascarar a diversidade dos públicos internos de uma organização. Por isso, muitas empresas mantêm um único *house-organ* para dar conta de diferentes públicos, assumindo erroneamente que pessoas com níveis socioeconômicos distintos, e mesmo educacionais, possam ser acessadas com competência por pautas e linguagens comuns. Mesmo universidades, que mantêm cursos de comunicação social e que, portanto, formam profissionais que irão atuar no mercado, continuam utilizando um veículo interno único para se relacionar com professores, estudantes e funcionários, esquecidas de que esses públicos possuem determinadas singularidades. Na verdade, seria lícito assumir que há mesmo diferenças importantes (em termos inclusive de hábitos de leitura ou níveis de interesse) internamente a esses públicos particulares. Professores em dedicação exclusiva, que são pesquisadores além de docentes, contemplam as universidades de forma distinta dos professores horistas. Da mesma forma, funcionários terceirizados têm compromissos diferentes dos funcionários de carreira, e alunos de pós-graduação exibem um perfil que não se confunde com os primeiros anistas dos cursos de graduação. Pode-se até admitir que os alunos diferem em função de seu vínculo a áreas específicas de ensino e pesquisa (exatas, biológicas e humanas) e que determinados funcionários (diretores de Recursos Humanos, de Finanças ou gerentes de Tecnologia da Informação) mantêm relações com o ambiente de trabalho um pouco diferentes das que caracterizam os funcionários que exercem outras funções (copeiras, motoristas, vigilantes etc.).

Essa complexidade precisa estar refletida no planejamento de comunicação das organizações, porque define formas de aproximação e de abordagem, condiciona temas e pautas para os canais de relacionamento e implica construção de discursos que levem em conta o *background* sociocultural das diferentes audiências.

A redução da complexidade em Comunicação Empresarial pode ser percebida ainda na forma pela qual muitas organizações se relacionam com a imprensa, também assumida em sua singularidade, como se fosse possível, para um país que exibe sistemas de produção alinhados com as suas culturas locais ou regionais, imaginar um padrão uniforme de produção jornalística.

Na verdade, quando estruturas profissionalizadas de comunicação em agências/assessorias externas ou internas nas organizações (empresas públicas ou privadas, ONGs etc.) encaminham um mesmo *release* para diferentes veículos ou espaços de informação (programas de rádio ou televisão e jornais online), cometem, conceitualmente, o mesmo equívoco observado para os *house-organs* "Bombril"[1]. Na prática, deveriam ter presente que veículos têm linhas editoriais específicas e que se destinam a atender demandas informacionais de públicos específicos. Uma mesma pauta (que frequentemente é sugerida por um *release*) pode ter desdobramentos diferentes em função das particularidades de cada veículo. Assim, há notícias que são adequadas para a *Folha de São Paulo* ou uma revista segmentada, mas que podem ser descartadas do Jornal Nacional da rede Globo, tendo em vista a amplitude e a heterogeneidade de sua audiência.

As novas tecnologias favorecem a distribuição rápida e extensiva de *releases* pela web, mas encaminhar os comunicados para a imprensa, sem adequação da forma ou do conteúdo ou de maneira não personalizada, pode implicar desgate do relacionamento com os veículos e com os jornalistas.

Quando um assessor de imprensa ou uma agência de comunicação parte do pressuposto de que existem várias "imprensas", não cometendo o erro de imaginar uma imprensa única, uniforme, homogênea, está respeitando a complexidade dos relacionamentos e, ao mesmo tempo, agregando valor ao seu planejamento em comunicação com a mídia.

Pode-se argumentar que, em princípio, a segmentação dos públicos e dos canais já é fato sobejamente conhecido dos profissionais e empresas espe-

---

[1] A expressão está cunhada no livro *Comunicação Empresarial: políticas e estratégias* (Bueno, 2009, p.104), e se refere à falta de segmentação na comunicação interna. "Jornal Bombril" é aquele que serve para mil e uma utilidades, ou seja, tem a pretensão de atender às demandas e expectativas de todos os seus públicos internos e externos.

cializados no relacionamento com a mídia, mas, ainda uma vez, a prática não está alinhada com essa realidade. Isso acontece por vários motivos (estruturas de comunicação enxutas, baixa remuneração pelo trabalho etc.), mas também porque o mercado costuma incorporar com lentidão conceitos ou processos identificados pela teoria há muito tempo.

A INTEGRAÇÃO E A ESTRATÉGIA FORA DE FOCO

A literatura e o discurso profissional em Comunicação Empresarial têm repetido à exaustão as expressões "comunicação integrada" e "comunicação estratégica", mas é possível perceber que há diferenças importantes em sua leitura e interpretação.

A comunicação integrada, que pressupõe a existência de diretrizes comuns para orientar a elaboração e implementação de diferentes ações, estratégias e produtos de comunicação de uma organização, é percebida pelo mercado apenas como um somatório de esforços em comunicação para atender a objetivos específicos. Na verdade, sua prática acaba se reduzindo à articulação de algumas atividades para subsidiar a realização de trabalhos específicos, não implicando necessariamente uma política e um planejamento efetivamente integrados e que extrapolam ações pontuais.

Da mesma forma, a comunicação estratégica figura apenas no discurso das organizações porque, na realidade, na maioria das empresas, a estrutura profissionalizada de comunicação não participa efetivamente do processo de tomada de decisões e vive a reboque de outras áreas (marketing, finanças, recursos humanos etc.).

Isso significa dizer que o mercado apenas incorporou as expressões, mas não os conceitos em sua essência e que, na prática, mantém uma postura ultrapassada em termos de comunicação. Não há integração a partir de um planejamento comum e muito menos a consideração da comunicação como instrumento efetivo de inteligência empresarial, respaldada em pesquisa, em conhecimento detalhado dos públicos de interesse e em metodologias que permitam uma avaliação competente das ações, estratégias, planos e produtos de comunicação.

A Comunicação Empresarial brasileira permanece refém da intuição dos comunicadores, que não têm autonomia para tomar decisões que dizem respeito à sua própria área, sentem-se pressionados por outras instâncias da organização para a obtenção de resultados imediatos e convivem com a carência de recursos humanos, tecnológicos e financeiros para o bom desempenho de suas tarefas.

As transgressões conceituais ocorrem frequentemente no dia a dia das organizações e não se limitam aos casos aqui relatados. Da mesma forma, o mercado tem degradado também outros conceitos, como o de responsabilidade social e, mais recentemente, os de sustentabilidade e governança corporativa, contaminados por um processo não ético e deliberado de limpeza de imagem das organizações.

QUESTÕES PARA DEBATE

1) Conceitue comunicação estratégica e discuta: as organizações brasileiras praticam efetivamente a comunicação estratégica?
2) O que significa efetivamente praticar uma comunicação integrada?
3) Por que a Comunicação Empresarial brasileira abre mão da complexidade e opta por soluções simples para problemas ou cenários necessariamente complexos?

2 A Comunicação Empresarial sob uma perspectiva crítica

A MESTIÇAGEM COMO *ETHOS*

A resposta à indagação "De que Comunicação Empresarial estamos falando?" remete, obrigatoriamente, a uma série de alternativas e possibilidades. É fundamental, de imediato, contemplar as duas principais vertentes que merecem ser trabalhadas a partir desse questionamento:

- A delimitação do campo que circunscreve a Comunicação Empresarial.
- As rupturas e aproximações que costumam estar presentes quando se cotejam a teoria, o discurso e a prática da Comunicação Empresarial.

Muitos estudiosos da área têm se dedicado a estabelecer os seus contornos ou limites, sobretudo pelo fato de que ela tem se sobreposto a alguns territórios ou tangenciado outros, em particular o que tradicionalmente caracteriza as Relações Públicas.

De pronto, é preciso admitir que a Comunicação Empresarial, como campo de estudo, pesquisa ou mesmo de atuação profissional, não deve se confundir com qualquer uma das competências específicas em Comunicação (em especial as Relações Públicas, o Jornalismo e a Publicidade/Propaganda), porque transcende a cada uma delas ao mesmo tempo que promove sua articulação. Ela está sobretudo identificada com um sistema complexo de conhecimentos e práticas e que diz respeito às relações entre uma organização e seus distintos públicos de interesse. Incorpora, portanto, ações, estratégias, instrumentos, canais de relacionamento e técnicas ou metodologias que permitem potencializar a interação com os *stakeholders* e elaborar diagnósticos ou auditorias para avaliar o seu desempenho ou eficácia.

O conceito e a prática de Comunicação Empresarial vêm evoluindo ao longo do tempo, contribuindo para descolá-la de uma perspectiva meramente operacional, mas ainda estão contaminados por disputas corporativistas que buscam limitá-los a territórios particulares como forma equivocada de garantir espaços no mercado de trabalho e de impedir, inutilmente, que esse campo possa ser objeto de estudo ou de prática por outras áreas ou disciplinas (Administração, Marketing, Recursos Humanos, Novas Tecnologias etc.).

Paulo Nassar chama a atenção para o fato de que a Comunicação Empresarial, em virtude da complexidade de reações/interações que as organizações são obrigadas a empreender para dar conta dos desafios contemporâneos (internacionalização, compromisso com a sustentabilidade, emergência das redes sociais etc.), tem assumido um caráter "mestiço". Essa mestiçagem está presente não só na formidável diversidade que caracteriza a formação acadêmico-profissional básica dos que atuam nesse campo, como também na convergência de uma gama profícua de conhecimentos e instrumentos/ferramentas necessários para dar conta dos seus fundamentos teóricos e de sua prática (Antropologia, Psicologia, Gestão de Pessoas, Planejamento Estratégico etc.).

O intelectual da comunicação organizacional, que é um ser mestiço, que não trabalha a partir de guetos teóricos, e que vê com amor aquilo que é considerado "estrangeiro", está sempre somando conhecimentos vindos de inúmeros campos do conhecimento, entre eles os da política, antropologia, psicologia, psicanálise, literatura, física, história, matemática, entre outros. No ambiente brasileiro, um número significativo de empresas está alcançando escalas globais, por isso as questões que podem gerar conflitos, relacionadas aos grandes riscos para os negócios no mundo contemporâneo – entre eles, os oriundos do terrorismo, das questões étnicas, religiosas, e de gênero, das opções comportamentais – estão provocando, no âmbito desse tipo de empresa, a contratação de seres cultos, nem sempre democráticos, oriundos de inúmeras origens acadêmicas e profissionais, nem sempre técnico-comunicacionais. Nas empresas não se dá bola para os currais corporativos, acabou o tempo dos coronéis do jornalismo empresarial, da publicidade e das relações públicas[1].

A trajetória da Comunicação Empresarial em nosso país está marcada por fases ou etapas, como descritas por inúmeros autores, como Margarida Kunsch (2008, 2009), Cleusa Scroferneker (2008, 2009) e Wilson Bueno (2003, 2009), entre outros. Pode-se simplificadamente admitir, como sinaliza Bueno (2003), que a Comunicação Empresarial evoluiu de uma prática fragmentada, absolutamente identificada com as atividades e competências em Comunicação, para um novo patamar em que se ressalta a sua perspectiva estratégica.

Nos anos de 1990, o conceito de Comunicação Empresarial se refinou: ela passou a ser estratégica para as organizações, o que significa que se vinculava estritamente ao negócio, passando, também, a ser comandada por profissionais com uma visão abrangente, seja da comunicação, seja do mercado em que a empresa ou entidade se insere. Deixou de ser um mero conjunto de atividades, desenvolvidas de maneira fragmentada, para constituir-se em processo integrado que orienta o relacionamento da empresa ou entidade com todos os seus públicos de interesse (Bueno, 2003, p.7).

Essa mudança paradigmática repercutiu também na Academia, com o surgimento de linhas de pesquisa específicas nos Programas de Pós-Graduação em Comunicação, especialmente em universidades paulistas, gaúchas, mineiras e paranaenses; a criação da Associação Brasileira de Pesquisadores em Comunicação Organizacional e Relações Públicas (Abrapcorp) em 2006; o sur-

---

1 Entrevista de Paulo Nassar concedida à revista *Novos Olhares*, edição 17, primeiro semestre de 2006. Disponível em: http://www.revistas.univerciencia.org/index.php/novosolhares/article/viewFile/8176/7541. Acessado em: 15 out. 2012.

gimento da Revista Brasileira de Comunicação Organizacional e Relações Públicas (Organicom) em 2004; e do Grupo de Trabalho Comunicação em Contextos Organizacionais, em 2010, na Associação Nacional dos Programas de Pós-Graduação em Comunicação (Compós).

Essa tendência em direção a uma maior abrangência do campo de pesquisas ainda não foi, no entanto, compreendida formalmente pelas universidades, e mesmo por entidades que estão associadas às diferentes categorias profissionais de Comunicação (Sindicatos e Conselhos), de tal modo que é possível concluir, com facilidade, que a "mestiçagem" indicada por Paulo Nassar ainda não está amplamente reconhecida. A formação de profissionais para atuar no campo não só continua privilegiando uma visão limitada e restrita, como também vincula, invariavelmente, preconceitos que legitimam o acentuado ranço corporativista que a caracteriza.

Quando analisamos a natureza e a amplitude da Comunicação Empresarial a partir dos parâmetros ou atributos anteriormente citados, estamos nos referindo sempre a um campo inter e multidisciplinar que diz respeito à gestão de relações ou de interações que definem parcerias e compromissos entre as organizações e seus múltiplos públicos de interesse. Ela se materializa em ações, instrumentos, processos, estratégias, canais ou veículos, planejados sistematicamente e de forma integrada com o objetivo de consolidar a sua imagem ou reputação, maximizar a venda de produtos ou serviços (empresas públicas ou privadas) ou angariar apoio para suas causas (o que ocorre explicitamente para as organizações que integram o Terceiro Setor).

É essa Comunicação Empresarial, com o *ethos* mestiço e plural, que precisa ser assumida. Caso isso aconteça, o seu corpo teórico será fortalecido, como vem ocorrendo em alguns espaços dedicados ao seu estudo, pesquisa e reflexão, e a sua prática ganhará uma dimensão estratégica, inserindo definitivamente a Comunicação como um processo autêntico de inteligência empresarial.

A TRANSGRESSÃO DOS CONCEITOS

Outra alternativa de análise da Comunicação Empresarial se endereça à outra vertente. Ela focaliza o embate real entre a teoria (e, principalmente, o discurso empresarial) e a realidade, tentando destacar a falta de alinhamento entre o que se proclama (em parte significativa da literatura da área e nos eventos com a participação direta dos gestores de comunicação) e o que efetivamente ocorre.

Há, de maneira incontestável, uma completa ausência de sintonia entre o núcleo de inúmeros conceitos que respaldam o discurso empresarial e os que estão consagrados na literatura, como se eles se reportassem a significados distintos, embora abrigados pela mesma denominação.

Pode-se perceber nitidamente essa discrepância quando se contemplam conceitos que hoje integram o discurso das organizações, especialmente o proferido pelos gestores de comunicação, como os de comunicação integrada, comunicação estratégica, política de comunicação ou sustentabilidade.

No que diz respeito à comunicação integrada, aceita-se como tal a articulação de diversas atividades voltadas para objetivos comuns e pontuais, como ocorre no lançamento de produtos, quando uma empresa, por exemplo, lança mão de campanhas publicitárias, mídias sociais e mesmo *releases* para as redações. Trata-se de um equívoco formidável porque, em princípio, a comunicação integrada não deve limitar-se a esforços operacionais, mas representar uma proposta de gestão em comunicação que se paute por um planejamento autêntico, que considere o perfil dos diversos públicos de interesse, articule as várias ações, estratégias e produtos, e obedeça a diretrizes comuns.

A comunicação integrada pressupõe uma política formalmente estabelecida e amplamente pactuada nas diversas instâncias de uma organização e não se manifesta apenas em determinados momentos para atender a resultados esporádicos. Ela não se limita à articulação entre as várias competências ou atividades de comunicação, mas pressupõe efetivamente um vínculo com o processo de gestão, com a cultura organizacional, com a missão, os valores e os princípios de uma organização.

A literatura na área, com as exceções de praxe que precisam ser saudadas, costuma legitimar uma perspectiva meramente operacional, que enxerga a Comunicação como ferramenta ou instrumento e não como processo, e não a vislumbra como "integrada" à gestão global da empresa. Na prática, essa perspectiva reforça a visão de dirigentes e empresários que veem a Comunicação Empresarial como um apêndice do processo de gestão, algo que se invoca em momentos especiais, como durante as crises empresariais, a realização de eventos comemorativos e o lançamento de produtos.

A expressão comunicação estratégica padece do mesmo processo reducionista e não leva em conta o próprio conceito de estratégia, largamente contemplado na literatura em Administração e em Planejamento. Na prática, muitas vezes, ela é utilizada apenas para indicar que, para uma determinada organização ou chefia em particular, a comunicação é tida como importante, apenas porque ela contribui para definir uma "caixinha" no organograma da empresa e está associada a cargos e funções de gerência ou direção.

A comunicação efetivamente estratégica ocorre em um ambiente específico, não se manifesta espontaneamente sem que determinadas condições estejam estabelecidas:

> A Comunicação Empresarial não se sustenta em ambientes organizacionais em que essa perspectiva de planejamento esteja ausente. Ela só pode ser pensada, implementada e exercida se a organização (empresa pública ou privada, ONG, entidade) adota e pratica a administração estratégica. Dificilmente se poderia surpreender uma Comunicação Empresarial estratégica numa organização que fosse avessa a um sistema de gestão comprometido com esse paradigma organizacional (Bueno, 2009, p.59).

Além disso, ela prescinde de estruturas e recursos (humanos, financeiros, tecnológicos), porque não se viabiliza apenas na teoria, mas se consubstancia na prática, com um planejamento apoiado em pesquisas, diagnósticos e auditorias, no conhecimento detalhado dos *stakeholders* e no desenvolvimento de metodologias que permitem avaliar o cumprimento de objetivos e metas preestabelecidos.

É indispensável admitir que a comunicação estratégica, que pressupõe planejamento e definição de resultados esperados, não se funda na certeza e no controle, mas que, devidamente comprometida com o paradigma da complexidade, como acentuam Scroferneker (2008) e Baldissera (2008), inclui a imprevisibilidade, resultado de uma intrincada rede de relações que se estabelecem interna e externamente às organizações e que, dinamicamente, as impactam.

> [...] a comunicação organizacional [...] também compreende a comunicação que se dá nas fissuras, nas resistências, nas zonas de escuridão, nas transversalidades,

nos lugares de interdição e das fugas. Contempla a dispersão, as transações, os ruídos, as contradições, o diálogo, a diversidade, a rebeldia. Constitui-se de imprevisibilidade, do impensado, do não planejado, do acaso, da incerteza (Baldissera, 2008, p.47).

A Comunicação Empresarial, tal como a concebemos, é estratégica porque pressupõe essa complexidade, não se reduz a uma instância meramente prática permeada por equívocos conceituais e uma visão simplista das relações entre organizações e pessoas, organizações e grupos de interesse e, de maneira mais abrangente, entre organizações, a sociedade e o mercado. Ela incorpora na dinâmica de suas múltiplas interações as intrincadas relações de poder, as tensões oriundas dos embates entre chefias e subordinados. Ela busca, mas nem sempre consegue, harmonizar os interesses das organizações com a realização pessoal e profissional dos seus funcionários e, quase sempre, privilegia os veículos formais em detrimento de processos informais e espontâneos, como os que caracterizam a comunicação interpessoal, muitas vezes em reação a propostas autoritárias que se fundam em controle, assédio moral, pressão por resultados e uma ética suspeita que instrumentaliza os seus negócios.

A Comunicação Empresarial no cenário contemporâneo não está pautada pelo modelo tradicional, porque "os espaços organizacionais deixam de ser lineares, colocando em xeque o modelo informacional simplificador, tecnicista e instrumental" (Scroferneker, 2008, p.27).

A Comunicação Empresarial de que estamos falando também está ancorada em instrumentos e/ou processos modernos, como uma Política de Comunicação, que lhe atribuem sentido, indicam caminhos e estabelecem/redefinem seus vínculos com o processo de gestão e a cultura organizacional.

Essa Política de Comunicação não se constitui, no entanto, em uma mera declaração de intenções, muitas vezes explicitada de maneira informal, imprecisa e incompleta por seus gestores, mas efetivamente representa

> um processo articulado de definição de valores, objetivos, diretrizes, normas e estruturas, que tem como finalidade orientar o desenvolvimento de ações, estratégias e produtos de comunicação para uma organização tendo em vista o seu relacionamento com os seus diversos públicos de interesse (Bueno, 2009, p.310).

A Política de Comunicação é geralmente resultado de um processo dinâmico, abrangente, que leva em conta as demandas e expectativas de seus públicos de interesse, que é pactuada internamente e assumida como compromisso pela alta administração. Por esse motivo, ela não se restringe à estrutura profissionalizada de comunicação, mas está fundada na criação de uma autêntica cultura de comunicação da qual todos participam, mesmo porque a interação de uma organização com seus *stakeholders* envolve necessariamente o conjunto de seus públicos internos, que devem estar capacitados e mobilizados para esse relacionamento.

Poucas organizações em nosso país dispõem de uma Política de Comunicação na verdadeira acepção do termo, e muitos gestores confundem-na com o plano de comunicação, mera descrição de ações e produtos que visam atender a objetivos exclusivamente operacionais e voltados para a consecução de resultados a curto prazo.

De novo, é imperioso ressaltar que a Política de Comunicação, assim como outros instrumentos e processos de comunicação concebidos a partir de uma proposta moderna, respaldada na teoria da complexidade, é datada e precisa ser continuamente avaliada, redesenhada para atender às mudanças que, cada vez mais, impactam o universo das organizações, da comunicação, do mundo do trabalho e dos negócios.

Finalmente, é preciso considerar o conceito de sustentabilidade assumido pelas organizações e que frequenta recorrentemente o seu discurso, muitas vezes em dissonância com a realidade e em oposição aos seus interesses e compromissos.

A maioria das empresas costuma justificar sua adesão a esse conceito (e se esforça com vigor para comunicar essa adesão) pela explicitação de ações pontuais que estão comprometidas prioritariamente com objetivos mercadológicos ou com a intenção de criar uma imagem positiva pela associação a atributos valorizados pela sociedade. Nem sempre, muito pelo contrário, a comunicação da sustentabilidade resgata o conceito em sua íntegra, buscando apropriar-se de algumas de suas particularidades para uma pretensa legitimação institucional.

O conceito de sustentabilidade está, com frequência, associado ao de desenvolvimento sustentável que, para muitas organizações e mesmo governos, confunde-se com o de crescimento econômico, explicitado por indicadores (o PIB, por exemplo) que mascaram a realidade por não estarem comprometidos com aspectos sociais e ambientais em seu sentido mais abrangente.

José Eli da Veiga critica, de maneira lúcida, essa postura lembrando que o PIB não apenas se identifica com o conceito de sustentabilidade, mas o contradita, porque privilegia produção e não preservação, justiça social e respeito aos direitos humanos.

Buscando corrigir esse equívoco, o autor defende a utilização de outros indicadores, como o Índice de Desenvolvimento Humano (IDH), que, mesmo não absolutamente adequado, considera três parâmetros que melhor explicitam a relação com um conceito moderno de desenvolvimento: acesso à educação, expectativa de vida e nível de renda.

A sustentabilidade acaba, por divergências teóricas e por apropriações nem sempre legítimas, sendo explicitada por inúmeros modelos que, em maior ou menor grau, distanciam-na do esforço urgente e necessário para que seja adequadamente implementada: a mudança drástica do modelo de produção e consumo, o que não interessa a empresas e mesmo a governos porque compromete seus lucros ou receitas.

Como acentua Leonardo Boff (2012), todos os modelos que são apresentados (e assumidos por governos e corporações) trazem implicitamente a tese de que o planeta é finito e descartam o sentido de urgência, apostando que o talento humano, o desenvolvimento de novas tecnologias etc. acabarão ensejando condições para que a degradação seja interrompida ou drasticamente postergada, o que sabemos que não é verdade, como estamos vendo, por exemplo, na questão emergente do aquecimento global.

Entidades comprometidas com os interesses empresariais e ambições políticas incorporaram recentemente ao seu discurso a chamada "economia verde" que encerra, à primeira vista, alternativas positivas para atenuação do problema, mas não o enfrenta verdadeiramente porque não oferece solução para o incremento crescente da produção e do consumo. Além disso, não trata com responsabilidade o problema da desigualdade, ignorando o fato de que o distanciamento entre ricos e pobres, entre os que têm acesso aos recursos naturais e os que estão alheios a eles, continua aumentando, seja quando se cotejam as nações hegemônicas com as subdesenvolvidas, seja quando se comparam os diversos estratos da população internamente aos países.

A outra questão intocada pela economia verde é aquela da desigualdade. Esta não deve ser reduzida apenas ao seu aspecto econômico (má distribuição dos benefícios monetários), mas desigualdade num sentido mais amplo: no acesso aos bens fundamentais como saneamento básico, saúde, educação, equilíbrio de gênero, ausência de discriminações. Pode-se acabar com a pobreza dentro de um país e, apesar disso, manter os níveis de desigualdade, como é o caso do Brasil. A América Latina é mais rica do que a África, mas a África é menos desigual que a América Latina (Boff, 2012, p.54-5).

Muitas organizações e até setores como um todo (agroquímico, de mineração, tabaco, amianto, e as montadoras, para citar só alguns casos) preferem reduzir o conceito à sua vertente ambiental e a ações de filantropia propositalmente específicas, destacando, quase sempre, aspectos que lhes favoreçam. Praticam o chamado "marketing verde", aderem a uma responsabilidade social que se presta a ações mercadológicas e insistem em descolar o discurso da prática porque privilegiam os seus interesses em detrimento da saúde, do meio ambiente, do respeito aos direitos humanos e aos consumidores, e assim por diante.

A indústria do fumo mata e adoece milhões de pessoas anualmente em todo o mundo, mas adota um discurso hipócrita de compromisso com a sustentabilidade, destacando ações pontuais, como a construção de creches, plantação de árvores ou mesmo insistindo nos elevados impostos que paga, insuficientes para a cobertura do prejuízo que impõe aos sistemas públicos de saúde. As principais agroquímicas, que também são as maiores empresas de biotecnologia, proclamam uma sustentabilidade fictícia ao mesmo tempo em que contaminam o solo, o ar, a água e, por extensão, os alimentos. São sistematicamente multadas pela produção e venda de agrotóxicos irregulares, mas pregam a ética nos negócios e destacam sua postura assistencialista. Têm uma intenção marcadamente monopolista e afrontam a biodiversidade, pregando, em sua comunicação, uma postura transgênica que se explicita, na prática, na adesão às monoculturas agrícolas e da mente, como adverte Vandana Shiva (2003). As mineradoras empreendem ações de marketing social e cultural (inseridas em seus projetos e na sua comunicação agressiva sobre sustentabilidade), mas avançam sofregamente sobre os recursos naturais, aproveitando o preço elevado das *commodities*, numa aposta contra o futuro. As montadoras destacam sua sustentabilidade pelo relato de dezenas de projetos episódicos, mas continuam vendendo automóveis com defeitos (o número de *recalls* é crescente em todo o mundo), respondem por elevados índices de poluição e se valem de um *lobby* formidável para obter vantagens, muitas vezes com a ameaça de demissão de funcionários, chantagem nefasta contra governos e comunidades.

COMUNICAÇÃO EMPRESARIAL: ALÉM DO *MANAGEMENT*

A Comunicação Empresarial não está comprometida com o estabelecimento de processos, ações e estratégias para legitimar desigualdades, para mascarar a realidade com o objetivo explícito de gerar imagens positivas para organizações não éticas. Ela não se reduz ao *management*, porque assume uma perspectiva emancipatória e libertadora, ou seja, inclui uma dimensão política no sentido mais amplo do termo.

Assim, ela precisa dissociar-se de uma postura tradicional, focada no atendimento prioritário ou exclusivo dos interesses corporativos, para contemplar efetivamente o interesse público, o que significa mudança radical na gestão, na cultura e nos valores praticados pela maioria das organizações.

A Comunicação Empresarial não se inicia e se encerra nas organizações, também diz respeito às manifestações dos *stakeholders*, inclusive a interação entre eles, que acabam ocorrendo naturalmente sem o conhecimento ou o controle delas. Ela descarta a visão tradicional que considera os públicos meros objetos (o que está consolidado na teoria, com a expressão "público-alvo") e não protagonistas, e que reporta aos funcionários (ou servidores) como se eles fossem apenas "mão de obra".

A Comunicação Empresarial não se limita aos *house-organs* tradicionais, insossos, insípidos, produzidos com a mão forte da censura e da autocensura, mas se nutre da comunicação dialógica e democrática, da espontaneidade que caracteriza a chamada "rádio peão", demonizada equivocadamente por gestores inseguros e autoritários. Ela contempla as redes e mídias sociais como espaços de interação e de conversa, convicta de que o protagonismo dos públicos e dos consumidores é vital para o futuro dos negócios. Ela respeita os sindicatos e movimentos sociais e não os encara como adversários, buscando estabelecer parcerias que equilibram vantagens e distribuem as benesses dos lucros e dividendos.

A Comunicação Empresarial pratica uma pedagogia distinta da que prevalece na literatura e no mercado, que insiste em se apoiar nos repetidos e pouco esclarecedores "casos de sucesso" nem sempre verdadeiros ou legítimos, que afrontam a verdade e a inteligência, muitas vezes apresentados em eventos (congressos, seminários etc.) como exemplos ou referências, ou submetidos a entidades com o objetivo explícito de obtenção de prêmios para enriquecer o ego dos seus gestores.

A Comunicação Empresarial se viabiliza na Academia pela construção e desconstrução de conceitos, pelo incremento à pesquisa, pela perspectiva crítica e pelo desenvolvimento de metodologias que dão conta dos fenômenos e dos processos comunicacionais que tipificam a sociedade contemporânea. Ela não se constitui em uma utopia, mas em uma realidade que busca afirmar-se, que já superou a etapa histórica da *publicity*, da divulgação unilateral de informações submetida a interesses nem sempre legítimos, e que caminha para se constituir em um processo autêntico, social e politicamente justo.

Certamente, a Comunicação Empresarial não é encontrada com facilidade no mercado e muito menos, em sua dimensão moderna e crítica, tem frequentado com desenvoltura a literatura na área, ainda refém, com as honrosas exceções, de interesses corporativos. Ela não configura um universo cor-de-rosa, como pretendem muitos gestores e teóricos, mas admite imperfeições, incertezas, erros e equívocos. Ela definitivamente assume a mudança como inexorável e, no processo inevitável de evolução a que também as organizações estão submetidas, tende a descartar os genes egoístas do controle e da hipocrisia empresarial.

QUESTÕES PARA DEBATE

1) Que medidas e posturas são necessárias para que a comunicação supere sua perspectiva meramente operacional e assuma sua condição de processo estratégico para as organizações?

2) Alguns conceitos, reproduzidos na área de Comunicação Empresarial, são apropriados pelas organizações para legitimar ações que apenas

servem para mascarar intenções e propostas necessariamente não éticas. Você concorda com isso? Comente essa afirmação.

3) Como deve ser a relação entre os setores de uma organização para que se consolide uma comunicação integrada autêntica?

3 Comunicação interna: aprofundando o diálogo

INTRODUÇÃO

Paulo Freire, certamente um de nossos maiores educadores, ressaltou, com propriedade ao longo de sua generosa e profícua trajetória, a ineficácia da chamada "educação bancária", que despreza a inteligência, a participação e a valorização do educando e cujo objetivo maior sempre foi manter o *status quo*. Pregou a pedagogia da indignação, repudiou as várias formas de autoritarismo e defendeu, com veemência, o protagonismo dos cidadãos, em especial daqueles que se situam à margem dos processos de decisão, uma proposta não democrática das elites que preferem governar em pequenos grupos e dividir com poucos as benesses do poder.

Extrapolando as ideias de Paulo Freire para o universo da comunicação organizacional, chegaremos facilmente à conclusão de que é preciso democratizar o debate, que a comunicação ideal é a "de duas mãos" (há comunicação sem interlocução e *feedback*?) e que é fundamental respeitar o *background* cultural, social, linguístico etc. da audiência.

A obra de Paulo Freire postula, com coragem e competência, uma nova "leitura do mundo", que implica redesenhar certas posturas e compromissos:

> [...] o exercício constante da "leitura do mundo", demandando necessariamente a compreensão crítica da realidade, envolve, de um lado, sua denúncia, de outro, o anúncio do que ainda não existe. A experiência da leitura do mundo que o toma como um texto a ser "lido" e "reescrito" não é na verdade uma perda de tempo, um blá-blá-blá ideológico, sacrificador do tempo que se deve usar, sofregamente, na transparência ou na transmissão dos conteúdos, como dizem educadores ou educadoras reacionariamente "pragmáticos". Pelo contrário, feito com rigor metódico, a leitura do mundo que se funda na possibilidade que mulheres e homens ao longo da longa história criaram de inteligir a concretude e de comunicar o inteligido se constitui como fator indiscutível de aprimoramento da linguagem (Freire, 2000, p.42).

A sinergia e a coerência entre teoria e prática, entre discurso e realidade, não são, com raras exceções, atributos da Comunicação Empresarial brasileira, na qual profissionais e organizações costumam dar as costas a conceitos e princípios quando acumulam poder e se prestam para "servir" às organizações, ainda que não concordem com elas. "Manda quem pode, obedece quem tem juízo", esse é o lema repetido e praticado na maioria das organizações.

Paulo Freire não criou conceitos ocos ou plasmou discursos vazios. Ele foi, na acepção da palavra, um militante: ele fazia o que pregava e, exemplarmente, despertou consciências, denunciou injustiças e consolidou práticas e conceitos de uma pedagogia libertadora.

Dizia, magistralmente, o mestre:

> toda prática educativa libertadora, valorizando o exercício da vontade, da decisão, da resistência, da escolha, o papel das emoções, dos sentimentos, dos desejos, dos limites; a importância da consciência na história, o sentido ético da presença humana no mundo, a compreensão da história como possibilidade jamais como determinação, é substantivamente esperançosa e, por isso mesmo, provocadora da esperança. (Freire, 2000, p. 48).

Vistas sob esta perspectiva, a Comunicação Empresarial brasileira e, particularmente, a chamada comunicação interna nas organizações estão distantes da teoria e da prática apregoadas por Paulo Freire.

Respaldada em uma visão autoritária, a comunicação interna costuma ser pouco receptiva à participação dos "colaboradores" e, quase sempre, caracteriza-se por práticas e posturas que constrangem os interlocutores, especialmente, é claro, os menos favorecidos social, econômica e culturalmente, portanto mais sensíveis às pressões (a chantagem da demissão é especialmente eficaz para esses grupos).

Se entendemos a Comunicação Empresarial como uma prática pedagógica libertadora (não deveria ser esse o *ethos* de todos os processos autênticos de comunicação?), não podemos aceitar a tese, difundida hipocritamente no mercado, de que ela, tal como está posta, tem contribuído para a formação dos cidadãos. O discurso sobre gestão do conhecimento que frequenta a fala das empresas (o que implicaria valorizar a contribuição dos funcionários) soa contraditório, porque cada vez mais contemplamos efetivamente ambientes psicológica, intelectual e profissionalmente muito pouco oxigenados.

As organizações, ao avacalharem conceitos que deveriam ser sérios, como o de gestão de conhecimento, responsabilidade social, cidadania, ética, transparência ou sustentabilidade, têm permitido leituras equivocadas e, na verdade, pedagogicamente agido de maneira irresponsável.

Baseados na pedagogia libertadora e, mais especificamente, na "pedagogia da indignação" de Paulo Freire, como analisaríamos a comunicação que se pratica internamente nas organizações?

A pergunta básica é: ela contribui para o desenvolvimento pessoal e profissional dos funcionários? Ela estimula a liberdade de expressão, é plural, é democrática?

Genericamente, a comunicação interna, quando não absolutamente antidemocrática, pratica a participação consentida. Se o empregado tem ideias que reforçam o que pensam os dirigentes, está autorizado a falar; caso contrário (é assim que pensam e praticam os gestores não democráticos), é melhor ficar quieto, porque a divergência de ideias e opiniões não é aceita com facilidade nos ambientes empresariais mais conservadores.

Os espaços de convivência nas organizações são cada vez menores, e a pressão por resultados aumenta o controle, a censura e o estresse. A produtivade é colocada acima de qualquer outro atributo gerencial e, apesar do discurso vazio da comunicação estratégica, buscam-se, na verdade, a todo custo, resultados imediatos que garantam sobrevida aos chefes. Equipes cada vez mais enxutas acumulam funções e se desdobram para cumprir metas irrealizáveis (chamadas de desafios), com o prejuízo da qualidade de vida, com a redução da autoestima e visitas frequentes ao médico e ao psicanalista.

A comunicação interna, avessa à pedagogia libertadora, materializa-se nos *house-organs*, a maioria deles insípida porque se constitui de peças de leitura monótona contaminadas pelo esforço (nem sempre exitoso) de promover chefes e exaltar virtudes, nem sempre verdadeiras, das instituições e que afrontam, a todo momento, o conceito da diversidade corporativa.

Não é preciso uma pesquisa sistemática para perceber que os jornais e revistas da empresa só reproduzem as opiniões favoráveis, utilizam como fontes apenas pessoas comprometidas com as organizações e que não fomentam o debate, a crítica ou a autocrítica, mas encarnam peças publicitárias de mau gosto e que, invariavelmente, merecem o desprezo dos leitores. Além disso, discriminam as pessoas que não apresentam um perfil estético tido como padrão (os *house-organs* só exigem pessoas com um padrão estético comprometido com as classes mais abastadas) e incorporam apenas as sugestões cosméticas, que não desafiam a autoridade. Existe gestão de conhecimento sem esse debate interno? É esse o estatuto ideal da prática libertadora da comunicação interna nas organizações brasileiras?

Evidentemente que não. As nossas organizações, em sua significativa maioria, não exibem essa gestão moderna que tanto se proclama, porque verdadeiramente não temos líderes, são raros os gestores que conseguem conviver com as divergências e o pluralismo. Na prática, adota-se uma democracia de fachada, utilizada para preservar os privilégios de grupos políticos e econômicos que pouco se importam com o aprofundamento dos desequilíbrios. Para eles, inclusão social é confundida com a doação de computadores, assim como "os cafés da manhã com o presidente" e a "caixinha de sugestões" são exemplos de gestão e comunicação democrática.

COLOCANDO "PÚBLICO INTERNO" NO PLURAL

É comum, na literatura – infelizmente ainda reduzida – sobre a comunicação interna nas organizações, referências a expressões ou termos como "público interno" e "colaboradores", utilizados, quase sempre, para designar o conjunto de funcionários ou empregados.

Soa equivocado o uso recorrente da expressão "público interno" no singular, assim como não passa de hipocrisia designar os funcionários como colaboradores. Faz sentido acreditar que todos os funcionários de uma organização possam ser reunidos num mesmo grupo? Existe essa homogeneidade de verdade? Será lógico admitir que todos os funcionários colaboram? E deveriam colaborar, levando em conta o grau de autoritarismo das chefias que predomina em boa parte das organizações?

Com certeza, usar o termo "público interno" no singular está em contradição com a complexidade que costuma caracterizar as organizações. Há diferenças significativas entre as pessoas que participam do ambiente interno das organizações e, ao se proporem produtos, ações e estratégias para interagir com elas, é fundamental ter esse fato em mente para não incorrermos em um equívoco formidável.

Tomemos como exemplo uma organização bastante familiar para esclarecer essa situação: uma universidade. Nela, é possível, a grosso modo, distinguir pelo menos três públicos internos, com características bem singulares: os alunos, os professores e os funcionários. Cada um deles tem um perfil específico, características bastante definidas e, em particular, vínculos distintos com a organização. Há, entre eles, algumas diferenças básicas de idade (os alunos, em geral, são mais jovens do que os funcionários e os professores), experiência de vida (maior nos mais velhos), nível de informação (provavelmente maior nos professores) e até formas peculiares de enxergar a educação, o ensino e o mercado profissional.

É possível, com facilidade, tornar mais complexo esse cenário, admitindo que, dentro de cada um desses grupos (alunos, funcionários e professores), existem subgrupos com características distintas. Por exemplo, há alunos com interesses específicos (como os dos cursos de ciências humanas, exatas e biológicas), professores titulados e mais jovens e funcionários com pouco ou muito tempo de casa. Há até pessoas que trabalham ou prestam serviços, mas que são diferentes do funcionário típico, porque pertencem a empresas terceirizadas e que, portanto, têm com a universidade uma relação muito especial. Logo, fica claro que existem vários públicos na universidade, muito mais do que se pode imaginar à primeira vista.

Mas por que essa constatação é tão importante? Porque, se não a tivermos presente no momento de elaborarmos uma política ou um plano de comunicação, deixaremos de contemplar essa diversidade e poderemos, facilmente, praticar os chamados ruídos da comunicação.

Algumas consequências e decisões precisam ser tomadas se aceitamos como válida e importante essa diversidade, por exemplo, a absoluta necessidade de se relacionar com os públicos de forma distinta. Ou seja, se os públicos têm características, perfis e, por extensão, demandas diferentes, faz sentido levar isso em conta no planejamento da comunicação interna.

Como isso poderia ser resolvido na prática? Ora, buscando personalizar contatos, veículos, discursos, falas e assim por diante.

É lógico reconhecer que as pessoas têm hábitos de comunicação que estão em sintonia com sua experiência de vida, seu conhecimento etc. Assim, em uma universidade, para continuarmos com o exemplo aqui citado, não será razoável imaginar que um único jornal interno possa, satisfatoriamente, contemplar todas essas demandas. Que temas ou pautas ele deveria abordar para contentar a todos? Que linguagem deveria ser utilizada? Incluiria muitas fotos ou não?

A prática da comunicação interna das nossas organizações parece ignorar isso. Quase sempre, embora existam inúmeros públicos internos, os veículos e os canais de relacionamento continuam se reduzindo a um só, que é encaminhado para todos. Na maioria das vezes, imagina-se que um *house-organ* – o chamado jornal interno – tipo "Bombril" (mil e uma utilidades) possa dar conta das expectativas de todos os públicos internos e, dessa forma, ele se endereça tanto para o alto executivo como para o colega do chamado "chão de fábrica" (não cabe aqui nenhum preconceito ou juízo de valor).

Se pensarmos adequadamente, chegaremos à conclusão de que há, nesse caso, uma chance enorme de este veículo não satisfazer a nenhum dos públicos, já que não foi concebido com "a cara" de nenhum deles em particular, mas como se fosse uma média de todos. E média é sempre uma ficção. Provavelmente, será até razoável acreditar que determinados grupos sociais não têm interesse pela mídia impressa porque, sobretudo na realidade brasileira, há pessoas que têm uma dificuldade imensa de leitura.

Para cidadãos com nível de instrução média ou superior e que cultivam sistematicamente o hábito de leitura (sabemos que, na universidade, há cada vez menos pessoas que leem regularmente a mídia impressa), pode parecer lógico dispor de um jornal ou revista, mas é preciso atentar que a escrita pode ser uma barreira intransponível para muita gente. Basta resgatar pesquisas recentes que têm constatado o índice alarmante de analfabetismo funcional (pessoas que não conseguem entender textos simples) em nosso país. Seria talvez mais adequado propor a implementação de uma rádio ou videojornal para interagir com esses colegas.

Vivemos a era da segmentação, da personalização dos contatos, e a comunicação deve, obrigatoriamente, incluir essa perspectiva sob pena de perder a eficácia. Considerar que existem públicos internos (e não um público interno) em uma organização é o primeiro passo.

A providência seguinte será conhecer o perfil e definir as demandas de cada público em particular para subsidiar a implementação de canais e formas de relacionamento (inclusive formatos e discursos) que estejam em sintonia com eles.

A maioria das organizações ainda não conhece, com o nível adequado de detalhamento, os seus públicos internos e, muitas vezes, apenas se vale das informações que existem no cadastro, na ficha pessoal dos funcionários no momento de sua entrada na organização. Esses dados se limitam muitas vezes a algumas variáveis, como sexo, idade, nível de instrução, residência ou mesmo número de filhos, mas é possível concluir, sem muito esforço, que eles são insuficientes para um planejamento sólido em comunicação interna. Mulheres com a mesma idade e o mesmo nível de instrução não são exatamente iguais sob o ponto de vista das demandas por comunicação (preferências por temas, linguagens e formatos). Por exemplo, algumas podem ser mais politizadas do que outras, ter maior consciência ambiental, uma religião, acesso à TV a cabo e à Internet, e esses dados (quase sempre ignorados na ficha dos funcionários) influenciam a forma pela qual as pessoas veem o mundo, a organização e a própria comunicação.

Como se pode depreender dessas considerações, dispor dessas informações será fundamental num planejamento em comunicação, porque pessoas diferentes respondem de maneira diferente a estímulos (formas e conteúdos de comunicação) originados nas organizações.

A comunicação interna deve ser pensada com essa complexidade, embora isso signifique abrir mão de uma série de práticas que estamos repetindo há algum tempo. Não há outra saída, se pretendemos maximizar o relacionamento com os públicos internos das nossas organizações.

Cada público deve ser visto em suas particularidades, em suas demandas, em suas expectativas, em sua forma específica de comunicação. O que pode ser razoável para um deles pode ser contraproducente para os demais. Uma newsletter sem fotos, repleta de informações sobre o mercado, encaminhada via e-mail, pode ser o instrumento adequado para os executivos de primeira linha, mas desinteressante ou inatingível para os colegas de outros níveis da estrutura organizacional.

Quando consideramos a expressão "públicos internos" no lugar de "público interno", estamos resgatando esse conceito fundamental e, sem dúvida, criando condições para uma comunicação mais competente.

Pena que a maioria das nossas organizações ainda insista em enxergar as coisas da maneira mais cômoda e mais fácil, e prefira simplificar ao extremo a comunicação interna. Provavelmente, elas conseguem, com isso (será que conseguem mesmo?), reduzir custos, mas, indubitavelmente, não devem obter os resultados que tanto desejam ou de que precisam.

Com raras exceções (organizações com um número muito reduzido de funcionários), é fundamental colocar "público interno" no plural. A simplificação pode, aparentemente, facilitar o planejamento, mas certamente compromete a eficácia dos processos de comunicação interna.

A FALTA DE UMA CULTURA DE COMUNICAÇÃO

A prática da Comunicação Organizacional tem se caracterizado, em muitos casos, por equívocos espantosos no que diz respeito ao planejamento e execução de políticas e planos de comunicação interna.

De imediato, podemos mencionar a perspectiva, bastante comum em nossas organizações, de reduzir o esforço e a responsabilidade pela comunicação interna a uma única instância: o departamento de Comunicação (muitas vezes, identificado no organograma por uma "caixinha" pendurada na área de Recursos Humanos) ou mesmo a um(a) profissional de Comunicação (Relações Públicas ou Jornalista, na maior parte dos casos).

Fica sempre a impressão, quando isso acontece, de que a organização imagina ser possível resolver a complexa relação com (e entre) os seus públicos internos a partir de uma equipe reduzida de profissionais (ainda que eles sejam especialistas em comunicação), como se a comunicação interna se limitasse à atividade que o departamento de comunicação realiza.

Como diria o poeta, ledo engano. Não se pode ignorar que a comunicação é um processo amplo, que abrange todas as pessoas de uma organização e está balizada por relacionamentos intensos e permanentes com os seus públicos internos e externos e os públicos internos entre si. Por mais competentes que sejam os profissionais de comunicação de uma organização, eles não têm o dom da onipresença. Logo, a comunicação interna não pode mesmo ficar restrita ao departamento de Comunicação ou ao gerente de comunicação interna.

Isso significa que uma organização necessita mais do que apenas profissionais de comunicação competentes ou de "caixinhas" no organograma. Ela precisa construir uma cultura de comunicação.

É fácil entender o que isso representa, embora não seja (é preciso admitir) tarefa simples chegar a esse estágio em uma organização, qualquer que ela seja.

Tomemos como exemplo um time de futebol. Se colocarmos um craque (por exemplo o Neymar ou o Messi) num time de "pernas de pau", será bem pouco provável que a equipe vá muito longe, mesmo num campeonato estadual. Afinal de contas, nem o melhor jogador do mundo tem a capacidade de bater o escanteio e correr na área para concluir o seu próprio lançamento. Um excelente artilheiro geralmente não evidencia a mesma competência quando é colocado para atuar como goleiro. É preciso mais do que individualidades para se construir uma equipe. A comunicação interna precisa mais do que um(a) excelente profissional. Ou, como diz sabiamente o ditado popular, "uma andorinha só não faz verão".

O profissional de comunicação planeja políticas, elabora planos, desenvolve ações ou estratégias, mas, no dia a dia das organizações, todas as pessoas estão envolvidas nos relacionamentos com os públicos internos, de forma mais ou menos intensa. Seria inimaginável que toda a comunicação de uma organização, mesmo de pequeno porte, dependesse de uma única pessoa ou mesmo de um grupo pequeno de pessoas. Não é possível, como explicita sabiamente o ditado popular, assobiar e chupar cana ao mesmo tempo. Logo, a comunicação interna será sempre responsabilidade de todos em uma organização. E se todos não estiverem dispostos ou capacitados a desenvolver esse processo, a comunicação interna não funcionará.

Em muitos casos, quando indagadas sobre a sua comunicação interna, as organizações nos convidam a ler o seu *house-organ* ou a conhecer a sua intranet, como se um veículo ou um ambiente formal (por melhor que seja) pudesse dar conta de todos os relacionamentos com os públicos internos. O equívoco se repete: o *house-organ* ou a intranet não são a comunicação interna.

Enfim, é errado contemplar um processo complexo a partir de uma instância localizada, porque a parte não reproduz mesmo o todo. Se uma organização contratasse o "Neymar" ou o "César Cielo" da "Comunicação Organizacional brasileira" para cuidar da sua comunicação interna, mesmo assim não teria garantia alguma de que ela seria eficaz.

Resumindo, a comunicação interna de uma organização depende, sobretudo, do processo de gestão e é indispensável distribuir a sua responsabilidade para todos aqueles que a integram, incluindo a direção e todos os seus públicos internos. Para um processo efetivo de comunicação interna, tem tanta importância o presidente da empresa como os colegas do chamado "chão de fábrica". E, evidentemente nesse contexto, o profissional de comunicação desempenha um papel fundamental no sentido de defender e praticar esse conceito abrangente de comunicação interna.

Ele estará cometendo um "pecado mortal", que não o leva ao fogo do inferno, mas pode conduzi-lo à porta de saída, se confundir o processo todo com veículos ou pessoas em particular.

É mais fácil certamente (embora pareça que a maioria das organizações não esteja conseguindo nem mesmo isso) produzir um bom jornal interno do que criar uma cultura de comunicação. Porque cultura, como sabemos, é algo que se constrói ao longo do tempo, com a participação e o comprometimento de todos os públicos internos, algo que se compartilha e se vivencia permanentemente. A cultura de uma organização (e a cultura de comunicação é uma de suas partes vitais) representa a "pele da organização" ou o seu DNA. O jornal interno pode até ser feito por uma pessoa de fora, mas não se produz uma cultura de comunicação dentro de um departamento de comunicação. Não é possível encomendá-la para uma agência de propaganda ou de Relações Públicas. A cultura de comunicação não pode ser "terceirizada", assim como não se encomenda uma "escola de samba".

Uma organização tem uma boa comunicação interna quando dispõe também de uma cultura de comunicação. Se ela está consolidada, isso significa que todas as pessoas que integram a organização estão comprometidas com a circulação e a partilha de informações, participam do processo de tomada de decisões, suas opiniões são levadas em conta e a diversidade, o pluralismo e a divergência são assumidos como oportunidades, não como ameaças.

Como se pode perceber, não existem "culturas de comunicação" espalhadas generosamente pelo mercado e talvez por isso a comunicação interna competente represente ainda um grande desafio a ser vencido pelas nossas organizações.

Uma cultura de comunicação deriva, portanto, de um determinado modelo, de um paradigma específico de gestão. Ela não está presente em organizações oligárquicas ou autoritárias, que estabelecem rígido controle para a circulação de informações, asfixiam as interações entre os públicos internos e censuram todas as mensagens, como se a comunicação representasse um risco, quando praticada de forma ampla e democrática.

Em uma organização em que apenas alguns podem falar e a decisão está concentrada em poucas mãos, não há espaço para a construção de uma cultura de comunicação, que pressupõe a oxigenação dos canais de relacionamento e a valorização dos saberes, competências e experiências de todas as pessoas. Uma cultura de comunicação não floresce em estruturas hierarquicamente rígidas e não é percebida em *house-organs* cuja pauta é definida por interesses meramente institucionais, sem levar em conta as demandas e as expectativas dos públicos internos. A cultura de comunicação não pode ser encontrada em intranets que privilegiem a comunicação burocrática ou em reuniões em que as pessoas se sintam inibidas ou constrangidas para expressar suas opiniões, particularmente quando elas vão de encontro às das chefias.

Para se construir uma cultura de comunicação, fundamental para a saúde da comunicação interna, é preciso que as organizações abandonem práticas antigas, baseadas na perspectiva de que informação é poder e que, portanto, precisa estar sob o controle dos chefes, excluindo os que costumam pensar de maneira diferente.

Uma comunicação interna, apoiada em uma autêntica cultura de comunicação, estabelece canais personalizados para o relacionamento com os públicos internos, obedecidos os seus perfis e necessidades, adapta discursos e conteúdos e busca incentivar a participação dos funcionários pelo fortalecimento dos fluxos ascendente e lateral de comunicação.

Uma comunicação interna, nesses novos moldes, não se resume a "caixinhas de sugestões" ou a reuniões com o presidente, nas quais, apesar da boa vontade, não existem as condições ideais para uma comunicação legítima, em que os funcionários se sintam também protagonistas e não cúmplices de um processo de comunicação que apenas reforça as desigualdades e se caracteriza pela adesão ou consentimento.

O profissional de comunicação interna, não encontrará com facilidade, nos dias de hoje, organizações em que essa cultura de comunicação já esteja pronta, mas poderá, se consciente da sua importância, contribuir para que ela possa, no dia a dia, ser gradativamente construída. Sobretudo, deverá assumir que a comunicação interna excelente não está apenas em suas mãos ou sob sua exclusiva responsabilidade. Ao contemplá-la como um processo abrangente e complexo, dará o primeiro e grande passo para alterar o panorama presente. Definitivamente, indicará ao mercado que o planejamento da comunicação interna não permite amadorismos. Não há dúvida de que ele sairá fortalecido e valorizado se o seu recado for entendido, porque, se competente, será o líder natural desse processo.

Retornando a Paulo Freire, a prática da comunicação interna no Brasil tem como pressuposto o adestramento, a doutrinação e não a autêntica libertação. À maioria das organizações interessa manter os funcionários como súditos, ainda que os vídeos institucionais repitam, solenemente, a velha cantilena: eles são o maior patrimônio da empresa.

Como Paulo Freire, devemos indignar-nos com essa situação, porque ela não é benéfica para os cidadãos, é prejudicial ao país e, o que ainda não foi percebido, pode ser fatal para as organizações na disputa acirrada pelo mercado. Cabe, sobretudo aos profissionais de comunicação, entender que "mudar é difícil, mas é possível", como sempre acentuou Paulo Freire, e praticar a rebeldia. Voltemos ao velho mestre:

> Uma das questões centrais com que temos de lidar é a promoção de posturas rebeldes em posturas revolucionárias que nos engajam no processo radical de transformação do mundo. A rebeldia é o ponto de partida indispensável, é deflagração da justa ira,

mas não é suficiente. A rebeldia, enquanto denúncia precisa de se alongar até uma posição mais radical e crítica, a revolucionária, fundamentalmente anunciadora. A mudança do mundo implica a dialetização entre a denúncia da situação desumanizante e o anúncio de sua superação, no fundo, o nosso sonho (Freire, 2000, p.81).

É preciso mudar o perfil atual da comunicação interna para que ela efetivamente assuma o seu caráter libertador. Isso não significa tornar mais eficazes os canais para a consolidação da hegemonia das chefias, como preconiza a literatura comprometida com a velha ideologia institucional, mas criar espaços de interação democráticos, verdadeiramente participativos, em que a divergência, com responsabilidade, seja estimulada.

As novas gerações, acostumadas à interação frenética nas mídias sociais, tendem paulatinamente a modificar esse cenário, na medida em que ocupam postos de comando nas organizações, mesmo porque não se comprometem com esse discurso autoritário e com práticas comunicacionais que impedem a livre manifestação de ideias e opiniões.

A pedagogia libertadora, conceituada e praticada por Paulo Freire, exige coragem e compromisso. A comunicação interna sob censura, estrangulada, despolitizada como vemos hoje, precisa ser expurgada. É preciso repetir e praticar Paulo Freire (que deveria ser lido e assumido pelos profissionais de Comunicação Empresarial):

> É bem verdade que a descoberta da possibilidade de mudar ainda não é mudar. Indiscutivelmente porém saber que, mesmo difícil, mudar é possível, é algo superior ao imobilismo fatalista em que mudar é impensável ou em que mudar é pecado contra Deus. É sabendo que, mesmo difícil, mudar é possível, que o oprimido nutre sua esperança (Freire, 2000, p.99).

A comunicação interna democrática e saudável não é uma utopia. Mas, mesmo se o fosse, valeria a pena lutar por ela.

QUESTÕES PARA DEBATE

1) Quais as características de uma comunicação interna dialógica? Que vantagens ela tem em relação à comunicação interna tradicional?

2) Por que é importante colocar o termo "público interno" no plural?
3) O que uma organização deve fazer para construir uma verdadeira cultura de comunicação?

4 Comunicação e sustentabilidade: reciclando conceitos e práticas

INTRODUÇÃO

O conceito de desenvolvimento sustentável explicitado em 1987 pelo Relatório Brundtland, sob a responsabilidade da Comissão Mundial do Meio Ambiente, instituída pela Assembleia Geral das Nações Unidas, está completando 25 anos. Ao longo deste tempo, ele tem sido apropriado por governos, empresas e entidades, que o contemplam a partir de interesses empresariais ou políticos, muitas vezes com o objetivo de legitimar ações e posturas nem sempre adequadas ou éticas.

Na verdade, como o Relatório à época de sua publicação associou ao conceito uma noção bastante ampla ("desenvolvimento sustentável é aquele que atende às necessidades do presente sem comprometer a possibilidade de as gerações futuras atenderem às suas próprias necessidades"), abriram-se brechas para interpretações diversas, que sobretudo se respaldam nos significados dos termos principais da expressão: desenvolvimento e sustentável.

Uma visão reducionista, comprometida com uma perspectiva meramente econômica, difundiu uma acepção equivocada do conceito de desenvolvimento, que acabou sendo confundido com o de crescimento econômico, ainda que não fosse, em princípio, a intenção daqueles que a cunharam.

Essa visão estreita tem merecido a crítica severa de especialistas, principalmente daqueles que insistem em pensar o desenvolvimento de maneira mais abrangente, como José Eli da Veiga (2007), Boaventura Santos et al. (2005), Celso Furtado (1996), entre outros, incomodados com a sua redução a indicadores econômicos, como o Produto Interno Bruto (PIB), que, além de não resgatarem a integridade do conceito, o desvirtuam.

José Eli da Veiga recusa aceitar a utilização do PIB para caracterizar o desenvolvimento de um país, advertindo para o fato de que ele pode afrontar os fundamentos éticos da chamada contabilidade social. Segundo ele, há investimentos e posturas que colidem com a noção básica de desenvolvimento, porque contribuem para degradar o ambiente ou a qualidade de vida dos cidadãos:

> Exemplos gritantes são os bens militares duráveis e, sobretudo, os armamentos de destruição, que são tratados como investimentos produtivos ou como consumo corrente. Os técnicos de contas nacionais se defendem com um argumento supostamente neutro: o de que o fornecimento dessas armas deve ser entendido como prestação de serviço para a defesa nacional. Todavia, é óbvio que o caráter destrutivo de operações militares não pode ser visto como um processo de produção, critério norteador das convenções da contabilidade social.
>
> Quando um processo produtivo se baseia essencialmente na exaustão de recursos naturais, cujo caso já clássico foi o da destruição das florestas na Indonésia, o PIB registra aumentos excepcionais, pois seus fundamentos metodológicos não preveem qualquer dedução que reflita a depreciação do capital natural. Quando um derramamento de petróleo compromete ecossistemas litorâneos, o PIB aumenta graças às despesas de reparação que geram transações monetizadas, mas não se altera por serviços de limpeza baseados em trabalho voluntário (2007, p.36-7).

Este autor postula a utilização do Índice de Desenvolvimento Humano (IDH), que leva em conta pelo menos três parâmetros mais bem identificados com a noção de desenvolvimento: acesso à educação, expectativa de vida e nível de renda. Na prática, o IDH tem sido internacionalmente adotado para promover comparações sobre o estágio de desenvolvimento entre países, ainda que governos proclamem, sobretudo em momentos de euforia, a legitimidade do PIB, buscando mascarar suas mazelas sociais. O PIB, por seu vínculo com a produção de bens e serviços, ignora impactos em outros ativos que deveriam merecer igual consideração.

> Ao se interessar apenas por fluxos, o PIB fecha os olhos para a depreciação de cruciais estoques, como os de recursos naturais. Enquanto um país estiver devastando sem piedade suas florestas nativas, o PIB dará um show de crescimento. Enquanto uma economia estiver bem livre de sistemas de proteção ambiental (com leis, fiscais, procuradores e policiais), o PIB poderá aumentar muito mais do que em outra na qual existam essas travas ao espírito selvagem dos empreendedores. O PIB também não considera a acumulação do que tem sido classificado como bens intangíveis: culturas, instituições, confiança entre os agentes ou mesmo direitos humanos. Enquanto uma economia estiver tirando bom proveito mercantil de formas de trabalho escravo e infantil ou de trabalhadores sem quaisquer direitos ou proteção social, seu PIB poderá aumentar mais rapidamente do que noutra em que direitos civis e alguma legislação trabalhista sejam garantidos por meio de fiscalização ou do funcionamento do sistema judiciário (Veiga, 2007, p.41).

A mesma dificuldade pode ser identificada com o segundo termo da expressão que remete ao conceito de sustentabilidade, também contaminado na literatura e nas práticas das empresas pela ação de interesses e compromissos de toda ordem.

Em muitos casos, costuma-se reduzir o conceito de sustentabilidade à vertente ambiental ou econômica, relegando a perspectiva social a um segundo plano. Recorrentemente, empresas e governos que se proclamam sustentáveis afrontam os direitos humanos, assumem posturas autoritárias ou inclusive se postam frontalmente contra o conceito implícito no Relatório Brundtland a que nos referimos. Esse é o caso das mineradoras que avançam gananciosamente sobre os recursos naturais e das agroquímicas que, de maneira dramática, impactam o ar, o solo, a água e, por extensão, a qualidade de vida e a saúde humana.

Pode-se destacar ainda a atitude de poderosas instituições financeiras que praticam um discurso verde ao mesmo tempo que, agressiva e irresponsavelmente, promovem a especulação e a circulação acelerada do capital, desencadeando crises globais, e assediam moralmente os seus funcionários, que têm de cumprir metas e gerar resultados difíceis de serem atingidos.

O desenvolvimento sustentável é, portanto, quase sempre, assumido de maneira superficial, não necessariamente incorporado ao processo de gestão das organizações públicas e privadas. Elas não evidenciam disposição para promovê-lo, porque isso significaria rever o paradigma que rege os seus negócios e porque não estão, apesar do discurso, comprometidas com o interesse público.

A expressão desenvolvimento sustentável soa, portanto, vazia e tem se desgastado ao longo do tempo, num processo contínuo de esvaziamento conceitual.

José Eli da Veiga pode ser de novo convocado para caracterizar essa situação:

> Para que a expressão "desenvolvimento sustentável" deixe de ser mero conto de fadas, será necessário que as sociedades contemporâneas assumam uma agenda ambiental com doze graves desafios. Quatro decorrem de destruições ou perdas de recursos naturais: hábitat, fontes proteicas, biodiversidade e solos. Três batem em limites naturais: energia, água doce e capacidade fotossintética. Outros três resultam de artifícios nocivos: químicos tóxicos, espécies exóticas e gases de efeito estufa ou danosos à camada de ozônio. E os dois últimos concernem às próprias populações humanas: seu crescimento e suas aspirações de consumo (2007, p.68-9).

A comunicação da (e para a) sustentabilidade deve estar respaldada em conceitos adequados para que possa efetivamente contribuir para o debate da questão ambiental. Particularmente, precisa incorporar uma perspectiva política, buscando mobilizar e conscientizar, além de informar sobre conceitos e processos pois, fundamentalmente, este é o papel que pode desempenhar para alterar o cenário desfavorável que tipifica a relação atual da sociedade e do mercado com o meio ambiente.

O AUTÊNTICO SABER AMBIENTAL

Enrique Leff (2006b) chama a atenção para o fato de que a construção da racionalidade ambiental não se encerra em uma perspectiva lógica, e que, se mal trabalhada, pode conduzir à adoção de medidas meramente cosméticas, porque entre a racionalidade ambiental e a capitalista atual há profundas rupturas que não podem ser facilmente superadas.

> As contradições entre a racionalidade ambiental e a racionalidade capitalista são uma confrontação de interesses opostos arraigados em estruturas institucionais, paradigmas de conhecimento e processos de legitimação que enfrentam diferentes agentes, classes e grupos sociais. Por isso, as ações e políticas ambientais não podem circunscrever-se nos princípios de uma racionalidade tecnológica, pois, embora a evolução biológica seja um processo finalizado (teleonomia), faltam-lhe seus órgãos de legitimação. A "lógica" da unidade econômica camponesa e o "estilo" único de uma cultura remetem a racionalidades sociais constituídas como sistemas complexos de ideologias-comportamentos-ações-práticas, que são irredutíveis a uma lógica comum e unificadora (Leff, 2006b, p. 125).

A racionalidade capitalista instrumentaliza a racionalidade científica e tecnológica para atender a interesses de governos e corporações, buscando sobretudo maximizar o retorno dos investimentos. Nesta lógica perversa, que privilegia a obtenção de resultados, pouco importa que a busca pela eficácia de ações e processos impacta o meio ambiente e a qualidade de vida.

Não é por outro motivo que as decisões sobre investimentos em pesquisa e desenvolvimento têm permanecido reféns de *lobbies* empresariais, que defendem e estimulam a parceria de organizações privadas monopolistas com empresas públicas de pesquisa, institutos e mesmo universidades, como acontece no Brasil e em todo o mundo, especialmente em setores estratégicos, como o de medicamentos e biotecnologia. A intenção subjacente a essa estratégia é arregimentar competência técnico-científica alocada em centros geradores de ciência, tecnologia e inovação, especialmente nos países emergentes e do Terceiro Mundo, colocando-a a serviço de interesses privados.

Nesse sentido, é necessário postular uma racionalidade ambiental que não esteja presa a essa lógica, porque ela define um círculo vicioso que, obrigatoriamente, mantém a problemática ambiental sufocada pela racionalidade técnica.

É preciso, segundo Leff, ter presente que:

> a sociedade capitalista gerou um crescente processo de racionalização formal e instrumental que moldou todos os âmbitos da organização burocrática, os métodos científicos, os padrões tecnológicos, os diversos órgãos do corpo social e os aparelhos jurídicos e ideológicos do Estado (idem, ibidem, p.124-5).

Ou ainda de maneira mais precisa:

> A racionalidade capitalista tem estado associada a uma racionalidade científica que incrementa a capacidade do controle social sobre a realidade, e a uma racionalidade tecnológica que assegura uma eficácia crescente entre meios e fins. A problemática ambiental questiona a legitimidade da racionalidade social construída sobre as bases de uma racionalidade científica entendida como o instrumento mais elevado da racionalidade, capaz de resolver, a partir de seu crescente poder de predizer, as "irracionalidades" ou externalidades do sistema (idem, ibidem, p. 128).

O saber ambiental autêntico, que deve emergir da análise dessa realidade antagônica, precisa estar centrado em um novo modelo civilizatório que reivindica uma nova postura, uma nova concepção de democracia, e sinaliza para a reorganização dos protagonistas.

A reelaboração do saber ambiental que atenda a essa nova ordem precisa, inclusive, redefinir alguns conceitos tidos como nevrálgicos na problemática ambiental, como o de interdisciplinaridade e de qualidade de vida, ambos também trabalhados de maneira exemplar por Enrique Leff (2003, 2006a, 2006b, 2007, 2009, 2010) em sua prolífica produção, especialmente na obra *Epistemologia ambiental* (2006b). Particularmente, ela exige o recurso à teoria da complexidade para dar conta dessa nova proposta epistemológica.

Esse autor descarta a visão ingênua de interdisciplinaridade que apenas postula a sobreposição de conhecimentos e competências de diversas especialidades e disciplinas sem o questionamento de suas essências. Na prática, essa junção ou conjunção de conhecimentos não anula ou neutraliza a lógica reducionista em que eles se fundam e que, como apontado, apenas direciona os esforços teóricos e práticos para aumentar a eficácia entre meios e fins.

> A interdisciplinaridade ambiental não se refere à articulação das ciências existentes, à colaboração de especialistas portadores de diferentes disciplinas e à integração de recortes selecionados da realidade para o estudo dos sistemas socioambientais. Trata-se de um processo de reconstrução social por meio de uma transformação ambiental do conhecimento.
> A pobreza, o desmatamento e a erosão, bem como os índices de poluição do ar, são observáveis da realidade. Porém, a perspectiva a partir da qual se explicam as causas desses processos e se oferecem ações alternativas depende de estratégias conceituais que levam a reformular ideologias, valores, saberes, conhecimentos e paradigmas científicos que geram os dados observáveis da realidade. Por isso, o saber ambiental não poderia surgir da conjunção dos conhecimentos que externalizaram e negaram o meio ambiente. O discurso ambiental questiona os paradigmas estabelecidos das ciências para internalizar um saber orientado pela construção de uma nova racionalidade social (idem, ibidem, p. 168).

O autêntico saber ambiental requer a superação das disciplinas já estabelecidas e está apoiado em uma proposta problematizadora. Com isso, exige uma mudança no processo de objetivação da realidade, que inclui transformações nas instâncias de poder que mediatizam as relações entre o mercado, a sociedade e os cidadãos em particular. Ele reorganiza conceitos, estabelece o que se considera "o diálogo de saberes" (Leff, 2006) ou "a ecologia de saberes", como preferem Boaventura Santos et al. (2005).

O diálogo de saberes reformula radicalmente a tradicional e ingênua proposta de interdisciplinaridade, porque questiona os fundamentos das ciências já construídas e postula uma nova interdisciplinaridade ambiental, marcada pelo "encontro entre o conhecimento codificado das ciências e os saberes organizados pela cultura" (Leff, 2006b, p. 183), definindo uma nova dimensão para a epistemologia ambiental: "é a passagem de uma interdisciplinaridade marcada pelo propósito da retotalização sistêmica do conhecimento para um saber marcado pela diversidade de saberes e pela diferenciação dos sentidos do ser" (idem, ibidem, p.184).

No mesmo tom, Boaventura Santos, Maria Paula G. de Meneses e João Arriscado Nunes falam em diversidade epistemológica, defendendo a tese de que todas as práticas sociais envolvem conhecimento e que, portanto, não se justifica o espírito colonialista da ciência, que se legitima, muitas vezes, com o uso da autoridade. Eles postulam o pluralismo epistemológico, explicando que

> não se trata tanto de contrapor a ciência a outros conhecimentos, mas de criar diálogos, tanto no seio da ciência – entre diferentes concepções e práticas que a epistemologia dominante não permite identificar – como entre ciência e outros conhecimentos (2005, p.99)

e sugerem a implementação de uma ecologia dos saberes.

A ecologia de saberes é a posição epistemológica a partir da qual é possível começar a pensar a descolonização da ciência e, portanto, a criação de um novo tipo de relacionamento entre o saber científico e outros saberes. Consiste em garantir a 'igualdade de oportunidades' aos diferentes conhecimentos em disputas epistemológicas cada vez mais amplas com o objetivo de maximizar o contributo de cada um deles na construção de uma sociedade mais democrática e justa e também mais equilibrada na sua relação com a natureza. Não se trata de atribuir igual validade a todos os conhecimentos, mas sim de permitir uma discussão pragmática entre critérios alternativos de validade que não desqualifique à partida tudo o que não cabe no cânone epistemológico da ciência moderna (Santos et al., p.100).

[...] A transição da monocultura do saber científico para a ecologia de saberes será difícil, porque, tal como aconteceu no processo de consolidação do paradigma da ciência moderna, envolve não só questões epistemológicas, como também questões econômicas, sociais e políticas. (Santos et al., p.101).

Tanto na proposta de Leff como na de Boaventura Santos et al., esse diálogo (ou essa ecologia) de saberes pressupõe o compromisso com uma nova utopia, uma nova postura que mobiliza os movimentos sociais para forjar uma atitude e uma ação emancipatórias que buscam definir uma nova racionalidade socioambiental. Ele assume que a qualidade de vida permanece sendo elemento central nessa racionalidade em que se funda o novo e autêntico discurso ambiental, mas busca entendê-la a partir de outros parâmetros e categorias. Assim, não a reduz a esforços ou mesmo a políticas implementadas apenas para atender a indicadores meramente quantitativos (renda per capita, acesso à educação superior, maior poder de compra etc.), mas a considera associada à qualidade do ensino, ao consumo consciente e sustentável e à humanização das relações de trabalho.

A qualidade de vida passa a ser pensada de maneira mais ampla e, dessa forma, reposiciona o conceito restrito de sustentabilidade, agora não reduzido a atributos essencialmente quantitativos ou genéricos do ponto de vista econômico ou ambiental, mas qualitativos e que dizem respeito à existência do ser humano. A sustentabilidade que emerge desse novo saber ambiental tem a ver com a vida em paz (a não violência física, moral ou psicológica), a qualidade de consumo (comer de maneira saudável e não apenas comer em quantidade), as condições de trabalho (que possam permitir o desenvolvimento pessoal e profissional) etc.

Essa nova racionalidade ambiental, que aposta no diálogo de saberes, vai pressupor uma comunicação para a sustentabilidade que se afina com novas estratégias conceituais e que, primordialmente, desencadeia processos de resistência à homonegeização de padrões de consumo não consciente e ao desperdício progressivo e sistemático dos recursos naturais.

UMA COMUNICAÇÃO EMANCIPATÓRIA

A comunicação, vista sob uma perspectiva ampla, tem um papel importante a desempenhar nos processos de conscientização e de mobilização para a sustentabilidade, ou seja, ela precisa ser assumida como emancipatória ou libertária. Seu caráter revolucionário se manifesta na ruptura com modelos clássicos de desenvolvimento e na busca obsessiva pela articulação de conhecimentos, culturas e competências, reconhecidos como expressões autênticas e legítimas de grupos, indivíduos ou comunidades.

A autêntica comunicação para a sustentabilidade se insere em uma concepção de saber ambiental que promove o

> encontro de tradições e formas de conhecimento legitimadas por diferentes matrizes de racionalidade, por saberes arraigados em identidades próprias que não só entram em jogo num processo de tomada de decisões, mas que 'se hibridam' na codeterminação de processos materiais (Leff, 2006b, p. 179).

Ela descarta a lógica reducionista que, plasmada em ciências e disciplinas tradicionais e em processos que legitimam relações de poder espúrias, estabelece privilégios para pessoas, grupos ou empresas que se apropriaram, por diversos motivos, do conhecimento técnico e das formas de controle para subjugar culturas e seres humanos.

Ela repudia a tentativa de impor padrões culturais e formas de intervenção política ou econômica, justificadas pela competência técnico-científica, como a que caracteriza a imposição do saber ocidental nas relações entre governos e corporações com países pobres ou emergentes e suas populações tradicionais.

Vandana Shiva (2005), intelectual indiana com grande contribuição à problemática ambiental, tem denunciado recorrentemente a tentativa de se sobrepor o saber ocidental aos saberes locais como estratégia de dominação.

Segundo ela, a biodiversidade, que é a base ecológica da vida e também o capital natural da maioria da humanidade que dela depende – agricultura, pesca, cuidados da saúde e produção de utensílios –, tem sido apropriada como matéria-prima por corporações. Ela cita o processo vigente de patenteamento da vida, colocando-o como instrumento do que chama de um novo colonialismo, e arrola dados e exemplos para evidenciar a apropriação pelas corporações internacionais de sistemas de conhecimentos tradicionais apoiados na biodiversidade, como no caso das plantas medicinais.

> O saber ocidental moderno é um sistema cultural particular com uma relação particular com o poder. No entanto, tem sido apresentado como algo que está acima da cultura e da política. Sua relação com o projeto de desenvolvimento econômico é invisível e, por isso, tornou-se parte de um processo de legitimação mais efetivo para a homogeneização do mundo e da erosão de sua riqueza ecológica e cultural (Shiva, 2005, p.81).

Vandana Shiva está sobretudo preocupada com o que designa de monoculturas da mente, ou seja, a imposição de uma postura que contribui para degradar conceitos tradicionais como o de semente, legitimando a transgenia, o que implica descartar o seu caráter básico de autorreprodução. Particularmente, ela contempla a agricultura como uma arena de confronto entre os sistemas tradicionais de cultivo e o modelo que transfere o poder de criação para os centros de pesquisa das grandes corporações.

Como as tecnologias da Revolução Verde, a biotecnologia na agricultura pode tornar-se um instrumento para tirar a semente do agricultor enquanto meio de produção. A mudança da produção de sementes da propriedade rural para o laboratório das grandes empresas transfere o poder e o valor do Sul para o Norte, e dos agricultores para as grandes empresas [...]. Pode tornar-se também um instrumento de expropriação ao remover seletivamente aquelas plantas ou partes das plantas que não servem ao interesse comercial, mas que são essenciais para a sobrevivência da natureza e do povo (Shiva, 2005, p.173).

A comunicação da sustentabilidade deve-se fundar na valoração da diversidade e não na apologia das monoculturas, um processo que não se limita ao campo da produção agrícola, mas que acaba se estendendo ao mundo das ideias, com a tentativa deliberada de governos, empresas e mesmo de mentes tiranas de fazer prevalecer a posição única, hegemônica e de desconsiderar o pluralismo de ideias, a diversidade cultural.

Da mesma forma que Vandana Shiva admite que "a biodiversidade não poderá ser conservada enquanto a diversidade não se transformar na lógica da produção" (2005, p.175), é razoável reconhecer que as culturas locais, os hábitos de consumo e as manifestações das comunidades têm sido sistematicamente subjugados por uma proposta uniformizadora que está implícita no processo acelerado de globalização.

A comunicação da (e para a) sustentabilidade pode cumprir três funções básicas, todas elas articuladas e complementares.

Em primeiro lugar, ela deve promover a consolidação do conceito de sustentabilidade, buscando eliminar equívocos como os que a associam a ações meramente pontuais ou que a reduzem à simples dimensão ambiental.

A sustentabilidade deve ser percebida de maneira abrangente e incorporar aspectos ambientais, socioculturais, políticos e econômicos, porque, em princípio, ela deve permear todas as ações humanas, com o objetivo precípuo de preservar condições ideais para que todos os cidadãos desfrutem de qualidade de vida. A sustentabilidade é o fio que tece a relação das pessoas entre si e com o planeta em que vivemos.

Em segundo lugar, a comunicação da (e para a) sustentabilidade, comprometida com os valores da equidade, da justiça social e da liberdade, deve favorecer a conscientização dos habitantes da Terra para os riscos inerentes ao consumo não consciente, ao desperdício das riquezas naturais e à desigualdade social. Nesse sentido, deve atentar para os direitos das minorias, o respeito à diversidade e o reconhecimento da importância das culturas e das comunidades tradicionais. A sustentabilidade deve ser pensada como eixo norteador das condutas individuais e organizacionais e estar respaldada por uma ética planetária que privilegia o interesse coletivo em lugar de olhares contaminados pela ganância econômico-financeira ou pelo compromisso com interesses políticos mesquinhos.

Finalmente, a comunicação sustentável, que deve ser exercida com coragem e determinação, não teme denunciar os desvios e abusos cometidos por indivíduos e organizações e está empenhada em resgatar os princípios da transparência, da convivência harmônica, da solidariedade humana. Ela se funda, portanto, numa perspectiva que contempla a sustentabilidade em sua integridade, não fragmentada pela busca de resultados imediatos, com o objetivo único de reduzir custos ou de plasmar uma imagem positiva.

A comunicação para a sustentabilidade implica, necessariamente, compromisso dos diversos protagonistas (jornalistas, educadores, comunicadores empresariais, organizações do Terceiro Setor etc.) com um mundo mais justo, que não tolera a manutenção das desigualdades e repudia a hipocrisia.

Ela deve estar comprometida com as aspirações da sociedade moderna, que anseia por liberdade, justiça, solidariedade humana e que gradativamente toma consciência de que o modelo econômico, político e cultural vigente não será capaz de provocar mudanças que revertam o processo inexorável de degradação ambiental. Ao mesmo tempo, deve incorporar novos atores no processo de tomada de decisões, abrindo espaço para um debate mais amplo e que não esteja viciado pela presença ostensiva e autoritária daqueles que historicamente têm se beneficiado desse modelo e que insistem em manter o *status quo*.

> Essa demanda de democracia e participação da sociedade obriga a rever os paradigmas econômicos, mas também as análises clássicas do Estado e as próprias concepções da democracia no sentido das demandas emergentes de sustentabilidade, solidariedade, participação e autogestão dos processos produtivos e políticos. Desta forma, surgiram novos atores e movimentos sociais que povoaram a cena política. Esses "movimentos de base", organizados tipicamente como redes de in-

teração de agrupamentos autônomos, segmentados, policéfalos, em estruturas não hierárquicas, descentralizadas e participativas [...] aparecem como "portadores de uma cultura política democrática" [...] trazendo novos valores, perspectivas, métodos e aproximações à arena política [...] (Leff, 2006b, p.150).

Os comunicadores profissionais precisam estar engajados nessa proposta e capacitados para liderar um processo que rompa com essa estrutura quase monolítica de circulação de informações sob a responsabilidade de governos hegemônicos e de empresas privadas que subsidiam ou financiam projetos de comunicação que restringem o debate e a troca de experiências.
Leff (2006b), muito apropriadamente, reconhece que o modelo de comunicação que se associa ao discurso moderno da sustentabilidade incorre em um erro básico ao propor um conhecimento comum que, na prática, atenta contra a diversidade, porque busca um consenso totalizante e homogeneizador.

A globalização econômica e o discurso dominante da sustentabilidade, em sua esquizofrenia discursiva e sua cegueira institucionalizada, desvalorizam esses esforços por construir um saber que integra conhecimentos e valores. O conhecimento, como uma forma de relação com o mundo, foi cooptado pelo interesse prático; o saber se reduz ao propósito de resolver os problemas ambientais por meio de instrumentos tecnológicos e econômicos. Nesse sentido, avançam os projetos de comunicação e informação ambiental, buscando estabelecer um diálogo consensual e uma linguagem comum. Ali se dissolve a especificidade dos saberes e do conhecimento num fluxo indiferenciado de dados, numa consciência comum, em que não cabem os diversos interesses sociais pela apropriação da natureza, tampouco o sentido teórico e estratégico dos conceitos. O propósito de gerar consensos sociais por meio de um projeto de comunicação aniquila a utopia e o conhecimento (idem, ibidem, p. 187).

A comunicação da (e para) a sustentabilidade exige que os jornalistas e a mídia de maneira geral abram as suas pautas para focar a sustentabilidade sem adjetivos, não a confundindo com o marketing verde, esforço recorrente de organizações e Governos para ludibriar os *stakeholders* e a opinião pública, com um discurso falso, contrário à realidade.

Nesse sentido, é fundamental que estejam suficientemente esclarecidos sobre o conceito autêntico de sustentabilidade, que estejam comprometidos com a qualidade da informação e que percebam os vínculos de determinadas fontes com interesses políticos, comerciais ou mesmo pessoais. A mídia sustentável não falseia os dados, não promove, por quaisquer motivos, o linchamento moral de empresas e indivíduos, mas investiga as causas e consequências de atos e decisões e analisa, criticamente, o impacto deles na sociedade. Ela não abre mão, sob nenhuma hipótese, da sua capacidade de mobilização e de influência com a opinião pública, em prol do meio ambiente, dos direitos humanos e da liberdade de expressão, ainda que, para cumprir esse objetivo, tenha de contrariar interesses poderosos. A mídia sustentável é, ao mesmo tempo, tolerante com a imperfeição humana mas enérgica e implacável na luta contra *lobbies* ilegítimos que sobrepõem interesses escusos às necessidades básicas das populações.

Os educadores, pela posição que ocupam na sociedade, responsáveis diretos pela formação das futuras gerações, devem também assumir as suas responsabilidades enquanto protagonistas dessa comunicação sustentável. Cabe a eles convencer os jovens da importância da democracia e da conduta cidadã, respaldadas no respeito ao próximo, na solidariedade com os menos favorecidos, na defesa da ética e do compromisso com o interesse coletivo. A sua contribuição para a sustentabilidade inclui não apenas a disseminação de informações e conhecimentos, mas a defesa de princípios e valores que resultem na formação de um cidadão alinhado com os desafios do nosso tempo.

Os comunicadores empresariais, por seu turno, devem estar empenhados na construção de um ambiente propício ao debate, à participação, que privilegie o desenvolvimento pessoal e profissional e leve em conta as demandas e expectativas dos públicos de interesse das organizações e da comunidade de maneira geral. Como gestores, devem conscientizar patrões e clientes para a necessidade de uma comunicação democrática, inserida em uma cultura e uma gestão organizacional que favoreçam a diversidade, a divergência de ideias e opiniões e cultivem o diálogo.

Os jornalistas, os relações públicas, os publicitários e os profissionais de marketing, numa comunicação voltada para a sustentabilidade, rejeitam processos de manipulação que induzam os indivíduos ao erro em favor de interesses comerciais, agem responsavelmente comprometidos com a ética e a transparência e aprofundam relacionamentos e parcerias que promovem uma interação saudável entre as organizações e os seus *stakeholders*.

A prática da autêntica comunicação para a sustentabilidade exige atitudes corajosas dos gestores da comunicação, estejam eles em empresas privadas de pequeno, médio ou grande porte, nas redações ou na administração pública, porque não tolera a omissão diante das injustiças, expressa a indignação com os desvios éticos, a corrupção, o aprofundamento das desigualdades e proclama a tolerância.

A comunicação para a sustentabilidade é vital para a democracia. Ela se funda na defesa da bio e da sociodiversidade, manifestada na criação de uma cultura planetária que se identifica com a distribuição equitativa dos recursos naturais, com uma governança global que respeita a identidade e a autonomia de nações e culturas.

A comunicação para a sustentabilidade pode se constituir em uma utopia, mas ela representa uma necessidade imperiosa para indivíduos, organizações ou governos. A sua práxis garante a nossa condição de seres humanos, providos de inteligência e cordialidade, e com certeza instaura idealmente a qualidade de vida para todos os que habitam o nosso planeta.

QUESTÕES PARA DEBATE

1) É acertado dizer que muitas organizações praticam um discurso equivocado de sustentabilidade? Quais as características básicas desse discurso?
2) Como a comunicação pode contribuir para construir um efetivo compromisso com a sustentabilidade?
3) As organizações podem ser sustentáveis sem que isso comprometa os seus lucros e a sua rentabilidade. Discuta essa afirmação, utilizando argumentos que estejam a favor ou contrários a ela.

5 Assessoria de imprensa e complexidade: um novo olhar para o processo de relacionamento com a mídia

A DESCONSTRUÇÃO DA TEORIA E DA PRÁTICA TRADICIONAIS

A literatura brasileira em Comunicação Organizacional, em particular aquela que trata especificamente do relacionamento das organizações com a imprensa, tem se caracterizado pelo conservadorismo e, com raras exceções, ainda não repercute as mudanças paradigmáticas que vêm ocorrendo seja no universo da comunicação, em especial na indústria da mídia, seja nas relações das empresas com os seus públicos estratégicos e com a sociedade de maneira geral.

Por esse motivo, a maioria das obras que versam sobre esse tema continua assumindo uma perspectiva meramente operacional quando analisa a interação das organizações com os veículos e jornalistas, muitas vezes limitando-se a repetir fórmulas ou receitas, algumas desgastadas, para promover esse relacionamento. Ela ignora processos e fenômenos emergentes que contemplam a influência crescente das mídias sociais, da comunicação focada no ambiente virtual e sobretudo não parece perceber que as organizações têm buscado reduzir a importância do papel da mídia como mediadora das suas relações com os *stakeholders*.

Bons textos integrais sobre relacionamento com a mídia foram publicados há alguns anos e podem ser citados, entre outros, os de Costa (2003), Dias (2004), Doty (1995), Garcia (2004), Kopplin e Ferraretto (1993), Lima (1985), Boanerges Lopes (1994 e 1998), Marilene Lopes (2000), Lucas (2007), Mafei (2004), Nogueira (1999), Sobreira (1993), Taparelli (1999), Viana (2001), Villela (1998), Zobaran e Camara (1994), além do trabalho considerado o mais completo sobre esse tema, organizado por Duarte (2011).

Em geral, a maioria dessas obras tem como proposta apresentar informações básicas, algumas delas ilustradas com exemplos extraídos da experiência pessoal de seus autores, sobre a maneira correta de interagir com os veículos e jornalistas. Tem como objetivo evidenciar a importância do bom relacionamento com a mídia no incremento da visibilidade, da credibilidade e para consolidar a imagem/reputação das organizações. Elas envolvem sub-temas importantes desse relacionamento, como a postura em momentos de crise, a capacitação das fontes, a obediência a atributos básicos como o profissionalismo, a ética e a transparência, a organização de coletivas de imprensa, a elaboração dos comunicados (*releases*) e assim por diante.

Em princípio, pode-se até reconhecer que a teoria não se afasta muito da prática e que, em certa medida, o "pensar ou pesquisar" e o "fazer assessoria de imprensa" continuam relegando a um segundo plano as mudanças importantes que impactam a atividade. Apesar do discurso, teoria e prática não a contemplam como um instrumento ou processo verdadeiramente estratégico para as organizações. Esse fato explica as lacunas importantes no tratamento da questão e nem sempre, muito pelo contrário, esta competência relevante do chamado "composto de comunicação" é contextualizada de modo a tornar visível a sua articulação, seja com as outras competências da comunicação corporativa, seja com o processo amplo de gestão das organizações.

Entre inúmeros motivos, é possível atribuir a miopia de parte significativa das estruturas de comunicação das organizações e das agências e assessorias à própria formação fragmentada, essencialmente técnica, dos profissionais que, no mercado, ocupam-se dessa atividade, oriundos, em sua maioria, dos cursos de Jornalismo. Embora possam conhecer razoavelmente (pelo menos aqueles que frequentam cursos mais prestigiados) o sistema de produção jornalística, o funcionamento das redações e mesmo os perfis de determinados veículos e jornalistas, têm uma visão incompleta, imprecisa, quando não equivocada e até mesmo preconceituosa do trabalho de relacionamento com a mídia, assim como da atividade de comunicação corporativa como um todo.

O dia a dia da atividade requer mais do que competência técnica, porque há muito tempo o trabalho de interação com a mídia não se limita à produção de *releases* ou à manutenção de bons contatos nas redações, constituindo-se em um amplo e complexo processo de gestão de informações e relacionamentos, que pressupõe sobretudo a capacitação para uma leitura crítica do mercado (em suas dimensões política, econômica e sociocultural) e para o monitoramento/avaliação da presença e da imagem das organizações na mídia.

Conceitualmente, como na maioria dos cursos de Comunicação, a proposta simplista que caracteriza o estudo e a prática em assessoria de imprensa está viesada pela fragmentação do olhar, pelo equívoco contido em uma proposta pedagógica que se funda, como assinala Edgar Morin, na "inteligência cega", que "destrói os conjuntos e as totalidades, isola todos os seus objetos do seu meio ambiente" (2011, p.12) .

As mudanças paradigmáticas que vêm redefinindo a relação das organizações com os seus *stakeholders* exigem uma nova proposta de relacionamento com a mídia e inclusive o conhecimento de que esta, ao contrário do que postula a literatura, assume diversas facetas. A teoria e a prática da assessoria de imprensa ainda usam a expressão imprensa brasileira no singular, esquecidas de que há realidades distintas em termos de produção, públicos, discursos, objetivos e intenções que caracterizam as milhares de publicações jornalísticas do país, de tal modo que seria lógico admitir que não existe uma imprensa, mas várias imprensas brasileiras.

Essa diversidade se aprofunda com o fortalecimento do espaço virtual como verdadeira incubadora de novas alternativas para o trabalho jornalístico (blogs, *newsletters*, portais) e, em especial, com a consolidação das redes e mídias sociais como agentes potencializadores de novos espaços de divulgação. O relacionamento com a mídia em um ambiente complexo exige um repensar da atividade e o desenvolvimento de novas práticas. De imediato, é urgente contemplar a assessoria de imprensa a partir de um novo paradigma, descartando a perspectiva que a fragmenta e que a reduz a uma competência descontextualizada da gestão das organizações porque comprometida com uma circunstância eminentemente técnica e operacional.

COMUNICAÇÃO ORGANIZACIONAL: UMA TENTATIVA DE RECONTEXTUALIZAÇÃO

A Comunicação Organizacional tem permanecido refém de uma perspectiva instrumentalista que não apenas contamina a sua prática, mas invade parte expressiva de sua literatura específica, marcada pela apologia de ações, estratégias e posturas que se conformam com os objetivos imediatistas do *management*.

> Simplifica-se a compreensão/explicação de comunicação para dar conta das necessidades de mercado, ou seja, o mercado, contrariamente ao que se pensa em uma perspectiva de complexidade, passa a ser o único elemento de definição dos processos comunicacionais. Em outros termos, o mercado procura instituir-se como determinante de toda comunicação organizacional. Nesse sentido, não são poucas as "receitas" de comunicação apresentadas por profissionais de comunicação e de marketing (Baldissera, 2009, p. 157).

É forçoso, porém, reconhecer o esforço e a competência de autores brasileiros que, especialmente nos últimos anos, têm buscado disseminar os princípios básicos do pensamento complexo e propor uma releitura da teoria e da prática da Comunicação Organizacional. Destacam-se, entre eles, Rudimar Baldissera, Cleusa Maria Andrade Scrofernecker, Ivone de Lourdes Oliveira, Maria Aparecida de Paula, Maria Schuler, João José Curvello e Cláudia Peixoto de Moura, entre outros.

Há várias leituras possíveis dos conceitos e análises que subsidiam a teoria da complexidade, pois a trajetória dos autores que a visitam, assim como a nossa, está obrigatoriamente associada à sua formação, ao seu modo de enxergar o mundo e a ciência, em particular a Comunicação Organizacional, mas ela, fundamentalmente, está apoiada em princípios conhecidos, como o dialógico, o da recursão organizacional e o hologramático, exaustivamente difundidos na literatura que trata do tema, em particular na generosa contribuição de Edgar Morin que a eles se refere recorrentemente como pilares do pensamento complexo.

O princípio dialógico promove a conciliação entre a unidade e a diversidade, entre a ordem e a desordem, reafirmando os vínculos entre o antagonismo e a complementaridade que, no pensamento complexo, são indissociáveis.

O princípio da recursão organizacional postula o descarte da linearidade, do reducionismo simplista da relação causa/efeito, do distanciamento entre produto e produtor, entre sujeito e objeto, reafirmando que "tudo o que é produzido volta-se sobre o que o produz num ciclo ele mesmo autoconstitutivo, auto-organizador e autoprodutor" (Morin, 2011, p.74).

Já o princípio hologramático tem a ver com a dinâmica articulação entre o todo e as partes, que pode ser entendida com a contundente e incontestável conclusão: "não apenas a parte está no todo, mas o todo está na parte" (idem, ibidem, p.74) ou, em outras palavras, ampliando essa noção básica: o todo é maior do que a soma das partes e cada parte encerra o todo.

Esses princípios dão respaldo à crítica dos estudiosos comprometidos com o pensamento complexo à teoria da simplicidade que sustenta a fragmentação dos saberes, que proclama a eficácia da hiperespecialização e que descontextualiza as relações porque privilegia uma perspectiva essencialmente estática entre sujeito e objeto, entre organizações e o seu entorno social, cultural, político e econômico. Eles buscam reverter uma lógica que, no caso da Comunicação Organizacional, abre espaço para uma proposta de planejamento (estratégico?) que se define a partir de premissas ou cenários tidos como imutáveis e para ações e posturas que buscam a todo custo manter o *status quo*, comprometendo a busca ou a legitimação da diversidade, o protagonismo dos sujeitos e a autocrítica permanente e necessária de processos de gestão reconhecidamente autoritários.

O pensamento complexo busca oxigenar a teoria e a prática da Comunicação Organizacional como reação a essa visão nitidamente mercadológica e restritiva que se funda em uma lógica e uma pedagogia mesquinhas porque a serviço de interesses de organizações e seus gestores que enxergam, apesar do discurso, as relações com os seus *stakeholders* de acordo com a expressão "ganhar sempre e a qualquer custo". Essa postura pode ser percebida tanto pela ânsia de obter resultados quantitativamente mensuráveis (maiores vendas, maior participação no mercado, maior valor de suas ações etc.) como pelo empenho em agregar valor a alguns de seus ativos intangíveis (marcas, imagem ou reputação, capacidade de inovar, compromisso com a sustentabilidade etc.). Para reafirmar sua hegemonia ou liderança, sobretudo as grandes corporações que praticam uma comunicação refinada apropriam-se de um discurso hipócrita, grandiloquente, autocrático, que não se afina com a realidade e que legitima o uso de recursos não éticos, como o abuso do poder econômico, o assédio moral, o *lobby* ilegítimo e as relações espúrias com o poder político.

Euclides Guimarães admite que "organizar é, por natureza, conspirar contra o acaso e tal conspiração não se faz pela afixação de hábitos, sem o qual os atos humanos se tornam sobremaneira imprevisíveis" (2008, p.142), mas chama a atenção para o fato de que o cenário atual não permite que esse intento seja alcançado, porque "a fluidez da contemporaneidade tende a remetê-los de pronto à obsolescência".

O acirramento da concorrência pelo encurtamento das distâncias e pela transformação gradativa dos produtos em *commodities*, a potencialização da comunicação em rede e o frenesi das mídias sociais, com a "transmutação" instantânea de *posts*, *tweets* e vídeos em pautas e notícias, reposicionam a agenda institucional das organizações, subvertendo a ordem e as hierarquias. Com isso, atenua-se o controle sobre o fluxo das informações, porque a comunicação em tempo real impede que a estrutura destacada para responder às demandas informativas e às críticas se capacite, pelo menos nos moldes tradicionais, para acompanhar esse ritmo.

A gestão de processos e de pessoas sofre, portanto, alterações importantes, porque precisa conformar-se com um novo cenário caracterizado pelas mudanças permanentes, pela vigilância dos *stakeholders* e da opinião pública de maneira geral. No nível interno, o novo perfil dos públicos (funcionários, servidores etc.) pressiona as chefias em direção a uma comunicação dialógica e, embora os públicos internos não tenham conseguido ainda furar o bloqueio da blindagem autocrática das organizações e das chefias, já provocam irritações sensíveis, porque suas demandas e falas criam uma formidável "zona de desconforto". Esse mal-estar institucional é mais acentuado porque as empresas que não estão dispostas ou capacitadas para revolucionar a sua gestão, atendendo de pronto aos novos desafios, são penalizadas pela deserção de seus talentos, em particular os que compõem a chamada geração digital, que se identificam com esse novo cenário que se desenha no horizonte.

> Gerenciar se torna assim uma atividade mais de escuta que de fala, na medida em que a vigilância em nome da manutenção da ordem vai dando lugar ao monitoramento em nome do controle da desordem. Tudo isso, amalgamado pela obsessão da disputa pelo melhor resultado, tem como efeito imediato trazer para o interior

da organização a lógica que antes pautava sua relação com a outra lógica, a do mercado, a concorrência. (Guimarães, 2008, p.142-3).

As organizações e chefias, que durante décadas se gabaram do controle dos fluxos de informação porque se valiam da cumplicidade dos monopólios da comunicação para a divulgação de seus fatos e versões, veem-se atordoadas com a nova situação, caracterizada pelo surgimento de milhões de vozes, independentes e barulhentas, que frequentam o Twitter e o Facebook e que dão o testemunho ao vivo nos canais de vídeo do YouTube, afrontando ruidosamente a autoridade.

A interação das organizações com os seus *stakeholders* em tempo real amplifica a noção de comunicação proposta por Baldissera, "processo de construção e disputa de sentidos" (2004, p.128), porque remete o embate para a arena virtual, espaço em que as empresas não se sentem confortáveis, seja porque não estão acostumadas a digladiar fora do seu território (elas levam vantagens quando competem dentro de casa, porque conhecem as circunstâncias do terreno em que pisam), seja porque no ambiente virtual elas nem sempre podem escolher as armas ou fixar unilateralmente as regras do jogo.

Nesse sentido, as organizações têm de lidar com uma visão moderna de estratégia e com uma nova maneira de contemplar os seus *stakeholders*. Sai de cena o "público-alvo" e surge vigoroso o "público de interesse", e essa distinção não reside apenas em um jogo de palavras, mas em uma reformulação profunda de conceitos. Ao público-alvo as empresas costumavam endereçar as suas ações de marketing, conformando-o ao seu processo de produção e ao seu discurso. O público de interesse interage, reivindica, questiona, problematiza e não permanece refém do discurso e das posturas das organizações.

A noção de estratégia, verdadeiramente inserida no contexto do pensamento complexo, não se identifica com a perspectiva essencialmente analítica, lógico-determinista, racionalista, que predomina na teoria (ou teorias) das organizações em que se postula a imperiosa necessidade do planejamento (estratégico, é claro). Em uma sociedade multifacetada, em que fervilham os interlocutores, que se consolidam também como protagonistas, e prevalecem as interações recursivas, as estratégias não podem ficar restritas a processos relacionais que não incorporam o pluralismo, típicos de uma mentalidade organizacional "transgênica" que, segundo expressão felicíssima de Vandana Shiva (2003), legitima as "monoculturas da mente".

As estratégias, afinadas com a contemporaneidade, têm de assumir um novo perfil, porque só farão sentido se incorporarem os atributos básicos de uma economia e de uma sociedade colaborativas, multimidiáticas, multirrelacionais e que, conforme explicam Maria do Carmo Reis e Marlene Marchiori (2010, p. 171), devem ser pensadas não como percursos previsíveis e passíveis de controle.

> [...] as estratégias ganham novo significado: deixam de ser compreendidas como caminhos seguros – planejados e controlados – de condução ao desejável pela alta administração e se transformam em perspectivas de longo alcance que, apesar de propostas pela alta administração, são, segundo Jarzabkowski, Balogun e Seidl (2007), efetivamente construídas por meio da contribuição de vários agentes (internos, externos, hierarquicamente diferenciados).

A gestão das relações com os *stakeholders*, a exemplo da recontextualização que buscamos fazer entre comunicação e estratégia, não pode ser trabalhada a partir do modelo mental que governa a teoria da simplicidade e que a enxerga sob a mesma ótica racionalista, analítica e unidirecional. Ela deve considerar que as organizações e os seus públicos estratégicos, como prevê o princípio da recursão organizacional, interagem dinamicamente e que negociam o tempo todo, buscando restabelecer um equilíbrio que favoreça a consecução não apenas de seus objetivos e interesses, mas de toda a sociedade. Essa relação, portanto, não só é estabelecida pelas partes diretamente envolvidas nessa interação (organizações e *stakeholders*), como também sofre a interferência do mercado, da cultura, do tempo histórico que prove condições concretas e específicas, a cada momento, de acesso a tecnologias, e ainda pode ser mediada pela imprensa, esta também refém dos mesmos fatores condicionantes.

ASSESSORIA DE IMPRENSA E COMPLEXIDADE

As observações feitas anteriormente remetem a uma nova proposta de relacionamento com a mídia que leve em conta esse cenário complexo e, especialmente, sinalizam para a necessidade de rever a teoria e a prática que subsidiam o modelo tradicional de interação com a imprensa, buscando superar os limites da mera competência técnica. Para isso, assumiremos a necessidade de recontextualizar conceitos básicos, como o de estratégia, e de avaliar alguns recursos utilizados para instrumentalizar essa relação, como as salas de imprensa virtuais, os comunicados de imprensa (*releases*) e o sistema de informações que subsidia o trabalho das assessorias de imprensa (cadastro de jornalistas e de veículos).

O relacionamento com a imprensa tem sido entendido como indispensável para criar e consolidar a imagem e a reputação das organizações e para agregar valor aos negócios, e está respaldado na convicção de que veículos (empresários e editores) e jornalistas de maneira geral se constituem em públicos estratégicos e que merecem, por isso, especial atenção das organizações.

A literatura que trata dessa atividade ou competência é pródiga em fórmulas (receitas, dicas e conselhos) para estabelecer procedimentos adequados de interação com os profissionais de imprensa, mas, quase sempre, respaldada numa prática já secular, legitima uma lógica ultrapassada porque comprometida com uma visão linear, reducionista da relação entre organizações e *stakeholders*. Na verdade, o contexto em que se inserem as organizações (globalização, explosão das redes e mídias sociais, concorrência às vezes predatória, politização das relações comerciais, supervalorização dos ativos intangíveis etc.) e a própria imprensa (consolidação das alternativas digitais de divulgação de informações, segmentação exacerbada, fragmentação das instâncias de produção etc.) modificou-se drasticamente nas duas últimas décadas, e as estratégias de interação entre os dois lados não são mais adequadas ou suficientes.

Essa alteração define uma nova lógica de relacionamento, mesmo porque há um fato indiscutível: a imprensa tem perdido substancialmente peso e importância como mediadora das relações entre as organizações e os demais *stakeholders*. A comunicação virtual tem permitido que as empresas potencializem canais alternativos para a interação com seus públicos de interesse (portais e sites, blogs e microblogs, redes e mídias sociais como Twitter, Facebook e YouTube, entre outras) e, dessa forma, a imprensa não se constitui mais nem na única nem na mais eficiente instância de mediação. Isso não significa que ela ainda não desempenhe papel relevante (a credibilidade da mídia ainda qualifica as informações que veicula a respeito das organizações), mas é lícito aceitar que cada vez menos as organizações dependem dela para acessar os seus *stakeholders*, municiando-os com os fatos e versões de seu interesse.

Além disso, é imperioso destacar que os meios de comunicação não são, como muitas vezes a literatura e os gestores de comunicação parecem indicar, de forma exclusiva ou majoritariamente, responsáveis pela formação da opinião pública, cujo conceito também tem merecido revisões sucessivas, sobretudo para ressaltar a sua transitoriedade ou fluidez. Ainda mais: não é necessariamente a imprensa, ou pelo menos só a imprensa, que molda a percepção que os *stakeholders* fazem das organizações, cristalizando-a na chamada imagem ou reputação empresarial.

As modernas teorias da comunicação têm sistematicamente chamado a atenção para a importância dos *gatekeepers* e mesmo para a existência de líderes informais, interna ou externamente às organizações, que re(interpretam) os fatos e versões veiculados pela mídia. As redes e mídias sociais têm contribuído decisivamente para empoderar novos protagonistas no universo da informação, como os blogueiros influentes e especializados em determinados temas e questões, muitos deles jornalistas que mantêm espaço autônomo em relação às redações.

Esse fato é tão óbvio, na moderna sociedade da informação, que renomados estudiosos e consultores têm dedicado atenção especial ao seu papel, seja porque os blogueiros estão capacitados para interagir com os *stakeholders* (e influenciá-los), seja porque têm sido acessados como fontes relevantes para as reportagens elaboradas pelas redações tradicionais.

David Meerman Scott (2008, 2011), tido como um estrategista bem-sucedido da comunicação online, sugere repetidamente que as organizações busquem estabelecer parcerias com os blogs, reconhecendo-os como espaços influentes no processo de circulação de informações.

Ana Luísa de Castro Almeida e Janete Lara de Oliveira Bertucci, citando Clarkson (1995), consideram a mídia como *stakeholders* secundários: "aqueles que influenciam ou afetam a organização e também são influenciados por ela, mas que não estão diretamente engajados em transações com a empresa e não são essenciais para a sua sobrevivência" (2010, p.194). Valendo-se da contribuição de Mitchell, Agle e Wood (1997), que se respaldam nos atributos de poder, urgência e legitimidade para categorizar os diferentes *stakeholders* de uma organização, as autoras chegam a sugerir que a imprensa reúne com mais intensidade os atributos de urgência e legitimidade (nesta ordem) do que de poder, embora admitam que, em determinados momentos ou contextos, ela possa incorporar (esse raciocínio se aplica a todos os *stakeholders*) o elemento que lhe falta. Embora essa avaliação da imprensa possa merecer reparos, sobretudo em uma sociedade como a brasileira, em que as relações entre a mídia, o poder político e econômico são tão estreitas (a maioria dos veículos e emissoras é de propriedade ou sofre forte influência de empresários e parlamentares), podemos admitir que pelo menos o poder da imprensa tem sido gradativamente atenuado. Nem sempre campanhas agressivas encetadas pela mídia têm redundado no apoio incondicional da opinião pública e muitas teses ou causas assumidas pela imprensa não têm merecido a adesão da sociedade.

A teoria e a prática da assessoria de imprensa, desconsiderando os cânones do pensamento complexo, costumam considerá-la desconectada do composto de comunicação e, apesar do discurso recorrente da chamada "comunicação integrada", na maioria das organizações, elas ainda se reduzem à divulgação unilateral de informações com o objetivo de sensibilizar a mídia. É comum inclusive encontrarmos, no mercado profissional e na bibliografia que contemplam essa atividade, embates formidáveis entre duas importantes competências comunicacionais (e as categorias profissionais que as representam): Jornalismo e Relações Públicas, tendo em vista a gestão desse processo de interação com a mídia.

A segmentação da mídia, com o crescimento exponencial de veículos e editorias especializadas, tem dificultado a percepção do *ethos* da imprensa e descontextualiza a sua relação com o poder político e econômico, o que se constitui, de pronto, em obstáculo à implementação de uma análise ou avaliação respaldadas no pensamento complexo.

A apologia da hiperespecialização da imprensa no trato de temas ou assuntos (proclama-se a irreversibilidade da especialização jornalística) encontra eco e suporte na real divisão do sistema de produção jornalística, distribuído em editorias, que não apenas segmenta a cobertura mas fragmenta o olhar. Essa postura reproduz, em larga medida, o processo secular de fragmentação do saber, que culminou com sua divisão em disciplinas, promovendo o estilhaçamento do conhecimento, a separação entre ciência e filosofia e o primado do formalismo e da matematização. A objetividade, uma noção equivocada mas que ainda vigora em boa parte da literatura e da prática jornalísticas, também respaldou a chamada epistemologia da simplificação a que se refere Edgar Morin, culminando na partição dos conhecimentos e na constituição de territórios ou disciplinas que se pretendem autossuficientes.

As editorias e os veículos segmentados devem ser considerados no trabalho de relacionamento com a mídia, porque se constituem em entidades reais, mas não podem ser vistos isoladamente, porque constituem partes de um todo e, como ensina a teoria da complexidade, elas o encerram e, no conjunto, o superam.

O trabalho de relacionamento com a imprensa deve resgatar o todo (os veículos como entidades unas e múltiplas em mutação), pois ele é que justifica a sua linha editorial, seus vínculos e compromissos, mas, ao mesmo tempo, considerar a autonomia das partes, porque, no sistema de divisão de trabalho, pressionado pela urgência do tempo, elas muitas vezes operacionalizam posições e posturas próprias. O tensionamento das relações entre jornalistas (e as editorias que os agrupam) com as chefias diretas (editores) e com os proprietários da mídia é mais comum do que se imagina. Veículos e emissoras têm frequentemente enfrentado crises por divergência de opiniões e em virtude de embates naturais na relação capital x trabalho.

As assessorias de imprensa nem sempre conseguem identificar essas tensões que, se percebidas, poderiam permitir o aproveitamento de brechas existentes em razão da relativa autonomia de espaços de produção (editorias) e mesmo de jornalistas, particularmente aqueles que desfrutam de maior prestígio. Articulistas e colunistas, em função do seu prestígio junto à audiência (leitores, radiouvintes, espectadores etc.), muitas vezes expressam em seus espaços exclusivos (artigos ou colunas) opiniões e pontos de vista que conflitam com os de seus veículos e essa divergência é negociada e aceita como saudável para a convivência e para os negócios.

A prática da assessoria de imprensa também se respalda em instrumentos ou recursos que, mantida a sua proposta tradicional, estão cada vez mais deslocados do processo moderno de interação entre jornalistas e organizações. É o caso dos *releases* que ainda mantêm seu tom nitidamente persuasivo, comprometidos com um processo cada vez menos eficaz de convencimento dos profissionais de imprensa sobre as qualidades das organizações e de seus produtos e serviços. Os comunicados de imprensa continuam privilegiando a mera transmissão de informações de interesse da organização, em um esforço repetitivo e enjoado que não está sintonizado com uma proposta efetiva de diálogo, de parceria e, embora existam agências e assessorias que o enxerguem de maneira menos instrumental e o utilizem colaborativamente, elas se constituem em exceção.

As facilidades potencializadas pela comunicação virtual multiplicaram de forma espantosa a distribuição de *releases*, de tal modo que as redações (e os jornalistas em particular) têm tido dificuldade para acessá-los em sua rotina estafante de trabalho. As assessorias não têm se dado conta de que as tecnologias que oportunizam o encaminhamento de comunicados de imprensa permitem, em contrapartida, que eles sejam filtrados, o que acontece invariavelmente com a maioria deles, em especial quando, por experiências anteriores, os jornalistas conseguem identificar a sua origem e associá-la a fornecedores de informações jornalisticamente não relevantes.

Da mesma forma, as salas de imprensa (espaços virtuais privativos para a interação entre organizações e jornalistas), cada vez mais comuns nos portais das empresas, mantêm essa visão simplista e estão comprometidas com a disponibilização de dados e informações, e não com uma proposta de colaboração com o trabalho da mídia. Não passam, com raras e honrosas exceções, de depósitos de *releases*, fotos, notícias, vídeos de campanhas publicitárias e *clipping* de imprensa que, segundo os que as planejam, poderão ser acessados pelos jornalistas e render espaço nos veículos. Dificilmente estão estruturadas para atender, com agilidade e precisão, às demandas dos profissionais de imprensa e se limitam a espaços virtuais estáticos, que não levam em conta a dinâmica da produção jornalística e não estão capacitados para promover a qualificação da cobertura.

Os bancos de dados que suportam o trabalho de relacionamento com a mídia costumam ser incompletos ou imprecisos, porque, na prática, limitam-se a meros cadastros que se respaldam em poucos atributos básicos (cargo e editoria a quem pertencem os jornalistas, além evidentemente do seu nome e formas de acesso – e-mail, endereço da redação etc.). Não incorporam, por exemplo, a visão desses profissionais em relação a temas estratégicos para as organizações, o que permitiria, de forma inteligente, ações ou formas específicas de interação (conversas, envio e troca de materiais etc.), visando neutralizar ou atenuar posições adversas ou invocar a sua parceria para assuntos de interesse. Não trazem informações sobre sua trajetória (vínculo a partidos políticos ou entidades, inclusive igrejas), sobre sua manifestação em relação à organização ou ao setor (ou setores) em que ela atua ou mesmo sobre seu vínculo com questões fundamentais, como a sustentabilidade, a relação das organizações com o governo e assim por diante.

A assessoria de imprensa moderna precisa, portanto, constituir-se em um sistema, processo ou instrumento de inteligência que compatibilize a operacionalização do processo de produção jornalística, cada vez mais especializado, com o conhecimento adequado dos vínculos e compromissos de veículos e emissoras. Deve considerar o todo e as partes em uma articulação dinâmica e extrapolar a instância meramente técnica, consubstanciada na produção e emissão de *releases*, para redimensionar o trabalho de relacionamento com a mídia como uma atividade que se processa em um contexto informativo, mas também econômico, político e sociocultural. Ela deve assumir como natural a tensão entre organizações e mídia, cujos interesses e objetivos nem sempre se confundem, assim como as disputas internas nas estruturas de produção da mídia, que definem embates mediados pela urgência do tempo, pelas trajetórias e experiências de vida, pelas diferentes visões de mundo e posições sobre temas específicos, o que inevitavelmente confere autonomia relativa aos jornalistas. Sobretudo, ela deve assumir que se materializa em um ambiente complexo, em constante mudança, que se respalda, muitas vezes (ou quase sempre), em fontes e fatos não aceitos como únicos ou verdadeiros.

Enxergar o relacionamento com a mídia a partir de um novo modelo é fundamental para as organizações e, até prova em contrário, o pensamento complexo está mais capacitado do que a visão simplista para entender e interpretar os novos ambientes e desafios.

QUESTÕES PARA DEBATE

1) Defina as características básicas de uma sala de imprensa virtual. Indique duas delas, respectivamente sob a responsabilidade de uma empresa pública e de uma empresa privada, que, a seu ver, cumprem efetivamente o seu papel.

2) O que significa efetivamente assumir uma perspectiva complexa para a análise do relacionamento das organizações com a mídia?

3) Como o incremento da segmentação no caso dos veículos jornalísticos aumenta a complexidade do processo de relacionamento com a mídia? Que medidas devem ser adotadas pelas organizações para dar conta do processo gradativo de segmentação jornalística?

Parte 2 – Comunicação Empresarial: definindo boas práticas

6 A gestão da comunicação antes, durante e após as crises

INTRODUÇÃO

As relações estreitas entre comunicação e gestão empresarial não têm necessariamente sido assumidas por muitas organizações ou mesmo explicitadas com propriedade pela Academia. Com isso, alguns equívocos continuam sendo cometidos por gestores ou empresários, expondo empresas a crises sucessivas, que podem afetar sua imagem e seus negócios.

Nesse texto, chamamos a atenção para três aspectos importantes que caracterizam a relação entre gestão e comunicação: a prática da diversidade corporativa, a importância do diálogo com os *stakeholders* e a gestão adequada das crises organizacionais, com menção específica à crise da Toyota.

A DIVERSIDADE CORPORATIVA

Praticar a diversidade corporativa é uma questão de sobrevivência, tem tudo a ver com o negócio e, além disso, é uma exigência legal e dos novos tempos. Apesar disso, as empresas continuam afrontando a realidade e, com raras exceções, levam ao pé da letra o conceito, preferindo manipulá-lo, a exemplo do que fazem com os conceitos de responsabilidade social e sustentabilidade.

Para muitas empresas, a diversidade corporativa se reduz a um discurso hipócrita que povoa suas campanhas institucionais, com a exibição de negros na propaganda e a sugestão de que as mulheres ocupam papel de destaque no organograma.

A prática conflita, no entanto, diariamente com a teoria, e as nossas empresas continuam privilegiando os homens brancos, seja em postos de comando ou mesmo em relação à remuneração, colocando a mulher, os negros etc. em segundo plano.

Mas é preciso ampliar o conceito de diversidade corporativa se quisermos entrar de vez na modernidade. O problema não se reduz apenas a preconceitos de gênero ou étnicos, mas há também o fato de que a maioria das organizações pratica um conceito tosco, avesso ao mercado e às novas tendências.

Dessa forma, preferem recrutar funcionários com um mesmo padrão. Geralmente, no caso brasileiro, o funcionário tem em seu perfil características como obediência ao chefe e pouca disposição para questionamento, seguindo à risca o ditado: "quem pode manda e obedece quem tem juízo".

As organizações modernas parecem não se dar conta do equívoco que cometem ao impedir que a verdadeira diversidade corporativa se manifeste internamente nas organizações.

Todas as empresas carecem de pessoas críticas e criativas, que enxergam os problemas e propõem soluções para resolvê-los, que estão dispostas e capacitadas a ouvir e a atender às demandas dos clientes, que não aceitam imposições de chefias autoritárias e ousam desafiá-las, que são inovadoras e pensam em alternativas distintas das que têm sido adotadas, que têm iniciativa e não permanecem reféns de ordens de serviço. As revoluções na ciência e na tecnologia não foram provocadas por aqueles que seguem os velhos paradigmas, mas que ousaram enxergar e propor soluções inovadoras.

As empresas modernas não apenas proclamam, mas efetivamente constroem um processo de gestão de conhecimento autêntico, estendendo a participação para todos os níveis de sua estrutura, da alta administração aos colegas valorosos do chão de fábrica.

Não é isso o que acontece e, infelizmente, chefias incompetentes e líderes de fachada continuam acreditando que os insucessos internos e o degradado ambiente organizacional têm a ver com a ação dos sindicatos e, assim, demonizam a Rádio Peão, como se fosse coisa do capeta para detonar as empresas.

Não são capazes de perceber que a comunicação interna autoritária é quem atiça os boatos e deixa o clima interno irrespirável.

A diversidade corporativa não deve ser uma figura de retórica, algo que se insere no discurso institucional para fazer frente aos novos valores do mercado. Deve, essencialmente, fazer parte da estratégia, do plano diretor das organizações, porque o mercado e a opinião pública (viva as redes sociais!) estão cada vez mais diversos, acomodando o pluralismo, a divergência, o choque de opiniões. Quem quiser sobreviver em um mundo assim não pode se "fechar em copas", abrigando-se na autoridade (autoritarismo é o termo adequado) para silenciar os que pensam de maneira diferente.

A prática da verdadeira diversidade corporativa revela para as organizações e chefias que é melhor construir coletivamente, mobilizando os seus públicos de interesse (notadamente os públicos internos, massacrados em muitas organizações) do que tentar impor ideias, produtos que não funcionam, contrariamente à posição da maioria ou mesmo de minorias organizadas e esclarecidas.

A diversidade corporativa incorpora a presença mais expressiva da mulher e dos negros no sistema de decisão das organizações, mas também implica abertura para divergência, respeito a perfis diversos, aceitação de ideias não provenientes dos escalões superiores, respeito aos colegas que, sem título de doutor ou MBAs, muitos deles sem credibilidade, podem contribuir imensamente para a melhoria dos processos e das relações nas empresas modernas.

As empresas têm receio e muitas chefias têm verdadeiro pavor de funcionários, clientes, jornalistas etc. que pensam de forma diferente e, se pudessem (felizmente não podem com todos, embora assediem moralmente os seus funcionários), exigiriam que todos tivessem a mesma opinião (a das chefias naturalmente).

As redes sociais incorporam uma nova realidade ao permitir que os cidadãos se manifestem, independentemente da ação de grupos de controle e da interferência das organizações que têm feito de tudo para silenciar os que delas divergem. É a nova e necessária realidade, com a qual as empresas terão, cada vez mais, de conviver.

Funcionários, particularmente os jovens e talentosos, não conviverão com chefias autoritárias e incompetentes, e tenderão a mudar de empresa quando o ambiente, o clima organizacional, se mostrar poluído. As empresas gastarão, como vêm ocorrendo, fortunas para reter os seus principais talentos. Mesmo assim, muitas não terão sucesso, pois pessoas talentosas não gostam apenas de grana, mas autonomia e liberdade para pensar e agir.

Diversidade corporativa não é brincadeira. Não se pode brincar com coisa séria. As empresas do presente e do futuro precisam definitivamente aprender essa lição. Mas elas insistem em fugir da escola e negar a realidade. Estão de costas para o futuro. Não temos dúvida de que levarão, mais cedo ou mais tarde, um formidável pontapé nos fundilhos.

O DIÁLOGO PROFÍCUO COM OS *STAKEHOLDERS*

A comunicação das organizações brasileiras mudou de patamar nos últimos anos, e é acertado dizer que ela se compara com a que se pode observar nos países desenvolvidos. Isso significa que efetivamente a comunicação tornou-se estratégica para as organizações e que integra o processo de tomada de decisões?

Infelizmente essa realidade não caracteriza a maioria das organizações em nosso país, mas apenas um número reduzido delas a quem devemos ruidosamente saudar.

Apesar dos avanços localizados em algumas empresas ou setores, os desafios continuam imensos, e a comunicação competente que todos almejam continua sendo tolhida por processos de gestão nada democráticos, pela hipocrisia de empresas e de seus porta-vozes e também por uma formação ainda deficiente, respaldada na fragmentação das categorias profissionais que integram o universo da comunicação.

É preciso, de imediato, acertar os conceitos. Uma comunicação estratégica se inicia pela definição de políticas claras e sistematizadas de comunicação, pelo conhecimento profundo dos públicos de interesse (os festejados e, às vezes, temidos *stakeholders*) e também pelo desenvolvimento de metodologias que permitem avaliar ações, planos e estratégias de comunicação.

Esse cenário não está bem desenhado no Brasil. Raras são as organizações que construíram por aqui, em tempo recente, uma política de comunicação, ainda que executivos mal informados continuem chamando de política um punhado de arrazoados (muitas vezes, sem sentido) acompanhado de planilhas de custos associadas a atividades a serem desenvolvidas no ano seguinte.

Política não se constrói sozinha, na calada da noite, mas é um processo caro, quase sempre demorado e que exige elaboração de cenários e pesquisa, muita pesquisa (de públicos, de mídia, de processos etc.). Além disso, para se construir uma comunicação estratégica é preciso que os públicos sejam perfeitamente conhecidos, e nossas organizações, em sua maioria, conhecem pouco inclusive os seus públicos internos (funcionários, por exemplo). Em muitos casos, sabem deles pouco mais do que indica o formulário de admissão. Finalmente, poucas são as organizações que realmente investem em pesquisa na área de Comunicação Empresarial.

O panorama poderia até ser melhor, mas algumas pesquisas realizadas por determinadas organizações e assessorias não merecem essa denominação, como as que medem a eficácia de veículos internos (totalmente viesadas pelo próprio processo, com amostradas viciadas e patrulhamento das chefias), ou avaliam a imagem na mídia (tem gente fazendo avaliação por *software* padrão, como se as empresas fossem todas iguais, o que, de pronto, já é um equívoco imenso). A comunicação estratégica entre nós permanece ainda respaldada apenas na intuição, no "feeling" de chefes e em diagnósticos toscamente elaborados pelos gestores.

A Comunicação Empresarial brasileira continua sendo sobretudo tática, operacional, tarefeira, ainda que os executivos das nossas organizações, mesmo as mais prestigiadas, proclamem o contrário em congressos, publicações etc., com o objetivo de valorizar o trabalho que, contraditoriamente, não andam fazendo direito.

É forçoso reconhecer que estamos melhorando, ainda que mais lentamente do que deveríamos, mas talvez esse ritmo lento faça mesmo parte do processo de amadurecimento pelo qual, obrigatoriamente, temos de passar. Até os executivos de finanças, que estão há mais tempo no mundo corporativo, causaram, nos últimos anos, prejuízos imensos para inúmeras empresas (Sadia, Votorantim, Aracruz etc.), que se gabavam da competência de sua governança corporativa. Os executivos de comunicação, por essa lógica, têm o direito de cometer falhas, mas não é razoável insistir nelas quando já existe uma consciência dos motivos pelos quais foram cometidas, do impacto que elas costumam causar nos negócios e, sobretudo, na imagem ou reputação das empresas.

As organizações precisam refinar a sua comunicação, mas isso não acontece por geração espontânea, com o uso do discurso grandiloquente, com o autoritarismo nas relações, sem o domínio das novas tecnologias e uma visão mais lúcida do mercado e da sociedade. É preciso competência, estudo sério e pesquisa, o que não se aprende a partir de alguns cursos de MBA ministrados por gurus norte-americanos e promovidos por entidades que permanecem reféns de ideias alienígenas, prisioneiras de seu próprio complexo de inferioridade.

Faltam espírito crítico e coragem para enfrentar a realidade; faltam talento, ética e transparência, porque, em muitas organizações, a comunicação estratégica não passa de um processo sujo de limpeza de imagem, típico da mentalidade transgênica e monopolística que grassa no mercado.

Há exemplos bons a copiar (ainda que sempre existam defeitinhos a corrigir, porque somos genética e organizacionalmente imperfeitos), como a Embrapa, o Greenpeace, a Natura, a Andi - Comunicação e Direitos, só para citar algumas organizações recorrentemente festejadas.

Não merecem figurar nessa lista algumas organizações que andam por aí relatando *cases* em congressos (em alguns deles, é possível comprar espaço para divulgação positiva, ludibriando os congressistas ingênuos) ou ilustrando reportagens sobre a importância da comunicação corporativa.

Comunicação competente não se faz necessariamente com muito dinheiro, investimento em publicidade, nem tem a ver com premiações sem valor e outras estratégias para "aparecer bem na fita". Parodiando um *slogan* de uma grande empresa (que não merece de jeito algum estar na lista!): você conhece, você não confia.

Toda empresa realmente acima de qualquer suspeita tem de resistir ao teste do sistema de busca do Google. Por que não tentar? Vamos lá com algumas palavrinhas-chaves: "Suborno na Indonésia", "BioAmazônia", "Super Size Me", "Máfia dos medicamentos em São Paulo" etc. Pode-se acrescentar também nessa lista "prática do *overbooking*", "crimes corporativos" e "assédio moral". Se colocarmos "*recall*" no Brasil como palavra-chave, as montadoras estarão em maus lençóis. Elas ainda não instituíram a qualidade em seu processo de produção e talvez por isso estejam repetidamente convocando os proprietários para consertos sem fim.

As empresas têm de abrir mão da sua arrogância, descer do pedestal em que se encontram encasteladas há um bom tempo e começar a dialogar com os seus *stakeholders*. Não há outra saída, não existe alternativa além da conversa franca, do respeito à divergência e da profissionalização da comunicação corporativa.

Pode parecer difícil, mas arrancar dente também é, e a gente acaba tendo de passar por isso. Se as organizações não abrirem o olho, as consciências e o coração vão descobrir que há posturas inadequadas que podem doer muito. O mercado e a sociedade poderão obrigá-las a fazer uma operação invasiva e radical. Sem anestesia.

AS LIÇÕES DA CRISE DA TOYOTA

Pessoas cometem erros. Autoridades falham (por aqui, ao que parece, repetidamente). Governos e partidos andam "mensalando" demais. E organizações, sobretudo empresas públicas e privadas, cometem erros atrás de erros, sem ao menos ficarem coradas.

A crise da Toyota, que se viu obrigada a confessar publicamente a falta de qualidade de inúmeros de seus modelos nos Estados Unidos e também no Japão, escancara uma realidade: o discurso empresarial não está sintonizado com a realidade e, por extensão, a Comunicação Empresarial anda contaminada, recorrentemente, pela hipocrisia e pelo cinismo.

A Toyota, que acumulou a fama de imbatível, de fabricante de produtos de excelência, teve de se curvar diante de dois *recalls* que envolveram milhões de carros nos Estados Unidos.

Mais do que o prejuízo financeiro (estimado em bilhões de dólares), a imagem/reputação da poderosa companhia japonesa atravessou verdadeiramente um inferno astral. Especialistas acreditam que ela deverá investir pesadamente em propaganda nos próximos anos e precisará adotar uma postura agressiva em termos de comunicação, se quiser recuperar os danos causados pela sua incompetência. E quem entende de sinistros automobilísticos sabe: assim como carro batido que, mesmo adequadamente reparado, perde o valor de revenda, marcas que sofrem reveses pesados (e o da Toyota foi de fazer o presidente da empresa abrir bem os olhos) demoram para se recuperar (e muitas vezes nunca conseguem esse feito).

A crise da Toyota, infelizmente para ela, não foi apenas uma crise de qualidade, mas especialmente uma crise de comunicação, uma falta absoluta de *know-how* em gestão de crises, uma péssima lição de Relações Públicas.

A empresa, como muitas outras em situação semelhante (a Volkswagen com o Fox, a Merck com o Vioxx, a Shering do Brasil com "a pílula da farinha" etc.), demorou para reconhecer o problema, foi lenta para solucioná-lo, pouco transparente em suas interações com os *stakeholders*, enfim, fez tudo diferente do que a teoria sobre gestão de crises costuma indicar há um bom tempo.

Evidentemente, como apontaram os estudiosos desse campo, houve no caso da Toyota um problema adicional (que, é lógico, não é exclusivo dela nesses momentos dramáticos): a questão cultural, como sinaliza Jeff Kingston, em reportagem para o *The Wall Street Journal*, aqui traduzida e publicada pelo Estadão (Crise da Toyota ressalta limites do sistema japonês, 08/02/2010, p. B11): "a vergonha de admitir um *recall* num país obcecado com qualidade e habilidade técnica dificulta a transparência e o reconhecimento da responsabilidade". Ele continua: "Também há uma cultura de deferência nas empresas que dificulta que os que estão embaixo na hierarquia questionem os superiores ou informem os problemas a eles. O foco no consenso e no coletivo facilita o trabalho em equipe, mas também dificulta desafiar o que já foi decidido".

Temos muitas lições a retirar da tragédia da Toyota, e elas valem não apenas para as organizações que se veem às voltas com crises semelhantes, mas para governantes, para a Justiça brasileira, jornalistas e veículos, comunicadores empresariais e para todos nós, cidadãos, vítimas recorrentes da incompetência em qualidade das montadoras.

Em primeiro lugar, não existem organizações imunes às crises e, portanto, elas devem não apenas estar empenhadas em preveni-las, mas capacitadas para gerenciá-las quando elas ocorrerem. Em segundo lugar, os públicos diretamente interessados na vida das organizações (os *stakeholders*) costumam ser sensíveis nesses momentos, assim como a mídia que, aqui e em todo lugar, delicia-se com as desgraças organizacionais, particularmente aquelas que envolvem empresas de prestígio. Em terceiro lugar, proatividade, profissionalismo, agilidade e transparência são essenciais. Tudo aquilo que a Toyota desconsiderou ao tratar o problema causado pelos pedais dos aceleradores e os carpetes que ficam sob eles.

A crise da Toyota mostrou também uma realidade que precisaria ser copiada em nosso país. Países que respeitam os consumidores adotam uma legislação dura contra os repetidos *recalls* da indústria automobilística. Por aqui, Justiça e autoridades são benevolentes com os *recalls* que acontecem a toda hora, e não aplicam aos fabricantes punições exemplares para desestimular a sua reincidência.

A Volks fez a maior besteira ao gerenciar a crise do Fox (que mutilou os dedos de proprietários que rebatiam o banco traseiro), e todas as montadoras, sem exceção, chamam os donos de carros para consertos que seriam desnecessários se o controle (???) de qualidade efetivamente funcionasse. Elas fazem isso a torto e a direito porque, no Brasil, as multas são irrisórias, as exigências dos governantes/autoridades para a reparação do erro são ridículas (estimulam a produção de carros com defeito) e, no final das contas, os prejuízos sempre acabam no "lombo" dos clientes.

É lógico que falhas acontecem no Brasil, nos Estados Unidos, na Europa ou no Japão, mas certamente as reações das autoridades (e também dos consumidores) aqui e acolá são diferentes. Por menos de cem mil reais, a Volks indenizou os proprietários do Fox que perderam o dedo (quanto não custaria um dedo de um americano ou de um alemão, hein?) e, na maior parte dos casos, os proprietários infelizes de carros é que perdem tempo para os reparos necessários, sem receberem indenização alguma.

É preciso acabar com a hipocrisia e o cinismo que norteiam nossas organizações, mesmo as das melhores famílias corporativas. Temos de chamar os fabricantes defeituosos às falas, botar a boca no trombone, boicotar aqueles que não preservam a qualidade em seu sistema de produção, e que proclamam *recall* (revelador da sua incompetência) como gesto de cidadania.

As montadoras (que "montam" efetivamente na confiança dos que acreditam nelas) precisam passar por um sistema corretivo, ajoelhar no milho como professores autoritários faziam com alunos em tempos idos.

A Toyota deve pagar pela incompetência, mas o mesmo se aplica às demais montadoras, no Brasil e no exterior.

Na verdade, é a reputação dessas organizações que há muito anda merecendo um *recall*. O ditado é sábio: errar uma vez é humano, insistir no erro, como fazem as montadoras em todo o mundo, é desrespeito inaceitável ao consumidor. E, nesse caso, não há *recall* que dê jeito.

Se as montadoras empregassem em qualidade o que empregam em anúncios para encher as ruas de carros poluidores, certamente automóveis seriam mais confiáveis.

É necessário colocar, com urgência, um freio no cinismo e na hipocrisia empresariais, que andam acelerados. Com eles, a reputação das organizações continuará derrapando, como aconteceu com a Toyota. Infelizmente para elas, não inventaram ainda um *airbag* que as proteja desse tipo muito particular de colisões.

QUESTÕES PARA DEBATE

1) Por que é razoável admitir que a prevenção é a melhor alternativa para enfrentar as crises?
2) Em uma situação de crise, as organizações devem sempre primar pela transparência e pelo diálogo com os *stakeholders* ou há situações em que elas podem optar pelo silêncio e pela sonegação de informações que possam afetar os seus negócios?
3) O que significa efetivamente comprometer-se com a diversidade corporativa? Por que respeitar a diversidade corporativa representa uma postura correta das organizações modernas?

7 Comunicação em situações de risco: gestão e estratégias

CONCEITOS E CLASSIFICAÇÕES

A repetição dramática de situações críticas, com danos materiais e humanos significativos, como as enchentes e os consequentes deslizamentos de terra que abalaram Angra dos Reis em 2011, com um número considerável de vítimas; a emergência de epidemias planetárias ou continentais, como a gripe suína e a dengue; a violência incontrolável dos tufões, como o Katrina nos EUA, do tsunami na Ásia e do terremoto no Haiti, entre muitas outras, têm evidenciado a necessidade de um competente processo de gestão de crises.

Ele deve incorporar complexos e refinados processos de planejamento, que privilegiem a prevenção, o esclarecimento e a mobilização das comunidades atingidas, a resposta imediata do poder público para mitigar o seu impacto e, em particular, um sistema de comunicação ágil e transparente que promova a circulação ampla das informações[1].

---
1   Segundo o Centro de Pesquisa sobre Epidemiologia de Desastres – Cred (www.emdat.be), instituição considerada referência nesse assunto, qua-

As situações críticas, comumente denominadas desastres[2], obedecem a uma ampla e detalhada classificação, e podem ter um perfil diverso em função de sua origem, evolução ou intensidade[3].

No que se refere à sua origem ou causa primária, os desastres são, tradicionalmente, divididos em duas grandes modalidades: desastres naturais ou humanos.

Os desastres naturais, em função de sua natureza, podem ser de quatro tipos:

a) Os de origem sideral, que dizem respeito ao impacto na superfície da Terra de corpos vindos do espaço, como os meteoritos.

b) Os relacionados com a Geodinâmica Terrestre Externa, ou seja, provocados por fenômenos atmosféricos (meteorológicos e/ou hidrológicos), como os furacões, tornados, ciclones, avalanches ou nevascas, enchentes ou inundações, estiagens ou secas ou mesmo incêndios florestais.

c) Os associados à Geodinâmica Terrestre Interna, como os relacionados com a sismologia (terremotos, maremotos e tsunamis), com a vulcanologia (facilmente identificáveis com a ação de vulcões) ou com a Geomorfologia, o intemperismo, a erosão e a acomodação do solo (deslizamentos, erosão do solo – as conhecidas voçorocas –, as erosões marinha ou fluvial e mesmo o soterramento por dunas).

d) Os relacionados com os desequilíbrios na biocenose (tipificados principalmente pelas chamadas pragas animais ou vegetais).

---

se 30.000 pessoas (exatamente 29.782) morreram em 302 desastres naturais (furacões, secas, inundações, terremotos etc.) em 2011. Segundo a mesma fonte, o Brasil, apenas em janeiro de 2011, registrou 900 mortes por enchentes e deslizamentos. O maior número de vítimas por desastres naturais no período ocorreu no Japão, em virtude do tsunami que provocou o acidente nuclear em Fukushima (Righetti, 2012).

2   Segundo o Glossário de Defesa Civil: estudos de riscos e Medicina de desastres, publicado em 2009 pelo Ministério da Integração Nacional/Secretaria Nacional de Defesa Civil, p. 40, desastre é "o resultado de eventos adversos, naturais ou provocados pelo homem, sobre um ecossistema (vulnerável), causando danos humanos, materiais e/ou ambientais e consequentes prejuízos econômicos e sociais".

3   Uma classificação detalhada dos desastres pode ser encontrada no documento intitulado Política Nacional de Defesa Civil, editado em 2008 pelo Ministério da Integração Nacional/Secretaria Nacional de Defesa Civil, p. 39-67.

Os desastres humanos, por seu turno, também são divididos em três tipos, a saber:

a) Natureza tecnológica: relativos à construção civil, meios de transporte, incêndios em instalações industriais, produtos perigosos, colapso ou exaurimento de energia ou poluição.

b) Natureza social: que envolvem convulsões sociais, conflitos bélicos, degradação dos recursos naturais.

c) Causas biológicas: derivados da disseminação de doenças transmitidas por várias fontes (água, alimentos, sangue ou secreções orgânicas contaminadas, por insetos ou animais etc.).

Mais recentemente, passou-se a admitir que, na prática, um conjunto expressivo dos desastres pode ser pensado como misto, porque resultam da conjugação de fatores naturais e humanos, como os decorrentes da degradação da camada de ozônio da ionosfera, aumento dos gases de efeito estufa, ocupação desordenada do solo, construção inadequada de barragens etc.

Os desastres podem ter também perfil diverso em função de sua evolução ou intensidade.

Quanto à sua evolução, podem ser classificados como súbitos ou de evolução aguda, como normalmente acontece com os deslizamentos, enxurradas, terremotos ou erupções vulcânicas; ou de evolução crônica ou gradual, como poluição do ar, da terra e da água, seca ou erosão; ou ainda pela conjugação de efeitos parciais, como acidentes de trabalho ou de trânsito, ou em algumas epidemias, como cólera ou malária, por exemplo.

No que diz respeito à sua intensidade, os desastres são classificados em acidentes, desastres de médio porte, de grande porte e de muito grande porte. Os de grande porte acabam gerando a decretação das chamadas situações de emergência (que causam danos geralmente suportáveis à comunidade atingida) e os de muito grande porte, a decretação das situações de calamidade pública (que provocam sérios danos à comunidade, afetando a sua incolumidade e à vida dos seus integrantes). No Brasil, a decretação de situações de emergência e de calamidade pública só pode ser feita pelo Poder Público.

Há ainda outras tipologias ou classificações para caracterizar os desastres ou situações críticas, mas, dado o espaço deste texto, abordaremos as anteriormente citadas.

É importante, porém, ter clara a distinção entre alguns termos ou conceitos largamente utilizados em situações críticas, como risco, dano e ameaça, porque, embora sejam muitas vezes assumidos como sinônimos, eles apresentam aspectos distintivos, conforme entendimento da literatura correspondente, em nível nacional ou internacional.

Assim, como acentua o documento que explicita a Política Nacional de Defesa Civil, temos:

> Risco é a medida de danos ou prejuízos potenciais, expressa em termos de probabilidade estatística de ocorrência e de intensidade ou grandeza das consequências previsíveis. Dano representa a perda humana, material ou ambiental, física ou funcional, que pode resultar, caso seja perdido o controle sobre o risco.
>
> Ameaça é a estimativa de ocorrência e magnitude de um evento adverso, expressa em termos de probabilidade estatística de concretização do evento e da provável magnitude de sua manifestação (Ministério da Integração Nacional, 2008, p.11).

A percepção do risco é aspecto fundamental na análise das situações críticas e, como poderemos perceber mais adiante, representa um componente essencial no processo de prevenção. Ela tem a ver com a prontidão exigida das autoridades para impedir ou atenuar os desastres e com a capacidade de mobilização das comunidades que potencialmente poderão ser por eles afetadas. Um sistema de comunicação competente para situações críticas deve ser capaz de alertar autoridades e comunidades sobre o risco, colocando-as em estado de atenção.

Ter ciência dos riscos é primordial para o sistema de gestão de crises, porque permite a adoção de procedimentos para evitar ou minimizar as perdas (humanas ou materiais) e contribui para o comprometimento das comunidades na sua solução.

A GESTÃO DAS SITUAÇÕES CRÍTICAS

Como todo planejamento de crise, a gestão dos desastres se inicia antes de sua ocorrência e deve englobar pelo menos três etapas: a prevenção da situação crítica, que inclui a avaliação dos riscos (análise detalhada das ameaças, conhecimento do grau de vulnerabilidade do ecossistema e da população que pode ser potencialmente afetada) e a adoção de medidas que permitam reduzir os riscos concretamente identificados e otimizar a resposta aos desastres, caso eles ocorram; o enfrentamento do desastre, que abrange a implementação de um sistema para avaliar o impacto do desastre, dar assistência às pessoas ou comunidades vitimadas (resgatar pessoas ou propiciar o seu tratamento no caso de epidemias); e a reconstrução do ambiente atingido, visando devolver a ele as suas condições plenas de funcionamento, com o restabelecimento dos serviços públicos e do ecossistema, realocamento de pessoas que perderam suas moradias, isolamento das áreas de risco etc.

Há variáveis importantes para a gestão das situações críticas, tendo em vista a sua origem ou natureza. Assim, no caso de epidemias, notadamente quando ela assume proporções globais, há um esforço internacional para impedir a circulação de pessoas que possam estar contaminadas, a identificação do agente responsável e, quando é o caso, a mobilização para identificar ou pesquisar formas de atenuar o seu impacto na saúde e na vida das pessoas, ou para aumentar a produção e distribuição de medicamentos. Quando a situação crítica se refere à ação de doenças contagiosas, há serviços de assistência (hospitais, por exemplo) que podem atender à situação específica e mesmo isolar os pacientes. Quando ocorre um desastre natural típico (enchentes com grandes deslizamentos de terra, terremotos, tsunamis, incêndios florestais etc.), implanta-se, de imediato, no local da ocorrência, um Sistema de Comando em Operações (SCO), que possui uma metodologia específica, com procedimentos e protocolos previamente determinados.

O SISTEMA DE COMANDO EM OPERAÇÕES

Pode-se definir o SCO como uma ferramenta de caráter administrativo ou gerencial que objetiva favorecer o atendimento a situações críticas e que se caracteriza pela resposta imediata, padronização das ações e uma visão sistêmica das situações de risco. A implementação do SCO por ocasião dos desastres acarreta uma série de vantagens ou benefícios:

a) Fornece um modelo de gerenciamento padronizado para situações críticas de qualquer natureza ou tamanho.
b) Permite que pessoas de diferentes organizações se integrem rapidamente em uma estrutura de gerenciamento comum.

c) Facilita a integração das comunicações e o fluxo de informações, melhorando os trabalhos de inteligência e planejamento.
d) Fornece apoio logístico e administrativo para o pessoal operacional.
e) Melhora a articulação do comando com elementos internos e externos à operação, facilitando relações.
f) Agrega valor à operação evitando a duplicação de esforços e ampliando a segurança dos envolvidos (Ministério da Integração Nacional, 2010, p.24).

O modelo de SCO foi concebido originalmente nos Estados Unidos, na década de 1970, e está associado à ocorrência de uma série de incêndios florestais que devastaram a Califórnia naquele período. O sucesso do sistema fez com que ele fosse ampliado, com sua adoção por importantes instituições norte-americanas, como as Academias de Bombeiros, as agências policiais e os serviços de emergência na área da saúde. Ele se mostrou útil inclusive durante os atentados terroristas em Nova Iorque em 11 de setembro de 2001. O SCO tem sido empregado também no Brasil há algum tempo por coordenadorias de Defesa Civil e Corpos de Bombeiros, e tem sido disseminado, por exemplo, pela Secretaria Nacional de Segurança Pública e pelo Ministério do Meio Ambiente[4].

É interessante perceber que o modelo tradicional de SCO contempla diversos aspectos relacionados à integração da comunicação em situações críticas, e postula princípios e competências necessários para o desenvolvimento de algumas funções.

O Manual de Gerenciamento de Desastres, documento básico para orientar as ações em situações críticas, editado pelo Ministério da Integração Nacional/Secretaria Nacional de Defesa Civil, refere-se explicitamente a duas modalidades de gerenciamento que merecem atenção especial: o gerenciamento integrado das comunicações e o gerenciamento integrado de informações e inteligência.

O gerenciamento integrado das comunicações admite a necessidade e destaca a importância da adoção de um sistema de comunicação integrada

---

[4] O Centro Universitário de Estudos e Pesquisas sobre Desastres (Ceped), vinculado à Universidade Federal de Santa Catarina, promove cursos de capacitação para o SCO e um manual básico pode ser encontrado em http://www.defesacivil.mg.gov.br/conteudo/arquivos/manuais/apostila/Manual.SCO.UFSC.pdf. Acessado em 08/02/2012.

durante toda a operação em situações de desastres, postulando a elaboração de um plano de comunicações e o estabelecimento de redes de comunicação.

O gerenciamento integrado de informações e inteligência prevê a captação, análise e disseminação das informações (dados meteorológicos, socioeconômicos e culturais, esclarecimento sobre as causas dos acidentes etc.) de modo a permitir que a coordenação do SCO esteja respaldada em dados precisos e confiáveis, mas possa transmiti-los com precisão para os públicos de interesse envolvidos (comunidade, autoridades, imprensa etc.).

Um das funções previstas no SCO é a de informação ao público, e o sistema adotado em nosso país (que assimila experiências de outros países) incorpora a figura do "coordenador de informações ao público", que tem como principais atribuições:

Obter informações sobre a emergência ou situação crítica e o SCO.
Produzir informes sobre a situação crítica e a operação, tão logo quanto possível.
Estabelecer locais e horários para a divulgação das informações.
Assumir pessoalmente ou identificar alguém preparado para ser o porta-voz da operação (pessoa que fala sobre o evento na mídia).
Estabelecer contatos regulares com a mídia para fins de disseminação de informações.
Observar as restrições para a divulgação de informações estabelecidas pelo comando da operação.
Obter a aprovação dos informes antes de divulgados na mídia.
Organizar coletivas e intermediar o contato do comando com integrantes da imprensa em geral.
Controlar o acesso de integrantes da mídia na área de operações (Ministério da Integração Nacional, 2010, p.42-3).

O SCO prevê, inclusive, um local específico para funcionar, em determinadas situações críticas[5], como Centro de Informação ao público e que preferivelmente deve situar-se na chamada área ou zona fria do desastre, que deve primar pela segurança dos que nela atuam, e dispor de algumas facilidades pa-

---

5   Recomenda-se um Centro de Informação ao público com maiores recursos no caso de grandes desastres, em que a afluência da mídia é intensa em virtude inclusive da necessidade de divulgação rápida e ampla de informações para atender aos interesses da comunidade atingida e da opinião pública.

ra garantir o bom trabalho da imprensa (disponibilidade de energia elétrica, comunicações, espaço para a realização de entrevistas coletivas etc.).

A gestão de situações críticas no caso de epidemias ou acidentes que dizem respeito especificamente à saúde pode ou não pressupor também um SCO, e certamente, se esse for o caso, eles devem obedecer aos princípios básicos já expostos.

Em momentos de pico das epidemias de dengue, como tem acontecido nos últimos anos particularmente na cidade do Rio de Janeiro, o Governo se vê obrigado a providenciar estruturas alternativas (tendas, apoio do Exército etc.) para atender o contingente de pessoas doentes e, nesses casos, pode ser justificada a implantação de um SCO em determinados locais e um trabalho competente e profissionalizado de comunicação para esclarecer a população e encaminhar os pacientes para os locais de atendimento.

Durante o surto da chamada gripe suína, a gestão inadequada das autoridades e a postura irresponsável de determinados laboratórios farmacêuticos, bem como o sensacionalismo da mídia, acabaram evidenciando o precário gerenciamento dessa situação crítica, com prejuízos para a saúde pública e para o país de maneira geral. Compras abusivas de medicamentos foram realizadas indevidamente e os estoques se mantiveram elevados em quase todo o mundo, para satisfação dos fabricantes que se aproveitaram da situação para aumentar consideravelmente os seus lucros. Houve inclusive denúncias de comprometimento da própria Organização Mundial da Saúde (OMS) com a chamada "Big Pharma"[6].

A COMUNICAÇÃO EM SITUAÇÕES CRÍTICAS

A comunicação desempenha papel fundamental no processo global de gerenciamento de situações críticas, permeando as suas várias etapas. De imediato, é preciso ressaltar, como explicita a literatura que contempla a gestão de crises[7], a importância da prevenção, isto é, as ações, processos e estratégias destinados a impedir que os problemas potenciais se tornem realidade. Na

---

6   Expressão utilizada para designar os principais representantes da indústria farmacêutica.
7   Ver, por exemplo, os trabalhos de Rosa (2001, 2003, 2006), Barbeiro (2010), Neves (2002), Luecke (2007), Sina (2005) e Bueno (2009) sobre gestão de crises, em particular sobre o processo de comunicação em momentos de crise.

maioria dos casos, as crises irrompem porque as organizações e os seus gestores não dispõem de um planejamento que contemple os riscos e as formas adequadas de enfrentá-los. Elas não atuam preventivamente, apenas buscam minimizar as crises depois de deflagradas, o que, como sabemos, torna as soluções menos ágeis e mais dispendiosas.

> A comunicação efetivamente estratégica pressupõe um trabalho de planejamento para gerenciar momentos difíceis, como toda crise costuma ser. Há vários processos, ações e estratégias que devem ser definidos, elaborados e implementados visando prevenir, gerenciar ou mesmo evitar as crises. Não podemos ignorar que muitas delas são, basicamente, crises de comunicação ou que são aprofundadas por má gestão da comunicação. A crise da Coca-Cola na Europa e o episódio da "pílula da farinha" no Brasil foram, sem dúvida, exemplos emblemáticos de como a comunicação não transparente, não profissional, pode gerar ou incendiar a crise. E haja bombeiro quando isso acontece! (Bueno, 2009, p.144).

Muitas organizações não incluem a comunicação como prioridade no processo de planejamento para as crises e encontram dificuldades, às vezes insuperáveis, para interagir com os seus públicos de interesse no momento em que elas ocorrem, quase sempre permanecendo a reboque dos acontecimentos. São, por isso, pautadas pela mídia e, dependendo da situação crítica em que se veem envolvidas, acabam "batendo cabeça" com sindicatos, consumidores, investidores ou entidades de defesa do consumidor, tornando-se refém do torvelinho informativo que costuma caracterizar esses momentos.

No caso de desastres, como os que temos indicado neste capítulo, que têm impacto significativo na vida das comunidades e dos cidadãos em particular, a ausência de um planejamento em comunicação contribui para o desencontro de informações, para leituras ambíguas dos fatos e sobretudo para que o pânico se estabeleça, comprometendo o esforço de resposta e de mitigação dos danos e prejuízos.

O planejamento em comunicação deve, prioritariamente, para dar conta de situações críticas, estar centrado na disseminação de informações de qualidade, com o objetivo de aumentar a percepção dos riscos e de conseguir o comprometimento da comunidade, dos governos e da sociedade civil com a sua solução.

Ao mesmo tempo em que os setores responsáveis promovem o mapeamento das áreas e situações de risco e estabelecem condições adequadas para a redução das vulnerabilidades, o esforço de comunicação deve ser dirigido para formar, informar e mobilizar os interessados, com o objetivo de minimizar o impacto provocado pelos desastres. Para tanto, é indispensável contar com o apoio da mídia, das instituições (escolas, igrejas, empresas) que podem, preventivamente, esclarecer os cidadãos sobre os riscos, impedindo que eles se agravem, ou mesmo se originem pela ação impensada de representantes das comunidades.

Muitas tragédias acontecem porque pessoas desavisadas tomam medidas que colocam em risco a vida dos seus vizinhos (e delas próprias e de seus familiares), como construir casas às margens de rios ou em encostas inseguras, improvisar instalações elétricas (o que tem provocado incêndios de grandes proporções em favelas de grandes cidades) e assim por diante. A circulação de informações qualificadas pode também orientar as pessoas no caso da ocorrência de desastres, favorecendo o processo de evacuação das áreas ou locais de risco, aumentando a eficácia dos processos de socorro e assistência às vítimas etc.

Pode ser importante, para os gestores das situações críticas, tomar conhecimento dos erros e soluções que foram percebidos/adotados em situações anteriores e, por isso, recomenda-se sempre o *benchmarking* das experiências acumuladas. Há desafios consideráveis para o trabalho de comunicação em desastres, porque quase sempre a percepção e redução dos riscos e vulnerabilidades esbarram em barreiras culturais, linguísticas etc. Algumas comunidades assumem uma perspectiva fatalista em relação aos desastres e os imaginam como resultado da vontade divina ("isso aconteceu porque Deus quis"), abrindo mão de sua responsabilidade em relação a eles. Uma mudança cultural precisa ser implementada em boa parte dos casos, de tal modo que a Política Nacional de Defesa Civil preveja, em uma de suas propostas para o enfrentamento das situações críticas, ações específicas nesse sentido. Ela reconhece a necessidade de desenvolvimento de projetos de mudança cultural que se baseia, entre outros, nos seguintes fundamentos: a) todos têm direitos e deveres, e a segurança contra os desastres é resultado de um esforço coletivo; b) os cidadãos devem estar conscientes da necessidade de participar de um Sistema de Segurança que os proteja dos desastres e de que ações ou omissões humanas contribuem para agravá-los ou provocá-los;

c) os cidadãos devem estar dispostos e comprometidos a não permitir que outras pessoas, por seus atos, provoquem e agravem os desastres[8].

A comunicação competente contribui também para esclarecer às comunidades envolvidas em desastres (bem como a mídia e outros interessados) quais são as fontes que podem, com credibilidade, prestar informações sobre o ocorrido, evitando que as chamadas fontes oportunistas, comuns nesses momentos, possam valer-se da situação para disseminar a desinformação ou mesmo o pânico. Esse esforço legitima as autoridades (que, evidentemente, devem ter credibilidade junto às comunidades) responsáveis pela gestão das situações críticas, criando uma relação de confiança, indispensável para o encaminhamento de soluções e para o comprometimento dos cidadãos.

Postula-se, em situações críticas, a adoção de um processo de comunicação integrada, criando condições para a articulação entre os vários órgãos que integram o Sistema de Defesa Civil, o que permite a conjugação de esforços, a minimização de problemas e mesmo a redução de ruídos de comunicação decorrentes da ausência de um comando e um discurso unificados.

O protagonismo da comunidade e dos líderes

A mobilização da comunidade e de seus líderes, tendo em vista prevenir ou minimizar o impacto dos desastres, pressupõe que o processo de comunicação a ser adotado tenha como atributos básicos o profissionalismo, a ética e a transparência, não assumindo os cidadãos como objetos ou públicos-alvo, mas como protagonistas. Isso significa admitir como natural a diversidade (sociocultural, econômica, linguística) e estar empenhado em um diálogo franco e construtivo.

A comunidade deve participar ativamente do processo de planejamento (inclusive em comunicação) voltado para situações críticas, porque, sem a sua participação efetiva, as respostas aos desastres podem ocorrer com menor agilidade, incorrer em equívocos ou enfrentar resistências.

Na maioria dos casos, a mobilização e o comprometimento dos cidadãos ocorrem apenas (ou mais intensamente) a partir da participação dos seus

---

8   Ver a respeito o projeto 10, intitulado Projetos de Mudança Cultural, inserido na Política Nacional de Defesa Civil, conforme documento editado pelo Ministério da Integração Nacional/Secretaria Nacional de Defesa Civil, em Brasília, em 2008, p. 28-29.

líderes e isso tem a ver com a sua identificação com a comunidade, o conhecimento das suas demandas e expectativas e mesmo a adequação do seu discurso. Muitas vezes, por absoluta falta de sensibilidade, as autoridades que respondem pela gestão dos desastres assumem uma perspectiva arrogante, autoritária e, com isso, encontram a oposição dos envolvidos. Há, voluntária ou involuntariamente, em função dessa postura de distanciamento, um boicote ou não comprometimento com as soluções, dificultando a realização das operações durante o desenvolvimento das situações críticas.

Durante os desastres, as pessoas afetadas estão fragilizadas, têm dificuldade para agir racionalmente e, portanto, será sempre razoável valerem-se de pessoas próximas, em quem elas confiam, para orientá-las e mobilizá-las, tendo em vista a solução rápida e adequada dos problemas. Algumas culturas são arredias a estranhos, não toleram ordens sem que estejam plenamente justificadas (e essas justificativas devem estar inseridas em seu contexto, em sua percepção do mundo etc.) e recusam interferências em sua rotina de vida, na sua privacidade etc.

Os líderes, quando reconhecidos e respeitados, tendem a colaborar com o processo de gerenciamento de desastres, porque, em princípio, têm obrigações junto à comunidade, estão com elas identificados (porque, obviamente, pertencem a ela) e sabem encaminhar adequadamente soluções que não atentem contra a vontade e a aspiração dos cidadãos.

A parceria com a mídia

Os meios de comunicação desempenham papel primordial no sistema de gerenciamento de desastres, porque são acessados antes, durante e depois da sua ocorrência, constituindo-se muitas vezes (sobretudo para quem está distante dos fatos) nas únicas fontes de informação sobre os acontecimentos.

O problema reside no fato de que a mídia não tem necessariamente os mesmos objetivos dos que coordenam os processos de gestão de situações críticas e, recorrentemente, busca espetacularizar os fatos, com o intuito de atrair ou aumentar a audiência. Para tanto, ela não se compromete com a qualidade da informação: pelo contrário, dramatiza os fatos, manipula os dados e estatísticas, quase sempre aumentando o impacto dos desastres (número de vítimas, prejuízos materiais etc.) e, com isso, contribui para aumentar a insegurança e o medo.

O acontecimento relatado pelo Jornalismo (e os desastres são acontecimentos) não tem a ver obrigatoriamente com a realidade dos fatos, porque a imprensa está contaminada pela subjetividade e interpretação, e é lícito afirmar que, em muitos casos, os jornalistas enxergam o que querem ver. Como esclarece Felipe Pena "os jornalistas se valem de uma cultura própria para decidir o que ou não é notícia" (2010, p.73-4), e a noticiabilidade tem a ver com uma série de "valores-notícia", como acentua Wolf (2002), dos quais os mais importantes são os inseridos nas chamadas categorias substantivas, como a importância dos envolvidos, a quantidade de pessoas envolvidas, o interesse nacional, o interesse humano e os feitos excepcionais.

É fácil perceber que alguns desses valores-notícia assumem grande intensidade por ocasião dos desastres, porque costumam envolver muitas pessoas (o grande tsunami na Ásia vitimou centenas de milhares de pessoas) de maneira inusitada, despertam o interesse da opinião pública (há situações críticas, como tsunamis, acidentes nucleares, maremotos e terremotos etc. que impactam o mundo todo), incorporam o drama da vida humana em sua plenitude e permitem a expressão de feitos excepcionais (relatos pungentes de pessoas que são retiradas dos escombros, de heróis anônimos que se destacam nesses momentos etc.).

A mídia em geral não está capacitada, mesmo quando demonstra boa vontade, para cobrir essas situações críticas e, involuntariamente, pode comprometer a sua gestão.

Profissionais de imprensa acabam se envolvendo com os fatos (e os relatos) e, no calor da cobertura, ouvem fontes que não têm qualquer credibilidade ou então que têm interesse em disseminar as suas versões pessoais, testemunhas muitas vezes não confiáveis que constroem cenários imaginários e identificam personagens que nunca existiram.

A gestão da comunicação em desastres deve admitir que a precisão da informação também sofre abalos em situações críticas, e que qualificar a informação é, nesses momentos, uma árdua tarefa.

Esforços têm sido realizados para capacitar os jornalistas, e a esse respeito é digno de louvor o trabalho realizado pelo Centro Universitário de Estudos e Pesquisas sobre Desastres (Ceped), da Universidade Federal de Santa Catarina, que, em 2010, organizou um curso a distância de Comunicação de Riscos e Desastres, com o apoio do Ministério da Integração Nacional/Secretaria Nacional de Defesa Civil[9].

Alguns cuidados devem ser observados por aqueles responsáveis pela gestão da comunicação em desastres, como a capacitação dos porta-vozes, a exigência de um discurso unificado, a checagem cuidadosa dos dados e informações etc.

Os porta-vozes têm um papel importante durante o desenvolvimento da operação de resposta aos desastres e devem estar disponíveis e capacitados imediatamente após a sua ocorrência. Na prática, eles precisam ter o perfil adequado e capacitação para o desempenho dessa função estratégica, o que implica dizer que devem ter um conhecimento mais do que óbvio sobre a cultura e o sistema de produção jornalísticos[10], ser capazes de responder competentemente às demandas da mídia em momentos de grande pressão, estar articulados com as várias instâncias de decisão[11] e exibir competência enquanto comunicadores.

Sugere-se que os porta-vozes sejam identificados já no momento do planejamento prévio do processo de comunicação em desastres e possam passar por um programa de treinamento conhecido como *media training*, cada vez mais comum nas organizações públicas e privadas. Em situações críticas, as tensões chegam a um nível insuportável e os porta-vozes devem estar suficientemente preparados para enfrentá-las.

Um instrumento importante para subsidiar o trabalho de gestão da comunicação em desastres, notadamente no que diz respeito ao relacionamento com a mídia, é dispor de um banco de dados atualizado com a relação dos

---

9   Ver informações sobre o curso em: http://www.ceped.ufsc.br/cursos-e-eventos/curso-
    -distancia-comunicacao-de-riscos-e-de-desastres. Acessado em: 05 fev. 2012.

10 A pressa, a ansiedade, o sensacionalismo e a imprecisão são atributos desse sistema de produção. A cultura jornalística, por seu turno, repudia a arrogância, o autoritarismo e é muito sensível à tentativa de cercear o trabalho dos jornalistas, ainda que, em alguns casos, isso possa ser necessário em função da sua própria segurança. Na ânsia de conseguir um furo jornalístico ou uma boa foto, o jornalista pode ficar exposto a grandes riscos.

11 Muitas vezes, os desastres com dimensão nacional acabam envolvendo não só autoridades locais, como também autoridades regionais ou federais e é comum perceber que porta-vozes são sistematicamente desautorizados após emitirem as suas opiniões sobre o ocorrido. Alguns porta-vozes desconhecem a legislação específica, confundem conceitos básicos como os apresentados no início deste capítulo e fazem julgamentos sem o respaldo de dados confiáveis. No jogo político que põe em confronto representantes de partidos políticos diversos, a intenção é, nesses momentos, creditar ao adversário a responsabilidade pelo ocorrido.

principais veículos e espaços de divulgação jornalística, bem como de profissionais de imprensa, de que se possa lançar mão na ocorrência de um desastre. Esse banco de dados deve incorporar, obrigatoriamente, os meios de comunicação locais e regionais, porque eles terão um papel fundamental na cobertura dos desastres e podem, efetivamente, se constituir em parceiros para o processo de esclarecimento e mobilização das comunidades, favorecendo o bom andamento da operação.

No caso das epidemias ou riscos iminentes à saúde pública, os meios de comunicação podem ser aliados inestimáveis no processo de prevenção e de esclarecimento junto à opinião pública, assim como podem prejudicar dramaticamente o processo de comunicação. A OMS (ou World Health Organization – WHO) tem dado atenção especial ao trabalho de interação com a imprensa e dispõe de um manual bastante detalhado para subsidiar o trabalho das entidades públicas e dos governos[12].

O JOGO DE INTERESSES E OS *LOBBIES*

O Sistema Nacional de Defesa Civil (Sindec), que tem atuação na redução de desastres em todo o país, é integrado por uma série de órgãos federais, estaduais e municipais, e ainda incorpora entidades privadas, organizações não governamentais e associações (de clube, de voluntários, comunitárias).

Na prática, isso significa que o Sindec exige articulação entre várias instâncias do poder político, econômico, administrativo e da sociedade civil e, portanto, é possível aquilatar os desafios envolvidos nesse processo.

A conjuntura política brasileira é caracterizada por um número amplo de partidos, que assumem posições nem sempre coincidentes em suas representações pelos vários Estados brasileiros, estabelecem alianças locais e regionais que antagonizam com a direção central e assim por diante. Com raras exceções, há no poder político brasileiro uma alternância partidária e um embate permanente tendo em vista inclusive a realização de eleições majoritárias a cada dois anos.

---

12 O trabalho, publicado em 2005, em inglês, com o título *Effective Media Communication during Public Health Emergencies: a WHO Handbook*, tem uma versão em português, intitulada *Comunicação eficaz com a mídia durante emergências de saúde pública: um manual da OMS*, editada pelo Ministério da Saúde, em 2009.

Essa situação gera tensões, que podem ser importantes, durante o desenrolar das situações críticas, pela sobreposição de ações e conflitos de autoridade, pela multiplicação de falas e comandos, e pela disposição das figuras políticas de creditar aos adversários a parcela maior de responsabilidade pelos desastres. Prefeitos e secretários municipais (notadamente os que respondem pela Saúde, Meio Ambiente, Defesa Civil/Segurança) costumam culpar os seus antecessores pela ocorrência de uma situação crítica, notadamente quando pertencentes a outro partido político ou até mesmo quando adversários ainda que do mesmo partido ou da base de sustentação do Governo. Dependendo da magnitude do desastre e do seu impacto na comunidade, claramente em períodos próximos às eleições (quando a memória do cidadão/eleitor ainda retém a dimensão da tragédia, em especial se ela o envolveu – ou a sua família ou conhecidos – recentemente), a má gestão ou a responsabilidade pelo ocorrido pode ter influência decisiva no desempenho dos candidatos e partidos nos pleitos futuros. Explica-se, portanto, a disposição das autoridades de não assumirem a responsabilidade (direta ou indireta) pelo problema ou de creditá-la a outro, especialmente se ele é um adversário político.

Mesmo em eventos marcadamente locais e que deveriam ser previstos e gerenciados pelas autoridades do município, com a participação da comunidade, há manifesta tendência de fazer a comunidade acreditar que a questão (motivos e soluções para os desastres) é da competência da administração federal, com o objetivo de descartar a sua relação com os desastres. Esse embate acaba ocorrendo pela mídia, com a consequente desarticulação do Sistema que, fragmentado pela disputa política, perde agilidade e eficácia para dar resposta adequada aos desastres.

A gestão da comunicação em desastres não pode ignorar essas circunstâncias, mas deve trabalhar a partir delas, buscando, insistentemente, comprometer todos os envolvidos para um trabalho integrado que descarta os caprichos políticos e as ambições pessoais em nome do interesse público.

Os desafios da comunicação em desastres extrapolam, portanto, a competência técnica, e muitas vezes se localizam em territórios distantes do campo da comunicação pública ou organizacional, nos quais os gestores de comunicação costumam experimentar um razoável desconforto.

Quem está no olho do furacão precisa tomar medidas urgentes, com grande precisão, para não ser tragado pelas circunstâncias. A comunicação em desastres é sempre um embate heroico contra o tempo, as intempéries e as fatalidades. A transparência, a capacitação profissional e o planejamento adequado têm permitido, apesar das tensões e dos abalos inevitáveis, que os gestores de comunicação saiam ilesos quando as situações críticas acontecem. Sem esses instrumentos e competências, provavelmente eles, como as vítimas dos desastres, também sucumbiriam.

QUESTÕES PARA DEBATE

1) Quais os principais equívocos dos processos tradicionais de gestão de riscos, no caso de acidentes de grandes proporções, no Brasil? Como uma comunicação competente pode contribuir para que os efeitos negativos sejam atenuados?

2) Como deve ser o relacionamento com a mídia em situações críticas? É razoável assumir que a mídia é sensacionalista e deixá-la distante nessas horas?

3) Como mobilizar, com a ajuda da comunicação, as comunidades atingidas por desastres, para que elas possam minimizar o impacto da crise, e dispostas a um processo de reconstrução?

8 Os novos desafios para a comunicação interna: a geração Y e o uso das mídias sociais

A REVOLUÇÃO DA WIKIECONOMIA

É fato incontestável que o mundo profissional tem sofrido mudanças estruturais, especialmente nas duas últimas décadas, tendo em vista a necessária adaptação a fatores políticos, econômicos e socioculturais que o têm impactado de forma dramática.

A globalização dos mercados impõe novas circunstâncias às organizações que se veem, abruptamente em alguns casos, diante de desafios importantes que chegam a ameaçar a sua própria sobrevivência. Essa situação pode ser avaliada pelo número crescente de fusões e aquisições e pela presença de muitas empresas em mercados com características muito distintas daqueles em que estavam acostumadas a operar. Fora de seu "hábitat" político, econômico e social, as organizações enfrentam embates provocados por diferenças culturais, linguísticas, trabalhistas ou sindicais, envolvendo-se em crises e conflitos de repercussão internacional, como os protagonizados pela Vale na África e no Canadá, pela Petrobras na Bolívia, pela FoxComn na Ásia e assim por diante. Além disso, o perfil dos trabalhadores tem, paulatinamente, incorporado novos atributos, como a luta pela melhoria da qualidade de vida e das condições de trabalho, o que acarreta novas demandas para as organizações. Não se pode ignorar, ainda, o fato de que inúmeras atividades tradicionais e intensivas em mão de obra têm se tornado obsoletas, provocando a redução do emprego, ao mesmo tempo que outras são sistematicamente criadas para atender às exigências de uma economia comprometida com a geração, o armazenamento e a circulação de informações e conhecimentos.

Como a estrutura formal de ensino e mesmo as alternativas para capacitação técnica (ensino profissionalizante) não evoluíram na mesma escala para suprir as demandas emergentes por profissionais em áreas recentes (tecnologia da informação, telecomunicações, por exemplo) ou mesmo das novas alternativas para carreiras tradicionais (engenharia, em particular), passamos a conviver com um cenário bastante singular: o desemprego em massa e a falta crônica de profissionais para atuação sobretudo em setores recém-criados ou em expansão.

Estima-se, por exemplo, que os Estados Unidos deveriam ter gerado, apenas em 2013, cerca de 120 mil empregos em setores ou subsetores que exigem dos que os integram, pelo menos, o bacharelado em ciência da computação, mas que o país só terá condições de capacitar, nesse mesmo ano, um terço do total.

A falta de oportunidades de trabalho assume uma característica também particular: ela afeta prioritariamente os jovens com menos de 25 anos: segundo a Organização Internacional do Trabalho (OIT), no mundo todo, cerca de 74 milhões de pessoas nessa faixa etária estão sem emprego.

Acrescem-se a esse panorama desfavorável alguns outros aspectos que merecem ser considerados: o aumento vertiginoso do processo de automação; a terceirização e o crescimento da economia informal; a redução do salário médio dos trabalhadores empregados em setores tradicionais; a exclusão de parcela majoritária daqueles com menor nível de instrução e a presença expressiva da mulher no mercado de trabalho.

Alguns dados e informações contribuem para evidenciar o impacto desses fatores na vida das organizações e no universo profissional de maneira geral.

A automação vem, pouco a pouco, sendo incorporada ao sistema produtivo e, em especial, os países hegemônicos e alguns que integram o Brics (Brasil, Rússia, Índia, China e África do Sul) a têm privilegiado com investimentos de monta. Apenas a China investiu, em 2011, mais de US$ 1 bilhão nesse processo e a FoxComn, que monta iPads para a Apple, espera ter uma fábrica totalmente automatizada em dez anos ou menos, sinalizando uma revolução dramática para os trabalhadores formais a curto prazo.

A redução do emprego e a existência de uma massa trabalhadora disponível, ainda que letrada, provocam também um outro fenômeno não menos preocupante: pessoas com nível superior passam, pela ausência de oportunidades em atividades para as quais se formaram, a competir com os menos instruídos para a ocupação de vagas que exigem menor nível de instrução. Isso implica, de imediato, dois fatores: a) redução do salário médio pelo aumento surpreendente da oferta de mão de obra, b) exclusão de um contingente numeroso de cidadãos inseridos nas classes menos favorecidas.

A economia informal em crescimento, muitas vezes estimulada pelo próprio apelo ao empreendedorismo, um movimento importante em nosso tempo, soma-se ao processo de terceirização, configurando uma nova perspectiva para o mundo profissional. As organizações e os governos não têm sido capazes de gerenciar o impacto por eles provocado, mesmo porque, por exemplo, a ausência de vínculo formal de trabalho favorece a sonegação de impostos, os abusos frequentes na exploração da mão de obra, de que resultam, invariavelmente, carga excessiva e condições precárias de trabalho, salários degradados, aumento do número de acidentes e de doenças operacionais etc. Estima-se que a terceirização represente hoje cerca de 25% do mercado formal de trabalho em nosso país e, embora ela se constitua um processo que tem permitido a inserção de milhões de brasileiros no mundo do trabalho, caracteriza-se por um vácuo regulatório que possibilita ou mesmo estimula, para as empresas inidôneas, a afronta aos direitos humanos e trabalhistas.

A presença expressiva da mulher no mercado de trabalho vem alterando dramaticamente o perfil das organizações, com a introdução de novas formas de gestão e relacionamento, a explicitação de novos olhares e habilidades e mesmo a alteração de processos tradicionais conduzidos segundo a perspectiva de um *ethos* administrativo essencialmente masculino.

O impacto dessa presença não pode ser avaliado apenas em setores considerados óbvios para atuação e influência das mulheres (assistência social, gestão de pessoas, medicina do trabalho etc.), mas se estende para áreas há pouco tempo consideradas mais hostis, como a de finanças.

Pesquisa realizada pela McKinsey, uma das consultorias mais prestigiadas em todo o mundo, concluiu, após a avaliação dos números de 345 companhias latino-americanas listadas em bolsa, que

> o retorno sobre o patrimônio é 44% maior quando há pelo menos uma mulher no comando dos negócios e que a margem de lucro operacional (lucro antes de juros e impostos) é 47% superior do que nas empresas em que a direção (presidente e executivos que se reportam diretamente a ele) é integrada unicamente por homens (Valenti, 2013).

Essa relação, explica a coordenadora dessa pesquisa, Manuela Artigas, pode não ser direta, mas evidencia que a presença da mulher traz vantagens, porque ela consegue superar os limites estabelecidos pela formação e pelos condicionantes culturais impostos aos homens e coloca em execução novas práticas e posturas administrativas ou gerenciais. De acordo com esse levantamento, as mulheres utilizam com mais frequência algumas condutas tidas como essenciais no comportamento de líderes – por exemplo, desenvolvimento de pessoas, inspiração e decisões participativas.

Faith Popcorn, renomada consultora americana, diretora da BrainReserve, empresa especializada em projetar tendências do consumo, e que chegou a ser considerada na década de 90 pela revista *Fortune* "a Nostradamus do Marketing", referia-se há quase duas décadas à FeminaMente, tipificada como uma nova forma de administrar e conceber os negócios. Ela insistia, ao lado de sua sócia, Elys Marigold, na necessidade de se entender a "alma feminina" em ação e que, segundo ela, está genética e culturalmente associada a novos valores emergentes, como a luta pela qualidade de vida, a prática da solidariedade, o reconhecimento do papel e da importância da família, da educação, da sustentabilidade e mesmo da paz mundial. O mundo profissional, segundo as autoras, clama pela atenção às questões tidas como tipicamente femininas, e isso inclui a humanização das relações. Elas explicam:

> Quando uma mulher inicia uma empresa, a principal consideração não é a dos resultados financeiros. Financeiramente, ainda tem a ver (e sempre terá) com a simples sobrevivência e, esperamos, com o sucesso. Mas a razão subjacente para se ter a própria empresa ainda é ter uma melhor qualidade de vida, provar o seu valor e fazer o bem [...]. Há a sensação de uma grande e feliz família (geralmente).

A economia da FeminaMente é uma rua de mão dupla: queremos trabalhar com empresas que tenham uma missão com a qual concordamos e queremos trabalhar para empresas cujos valores compartilhamos (Popcorn; Marigold, 1997, p. 191).

A alteração do perfil do mercado de trabalho pode ser observada também por outras características que gradativamente moldam novas formas de fazer negócios, novas circunstâncias para os relacionamentos entre líderes e subordinados ou mesmo entre as organizações e o seu entorno, com a consolidação da chamada economia colaborativa ou wikieconomia, baseada no processo de inovação aberta ou colaboração em massa.

Chris Anderson, em seu primeiro *best-seller* intitulado *Cauda Longa* (2006), chamava a atenção para a mudança do mercado de massa para o mercado de nicho, resultado da emergência da era digital, que tornou factível e, o que é mais importante, rentável a produção em pequena escala para atender à demanda de grupos específicos de consumidores.

As compras online representam hoje parcela significativa dos gastos com varejo, alavancam a indústria do entretenimento (vídeos, livros etc.) e, portanto, fortalecem os nichos que se multiplicam exponencialmente, aumentando vertiginosamente a oferta de produtos com a consequente redução dos custos de acesso.

O autor ressalta também o poder da produção colaborativa e da inteligência coletiva, a extinção dos grandes estoques e a gradual derrocada do "hitismo", com a redução da audiência dos programas de prestígio da TV, o surgimento de menor número de filmes, músicas, jogos, espetáculos, livros que vendem milhões de exemplares, em prol de um processo que leva em conta as múltiplas escolhas, a preferência das novas tribos, enfim, a emergência de uma cultura ou uma mentalidade de nicho.

Em outra de suas obras, que também mereceu grande aceitação, intitulada *Free, grátis: o futuro dos preços* (2009), ele se refere à "economia do grátis", não monetária, revelando uma possibilidade há pouco tempo impensável: negócios altamente lucrativos gerados a partir da oferta e distribuição de produtos grátis, calcados nas potencialidades da era virtual.

Don Tapscott e Anthony D. Willians, com o seu *best-seller Wikinomics* (2007), também já enfatizavam há alguns anos a mudança significativa ocorrida no mundo dos negócios com a ascensão do fenômeno da colaboração em massa, um processo que se acentua e se expande mundo afora:

O acesso crescente à tecnologia da informação coloca nas pontas dos dedos de todos as ferramentas necessárias para colaborar, criar valor e competir. Isso libera as pessoas para participarem da inovação e da criação de riqueza em cada setor da economia. Milhões de pessoas já unem forças em colaborações auto-organizadas que produzem novos bens e serviços dinâmicos que rivalizam com os das maiores e mais bem financiadas empresas do mundo (Tapscott; Willians, 2007, p.21).

Eles se referem a um "novo modelo de inovação e criação de valor", chamado *peer production* ou *peering*, que se constrói pelo fato de as pessoas ou grupos se mobilizarem para propor novos produtos e processos, resolver problemas em equipe, instaurando uma gama formidável de bens e serviços, gratuitos ou não. O *peering* consolida alternativas revolucionárias como o "código aberto" e o compartilhamento muitas vezes sem limites, que ameaçam os impérios fundados na propriedade intelectual.

As redes e mídias sociais geram um ambiente propício a essa nova postura e aprofundam a expansão desse modelo, que define plataformas digitais para participação intensiva, criando uma mentalidade *wiki* que revoluciona a relação das organizações com os seus *stakeholders* internos e externos.

É forçoso reconhecer que a maioria das empresas ainda não se sente confortável para abrigar esse novo modelo, particularmente no ambiente interno, porque elas continuam praticando uma gestão centralizada, que exige sistematicamente o "carimbo do líder-alfa", como explica Carlos Nepumoceno. Nessa postura tradicional, apesar do discurso institucional que privilegia a gestão do conhecimento e a participação como princípio básico do processo de gestão das pessoas, a comunicação interna se vê penalizada, porque os gestores e os CEOs não se sentem à vontade para democratizar o debate, legitimando a diversidade de ideias e de opiniões.

Algumas organizações, no entanto, têm caminhado nessa direção, sendo citadas como exemplos emblemáticos a P&G, a Unilever e a Natura em nosso país, ainda que, mesmo entre essas pioneiras, seja possível perceber níveis distintos de inserção nesse modelo, em função de sua cultura, de sua área de atuação e mesmo da maturidade de seu capital intelectual e de seu processo de gestão. É mais fácil identificar esse movimento em direção a uma economia colaborativa, com redes externas e internas de estímulo e valorização da participação nas empresas altamente profissionalizadas, que praticam níveis elevados de governança, do que naquelas que se pautam por estruturas de decisão familiares e que resistem inclusive à própria abertura do capital.

Na prática, a adoção do processo de inovação aberta, que coroa esse movimento pela Wikieconomia, só tem se consolidado em culturas corporativas que não se sentem ameaçadas pela abertura de seus processos para os parceiros externos e que acreditam nas vantagens da transparência do conhecimento.

Stefan Lindegaard (2011) argumenta que a adesão à inovação aberta depende de uma série de fatores, entre os quais podem ser destacadas a confiança nos parceiros externos, a aceitação de que é vantajoso não proteger excessivamente o seu conhecimento e a sua propriedade intelectual, e a necessidade de estabelecer relacionamentos fortes e comprometimentos duradouros. Admite, o que é importante para o nosso foco nesta obra, que a inovação aberta requer comunicação aberta e que é fundamental dispor de redes de comunicação no trabalho, ou seja, uma cultura de rede. A maioria das organizações, como é fácil deduzir, continua encarando a troca de informações, conhecimentos e experiências com restrições, associando a ampliação do debate, com a inserção de mais interlocutores, como fator de risco para os negócios e para a manutenção de uma pretensa autoridade.

Lindegaard (2011, p.107-13) faz menção aos anticorpos corporativos que bloqueiam o caminho em direção à inovação aberta, como a resistência à mudança, a falta de autonomia da maior parte das áreas que dependem necessariamente da autorização de lideranças centralizadoras (de novo, a figura emblemática do líder-alfa, que engessa a criação e a inovação na maioria das organizações), a gestão hierárquica e não participativa e o temor quase doentio de correr riscos.

AS DEMANDAS DA GERAÇÃO Y NAS EMPRESAS

Segundo o Dieese (2011, p.13), baseado nos resultados disponíveis da Relação Anual de Informações Sociais (Rais) para 2010, a rotatividade dos trabalhadores no mercado brasileiro chegou a 53,8%, ou seja, mais de 50% da força total de trabalho no Brasil desligou-se do emprego, sendo substituída por porcentagem equivalente de trabalhadores admitidos.

Dados do IBGE evidenciam também que os trabalhadores estão ficando no emprego por um tempo cada vez menor. Em abril de 2012, 16,7% deles estavam no máximo há um ano no atual emprego e apenas 36,4% dos empregados formais estavam no mesmo local de trabalho há mais de 5 anos (Giffoni, 2012).

Isso significa que as empresas não estão conseguindo reter os seus funcionários por uma série de motivos, o que tem resultado em gastos excessivos não apenas para capacitar novos trabalhadores, mas também para cobrir os custos dos desligamentos. Estima-se que, especialmente os mais talentosos, em setores com demanda aquecida, têm procurado alternativas de trabalho mais recompensadoras ou, em muitos casos, tornado-se empreendedores, buscando gerir o próprio negócio.

Especialistas em gestão de pessoas acreditam também que esse movimento constante da massa trabalhadora tem a ver com o perfil das novas gerações e da postura das chefias que não conseguem motivá-las. Essa situação já havia sido percebida por determinados autores, ainda que se reportando a uma realidade diferente da brasileira. Esse é o caso de Jue, Marr e Kassotakis (2010), em sua análise sobre o comportamento da chamada Geração Y (comumente entendida como aquela que abrange os nascidos entre 1980 e 1999):

> É importante reconhecer a perspectiva que a geração Y tem em relação ao trabalho. O provérbio 'eles trabalham para viver, e não vivem para trabalhar' é provavelmente a realidade para esse grupo. Na verdade, ao contrário das gerações anteriores, eles não têm medo de abandonar uma empresa, se não estão conseguindo o que querem. Em uma pesquisa, 77% dos trabalhadores da geração Y disseram que os aspectos sociais do trabalho são muito importantes para a satisfação profissional e relatam que abandonariam os empregos porque se sentiram desconectados (p.31).

Como os jovens ocupam, no século XXI, porcentagem significativa da força de trabalho especialmente em determinadas áreas (comunicação, tecnologia da informação, turismo, indústria do entretenimento em geral etc.), é provável que esses índices de rotatividade se acentuem nos próximos anos. Será, portanto, cada vez mais importante analisar os motivos pelos quais eles encontram dificuldade em permanecer no emprego, suas percepções em relação ao trabalho e, o que nos interessa sobremaneira, suas práticas de comunicação. Esse conhecimento permitirá não apenas entender as razões de sua insatisfação no trabalho, mas também definir processos de comunicação organizacional que contribuam para integrá-los, para promover o seu comprometimento com os objetivos estratégicos e para evitar que rompam seu vínculo de trabalho, o que tem causado transtornos para a estabilidade das organizações.

De imediato, é preciso entender os jovens, porque sem essa compreensão os gestores não conseguirão estabelecer adequados sistemas de *coaching* para mantê-los atuantes, produtivos e engajados.

Jue, Marr e Kassotakis (2010) entendem que

> claramente, essa geração não será como as outras no que se refere a propósitos, motivação, perspectivas e expectativas. Eles valorizam o aprendizado contínuo, a confiança e a flexibilidade. É mais provável que os Millenials vejam o mundo como um ecossistema interdependente e interconectado (p. 31)

Ou, como também justificam Argenti e Barnes (2011):

> Afinal, trata-se de um grupo cujos membros publicam sua URL no Facebook antes de fornecer o número do telefone; são indivíduos que nunca tiveram um telefone fixo desde que saíram da casa dos pais; que postam mensagens de texto mais rápido do que a maioria das pessoas mais velhas consegue digitar; que somente conhecem o conceito de comercial pelo que viram no YouTube; que tendem a aumentar o volume do iPod quando não gostam do que seus "superiores estão dizendo"; e cujas ideias estão revolucionando a paisagem empresarial – e que irão dirigir as companhias mais rentáveis do mundo mais cedo do que qualquer um poderia prever (p. 159-60).

Nicole Lipkin e April Perrymore (2010), psicólogas americanas que prestam consultoria a empresas dos Estados Unidos exatamente com o objetivo de entender e integrar os jovens que pertencem a esta geração, garantem que é necessário ter uma visão abrangente de seu processo de educação, de sua relação com as tecnologias, seu perfil psicológico e sua disposição e habilidades de comunicação.

Lembram que eles são fruto de uma educação familiar que tem contribuído para inflar a sua autoestima, que os protege excessivamente e que se mostra benevolente com os seus atos e posturas nem sempre adequados. Elas admitem que a geração Y é fruto do que chamam de "pais-helicópteros", uma metáfora utilizada para designar "pais que 'sobrevoam seus filhos', agindo sempre pelo bem deles, com o intuito de protegê-los, mas que acabam bloqueando sua capacidade de aprender com eles" (p.42). Gestores por elas entrevistados alegam que eles se magoam mesmo com críticas construtivas, não respeitam facilmente a hierarquia e falam o que pensam para qualquer pessoa, sem levar em conta o momento certo, o que, quase sempre, provoca embates com chefias acostumadas com a disciplina e o respeito à autoridade.

Os jovens da geração Y não separam a vida pessoal da profissional, exigem flexibilidade em todos os sentidos (inclusive com respeito aos horários e prazos a serem seguidos), têm um conceito muito particular de lealdade – mais aos chefes (de que gostam, é claro) e aos amigos de trabalho do que propriamente às empresas que os empregam. Na prática, só respeitam quem os respeita e exigem sempre justificativa para as ordens que recebem, relutando em executar algo no qual não acreditam ou com o qual não concordam. Para mantê-los motivados no trabalho é preciso efetivamente conquistá-los e eles estão abertos para isso, porque, fundamentalmente, gostam de fazer amizades:

> Como os relacionamentos e o contato social são prioridade para a geração Y, as empresas não têm como ignorar essa questão na hora de definir sua estratégia de retenção e envolvimento de funcionários. Além de tornar o trabalho mais atraente para seduzir os jovens Y, as empresas precisam desenvolver uma cultura profissional que promova a interação e o contato entre seus funcionários para conseguir retê-los (Lipkin e Perrymore, 2010, p.151).

É indispensável, segundo as autoras, atentar para o chamado *ethos* comunicacional desses jovens que exibem um perfil bastante singular. Eles estão sistemática e intensamente conectados e não têm qualquer receio dos avanços tecnológicos porque, como nativos digitais, não temem encontrar, pelo sistema de tentativa e erro, os caminhos e os benefícios das engenhocas tecnológicas. Têm disposição para o trabalho (que para eles se confunde com entretenimento) multitarefa: veem televisão, interagem nas redes e falam ao celular ao mesmo tempo. Ainda que isso possa representar, a princípio, uma perda de foco, também favorece a agilidade de resposta e a capacidade de expressão em vários meios ou linguagens, uma aprendizagem que a geração Y realiza por conta própria, com absoluta dedicação.

Essa completa adesão às novidades tecnológicas representa uma vantagem que as empresas precisam aproveitar, pois a participação em múltiplas redes sociais se constitui em "um bem valioso porque propicia o acesso a informações a partir de uma visão global" (Lipkin e Perrymore, 2010, p.106) e, com naturalidade, eles frequentam, ainda que virtualmente, diferentes localidades, idades e setores. Eles aceitam a diversidade mais facilmente do que outras gerações porque têm, em seu frenético processo de socialização eletrônica, amigos com diversos estilos de vida, crenças e posições.

Por terem conhecidos em todos os lugares, com distintos vínculos e compromissos, costumam identificar-se com as suas causas (ambientais, de respeito aos direitos humanos, contra o abuso de autoridade) e mobilizam-se com muita facilidade, endossando entusiasticamente movimentos, seja para a promoção de mudanças no bairro em que moram, seja para salvar o planeta.

Todos estes atributos – entusiasmo, interatividade, estabelecimento de compromissos por motivos não necessariamente financeiros, capacitação tecnológica, rede de relacionamentos, podem ser apropriados pelas organizações e pela proposta de gestão e de comunicação interna para conquistar a geração Y no mercado de trabalho, mas é fundamental que os gestores se deem conta de que essas características positivas acarretam também uma contrapartida.

Em função de sua disposição para o exibicionismo tecnológico e de sua incrível capacidade de responder de forma instantânea às demandas ou provocações, eles não apenas reagem rapidamente às colocações das chefias (positiva ou negativamente), como ansiosamente as postam nas redes e as comentam, quase sempre incorporando a sua própria opinião. Costumam, ou pelo menos estão prontos para repercutir o que acontece dentro da empresa, vazando informações que podem ser ou estratégicas (aquelas que deveriam ficar restritas ao ambiente interno) ou inconvenientes (as que tumultuam o clima organizacional – expressão da sua insatisfação no trabalho, críticas às chefias, aos colegas de trabalho e à própria empresa etc.).

Os gestores têm encontrado dificuldade para regular o processo de circulação das informações porque o acesso fácil e competente dos jovens às redes sociais, disponíveis a partir dos seus notebooks particulares, celulares ou tablets, coloca-os, imediatamente e o tempo todo, em contato com o mundo. A cultura particular de compartilhamento desses ambientes virtuais favorece a disseminação instantânea e abrangente de informações, posições ou comentários sobre os quais não há qualquer possibilidade de controle.

A alternativa de impedir o acesso dos jovens às redes sociais (Twitter, Facebook e YouTube, por exemplo) tem se mostrado, nos casos em que a restrição se estabeleceu, inócua e servido de motivo para sua insatisfação, visto que eles têm dificuldade de permanecer longe delas. Além disso, cerca de um terço dos chefes, segundo pesquisas recentes, já pertence à Geração Y e não concorda com essas proibições, mesmo porque não associa as redes sociais a problemas ou riscos, mas sim a oportunidades.

Como a maioria das empresas já se vale das redes e mídias sociais para atingir seus objetivos institucionais e mercadológicos e a Geração Y precisa, como vimos, de justificativa convincente para obedecer a uma decisão das chefias, não é tarefa fácil, no caso de proibição de uso e de acesso a esses ambientes, conseguir que os jovens cumpram uma ordem nesse sentido. Quando isso ocorre, inaugura-se, certamente, uma razão concreta para torná-los desmotivados no ambiente de trabalho ou até para que resolvam buscar outra alternativa de emprego. A rotatividade atual indica que os jovens podem cogitar outras opções de emprego se a qualidade de vida estiver em risco, a pressão das chefias passar de determinados limites ou a falta de diálogo e de reconhecimento profissional não fizerem parte da gestão ou da cultura organizacional.

COMUNICAÇÃO INTERNA E LIDERANÇA ABERTA

Para incorporar essas duas novas realidades ao mundo profissional – a participação expressiva dos jovens e a convivência harmoniosa com as redes e mídias sociais –, as organizações precisam redimensionar a sua cultura organizacional, o seu processo de gestão e, particularmente, dispor de lideranças (não apenas de chefias) que tenham um perfil distinto dos atuais gestores, comprometidos com o *ethos* do tradicional líder-alfa.

Esse novo modelo de liderança afina-se com os novos tempos, mas é fundamental perceber que mesmo empresas consideradas modernas ainda exibem práticas administrativas derivadas de um processo de gestão autoritário, centralizador, não participativo e que afronta os princípios da emergente economia colaborativa.

> O impasse do modelo atual se resume à necessidade anacrônica e imperativa, em quase todos os processos e procedimentos, do "carimbo" do líder-alfa para que possamos seguir adiante [...] Há, portanto, um problema claro de eficiência en-

tre o tempo que um líder-alfa atual leva para decidir e despachar diante da demanda variada, complexa e no tempo que a sociedade espera e necessita (e começa timidamente a exigir), pois o consumidor/cidadão empoderado por novas ferramentas cognitivas reintermediadoras não é mais o mesmo. Está mais maduro. Além disso, há um conjunto natural de empreendedores e investidores de capital de risco, que já acordaram para a macro oportunidade que têm pela frente (Nepomuceno, 2013, p.34).

Nepomuceno defende a gestão dos formigueiros digitais, caracterizada pelo que ele chama de "comunicação química", ou seja, a capacidade que cada elemento da comunidade tem de ser seguido e seguidor ao mesmo tempo. Ele explica:

> A comunicação química possibilita um rodízio meritocrático, pois cada formiga tem condições de ser um líder-alfa hiperprovisório, desde que tenha algo relevante a informar às demais, tal como: "achei comida", "não tem nada nesse caminho" ou "há uma formiga esmagada adiante" (p.38).

Nepomuceno admite que as organizações já perceberam uma mudança importante em curso, mas têm dificuldade para alterar o modelo de gestão. Temem perder o controle, não estão preparadas para um diálogo amplo, para uma economia colaborativa.

> [...] cria-se um *gap* comunicacional entre a nova taxa de qualidade e a quantidade de demanda de diálogo dos consumidores/cidadãos empoderados, que o antigo modelo de comunicação/produção não tem como atender, pois a cada pedido de mudança é preciso avaliar o impacto nas premissas do negócio.
> Portanto, não se vai para a mesa de diálogo com poderes para mudar, apenas com a vontade política de ver o que é possível fazer. Assim, o que as organizações têm tentado fazer pós-Revolução Cognitiva é simular o diálogo, pois este implica a capacidade de mudar, que não é possível, a não ser que se altere a base do modelo. Esta é a base de 95% dos projetos chamados de Marketing digital: tentar implantar a mesma lógica pré-mídias sociais no novo contexto. Não tem funcionado; pelo contrário, é uma criadora de bombas-relógio para crises futuras.

Muitos têm tentado criar contas no Twitter, no Facebook, têm formado equipes de marketing digital para dialogar com o cidadão/consumidor, mas, infelizmente, isso é impossível, pois o novo modelo mais aberto demandará uma mudança de como as decisões são tomadas, para que, só então, com um ambiente mais flexível, seja possível voltar à mesa do diálogo com a sociedade (p. 92-93).

Ele conclui de forma contundente:

Nossas organizações estão, por causa do controle informacional exercido ao longo das últimas décadas, voltadas para dentro, intoxicadas de si mesmas, sem princípios, egoístas, imediatistas, emocionais em um mundo que reivindica justamente o contrário (p.XVIII).

Pesquisa realizada pela Vagas Tecnologia (http://novo.vagas.com.br/noticias/1181) e que contou com 1.060 respondentes mostrou que a maioria das pessoas julga ter chefes autoritários, bipolares, enroladores e inseguros. Há uma significativa rejeição aos chefes e a maioria dos que participaram da sondagem (56%) garante que não recomendaria a um amigo para trabalhar sob a supervisão dos seus atuais chefes. Dos respondentes, 91% acreditam que é possível realizar as atividades sem a presença do chefe; 45% dizem que eles cobram metas impossíveis; 41% acreditam que o chefe tem medo de perder o cargo para seu funcionário ou pessoa próxima; 36% estão dispostos a pedir demissão por causa do chefe. Mais da metade (55%) não gostaria de ampliar o relacionamento com seus chefes para além do ambiente do trabalho e não o adicionaria em nenhuma rede social (Vagas Tecnologia, 2013).

Os especialistas em Administração, particularmente em Gestão de Pessoas e comunicadores comprometidos com a proposta de liderança aberta entendem que é fundamental superar a perspectiva funcionalista, que vê uma organização como uma entidade única, para imaginá-la como um sistema aberto, que se relaciona estreita e intensamente com o ambiente.

Nessa perspectiva, considerada fora do tempo, a comunicação é vista apenas como um instrumento, uma ferramenta para que objetivos organizacionais sejam alcançados a partir de um processo de manipulação comandado pelos principais gestores.

Quando olhamos para a perspectiva funcionalista, materialmente vemos o tratamento da cultura como entidade. A percepção que possamos ter é de distância em relação ao processo de formação da cultura, como se cultura fosse algo que existe na organização; que se forme independentemente das pessoas. A cultura tem um enfoque extremamente mecanicista e a comunicação não foge a essa regra, o que permite observar claramente referências aos processos de comunicar a cultura desta ou daquela organização, como se fosse única e exclusivamente um processo de disseminação de um comportamento ou de um determinado valor (Marchiori, 2008, p. 186-7).

É preciso, segundo Marchiori (2008), considerar a perspectiva interpretativa, que possibilita "conceber as organizações como sistemas de construção social de significados compartilhados" (p.187) e também a perspectiva crítica que prega "a existência de uma comunicação organizacional livre e aberta na qual a sociedade, indivíduos, alcancem objetivos coletivos" (p.191-2). Com isso, explica a autora, "A comunicação organizacional passa a ser mais ampla, não se restringindo a uma visão específica da organização e, sim, vindo tanto a organização como a sociedade a sofrer influências múltiplas" (p. 192).

Nessa mesma obra, citada anteriormente, Marchiori (p.102-13) resgata as três perspectivas de cultura explicitadas por Joanne Martin (1992): integração, diferenciação e fragmentação, que estão, segundo ela, relacionadas respectivamente com as vertentes teóricas identificadas com os estudos americanos, ingleses e as escolas ocidentais europeias.

A primeira delas — a integração — diz respeito à necessidade que uma organização tem de conseguir comportamentos compartilhados em relação àquilo considerado comum para ela. Essa perspectiva "cultiva o bem-estar dos funcionários e encoraja a inovação, a abertura e a informalidade, que contribuem para que não haja o autoritarismo" (p.105).

A perspectiva da diferenciação tem a ver com a existência de opiniões divergentes e encara como natural o conflito de interesses dos grupos. Ela reconhece as subculturas organizacionais com seus vínculos, filtros e compromissos.

A última perspectiva – a da fragmentação – reconhece e legitima a existência de ambiguidades na vida organizacional, tendo consciência de que elas contribuem para o não comprometimento e derivam de um processo de gestão e comunicação centralizado, da falta de compartilhamento de conhecimentos e informações.

A visão de Martin é diferente da de Edgar Schein, como explica Marchiori, porque este admite e advoga o consenso, acreditando que, sem ele, o desempenho do grupo pode ser prejudicado pela ocorrência de conflitos. Marchiori acredita que é preciso reconhecer a diversidade da cultura e, por isso, advoga a necessidade de trabalharmos tendo em vista as três perspectivas e conclui:

> Se olharmos para uma única perspectiva, podemos visualizar determinados aspectos claramente, mas é provável que não consigamos, ao mesmo tempo, enxergar outros aspectos também importantes, sob pena de obter conclusões unilaterais da realidade cultural. Os profissionais que, ao desvendarem a cultura organizacional, se fecham em relação à análise de uma determinada perspectiva, podem não detectar a cultura real: é provável que outras questões sejam deixadas de lado, conforme o enfoque dado. (Marchiori, 2008, p.113).

O problema de pensar a organização, a cultura e a comunicação de forma simplista, sem atentar para a diversidade de públicos, de percepções e de visões de mundo, cria armadilhas e equívocos na gestão da comunicação, sobretudo em uma época que se caracteriza por mudanças bruscas e dramáticas e pela vertiginosa aceleração dos contatos e expressão livre e ampliada de opiniões. Quando a organização pensa dessa maneira, imagina poder criar um consenso artificial, acomoda-se, buscando, como é natural, permanecer em uma zona de conforto e, com isso, não se capacita para enfrentar divergências internas.

Marchiori defende a cultura como consequência da comunicação, ou mais precisamente que comunicação é cultura. "Sem comunicação, não há cultura, não há realidade social significativa [...]" (p. 178).

Acreditamos que é necessário pensar a relação entre comunicação e cultura a partir de dois movimentos básicos: a comunicação forma a cultura e, evidentemente, Marlene Marchiori está absolutamente correta quando defende essa tese, mas é possível entender também que organizações com um passado e uma trajetória têm uma cultura estabelecida (normas, princípios, valores, códigos de conduta, preferências e idiossincrasias) que acaba influenciando as suas práticas de comunicação.

Mesmo empresas que atuam no mesmo setor e que, portanto, buscam atender o mesmo perfil de clientes e contratam profissionais com as mesmas características para desenvolver atividades análogas, têm *ethos* comunicacionais distintos. Um exemplo clássico são as principais empresas áreas brasileiras – Tam, Gol e Azul – que apresentam "culturas de comunicação" distintas no que diz respeito à interação com seus públicos internos e externos, exatamente porque elas têm trajetórias, sistemas de liderança, origem e objetivos necessariamente não coincidentes.

As mídias sociais e o perfil particular dos jovens no mercado de trabalho estão revolucionando este mercado, e demandam uma nova proposta de comunicação interna, de liderança e de relacionamento entre os funcionários em uma organização.

A comunicação interna assumiu uma nova dimensão no século XXI e, na verdade, transcendeu os limites estabelecidos pelos locais de trabalho e pela proximidade física entre os funcionários. Pelo contrário, em boa parte das empresas, ela ocorre mais em ambientes virtuais (intranet, portais, blogs, sistemas *wiki* de compartilhamento de informações, grupos de discussão, rede de *e-mails* etc.) do que a partir de contatos diretos que definem a chamada comunicação interpessoal.

Nesse sentido, a comunicação interna é hoje essencialmente pública, o que incomoda os gestores tradicionais pelo fato de estar, quase sempre, fora do seu controle, como sempre foi o sistema clássico de relacionamento com os públicos internos, que se reduz a reuniões programadas, às notícias dos *house-organs*, às caixas de sugestões e o até recentemente inovador "café com o presidente".

> A mídia social não apenas forneceu novos poderes aos seus clientes, como também brindou seus funcionários com novas maneiras de colaborarem uns com os outros – o que é algo positivo – e com novas oportunidades de demonstrar publicamente seu descontentamento com o trabalho – o que não é algo assim tão positivo. Problemas que antes eram resolvidos por meio de canais privados, como o telefone ou *e-mails* internos, tornaram-se públicos. Nunca foi possível controlar o que as pessoas diziam dentro dos limites físicos da companhia sobre sua marca, sua empresa ou seu estilo de gestão, contudo o impacto público de suas observações era, até recentemente, mínimo (Li, 2011, p.18).

Este novo cenário, que parece irreversível e que ganha cores ainda mais acentuadas com os novos sistemas de compartilhamento de informações e a comunicação móvel, indica a necessidade urgente de se revisar o conceito de controle e sobretudo de se pensar novas formas de construir os relacionamentos.

Os jovens têm sinalizado para a importância de duas novas posturas a serem observadas na administração moderna: a flexibilidade organizacional e a descentralização do poder, porque elas se coadunam à economia do conhecimento, baseada na inovação e na gestão participativa, e criam condições para o efetivo comprometimento dos públicos internos.

A liderança aberta pode protagonizar novas formas de relacionamento, mas, segundo Charlene Li (2011, p.27-8), deve incorporar novas regras, como "respeitar o fato de que seus clientes e funcionários têm poder", "compartilhar sempre para construir confiança", "alimentar a curiosidade e a humildade", "manter a abertura responsável" e "perdoar os fracassos".

É fácil perceber que o atual modelo de gestão contraria essas regras, porque pressupõe que o poder deve ser centralizado, que o controle é imprescindível para manter a estabilidade organizacional e a governabilidade; estabelece limites para o compartilhamento, apoiado na tese de que todas as informações que circulam internamente devem permanecer ali enclausuradas; empenha-se firmemente para impedir mudanças, ideias novas e especialmente é resistente (em alguns casos, chega a ser truculenta) em relação à divergência de ideias e opiniões, notadamente quando elas questionam as expressas pelas chefias.

O *gap* tecnológico existente entre os jovens que chegam às organizações e que se constituem em parcela importante da força de trabalho (ou a maioria dela em determinados setores, especialmente aqueles associados à tecnologia da informação, comunicação etc.) e os gestores tradicionais, muitas vezes avessos ou pouco capacitados para o uso das novas tecnologias, contribui para acirrar conflitos organizacionais.

> Eles têm treinamento/conhecimento tecnológico que não correspondem à sua idade e muitas vezes ultrapassam os de seus gerentes. Isso cria uma fenda entre a gerência e seus subordinados millenianos, que acabam sendo amplamente estereotipados como insubordinados por conta de suas grandes expectativas de

progresso rápido, obter elogios frequentes e demonstrar responsabilidade e flexibilidade (Argenti e Barnes, 2011, p. 160).

Esse novo contingente de trabalhadores exige também melhores condições de trabalho, e isso significa oportunidades reais de desenvolvimento pessoal e profissional, relações saudáveis com os seus chefes, abertura para realizar projetos de seu interesse e para participar ativamente do processo de tomada de decisões. Além disso, como precisam de motivação externa (reconhecimento dos seus amigos, do mercado etc.), preferem trabalhar em organizações que são bem avaliadas, porque isso ajuda a inflar a sua autoestima.

Segundo Linda Gratton, uma consultora importante na área de gestão, considerada pelo jornal inglês *The Times* uma das personalidades mais influentes na atualidade no mundo dos negócios,

> As pessoas estão se perguntando o que as grandes empresas estão fazendo, se estão fazendo o bem, se estão pagando os seus impostos, se poluem. Já no caso dos funcionários, a ligação entre a organização e o indivíduo era algo como uma relação entre pai e filho e está mudando para uma relação entre adultos [...] As pessoas vão viver mais e trabalhar mais. Veja a geração Y: os jovens têm muito interesse em se manter saudáveis. Isso acontece porque eles sabem que terão que trabalhar até os 70 anos (Costa, 2013, p. 31).

O comprometimento dos funcionários exige, entre outros fatores, motivação permanente, e ela só é obtida quando a liderança consegue estabelecer o alinhamento entre os objetivos da organização e as demandas da força de trabalho. Essa exigência é especialmente mais acentuada nos trabalhadores que se inserem na chamada economia do conhecimento, entre os quais se destacam os jovens que integram a Geração Y.

> Para Drucker, há cinco fatores que determinam a produtividade do trabalhador do conhecimento: autonomia, incentivo à inovação, aprendizado constante, valorização da qualidade sobre a quantidade e, por fim, motivação.
> Para aumentar a produtividade do trabalhador manual, a única coisa necessária é dizer a ele como fazer o trabalho, assinala Drucker. Para aumentar a produtividade do trabalhador do conhecimento, são necessárias mudanças de atitude – dele e da organização onde trabalha (Maia Júnior, 2013, p.72).

A liderança aberta deve especialmente reconhecer que há novas formas de interação e que elas alimentam o fluxo de relacionamentos interna e externamente às organizações. Não mais é possível, como nos sistemas de gestão tradicionais, sufocar a expressão de ideias e opiniões, obstaculizar o compartilhamento de informações, impedir que os funcionários troquem experiências e percepções sobre o local de trabalho e mesmo sobre a postura de chefias e colegas. Logo, é imperioso desenvolver processos ágeis e competentes de *feedback*, estabelecer diálogos produtivos e explicitar abertamente as "regras do jogo", viabilizando uma abertura responsável que respeite as individualidades mas não coloque em risco a saúde do ambiente organizacional.

As chefias têm percebido que os jovens, mesmo antes de ingressarem no mercado de trabalho, têm opiniões sobre as organizações, porque podem avaliá-las diretamente nos seus portais institucionais e nas mídias sociais (algumas *fan pages* de empresas têm centenas de milhares de seguidores) ou ter informações sobre elas em *rankings* organizados pelo mercado (por exemplo, "melhores empresas para trabalhar"), junto à sua rede de relacionamentos etc.

Levantamento realizado pela consultoria Seja Trainne, com 380 finalistas em programas de grandes empresas, concluiu que aqueles que procuram as empresas para o seu primeiro trabalho estão mais interessados em possibilidade de desenvolvimento de carreira do que propriamente em remuneração. E relevou que a principal reclamação dos *trainees* é a falta de *feedback* das empresas, ou seja, a sua proposta de comunicação. A maioria reclama porque elas a esquecem ao longo do processo e não lhe dão retorno para justificar a sua escolha. Como o número de *trainees* para uma determinada empresa pode ser grande (milhares para as empresas mais cobiçadas), essa avaliação pode afetar a sua imagem (eles também estão no mercado e, muitas vezes, enxergavam-nas positivamente antes desse contato direto). Os jovens insatisfeitos podem até comprometer em parte o processo seguinte de convocação de *trainees* porque eles, quase sempre, usando as mídias sociais, transmitem a sua experiência, se negativa, para outros candidatos. Evidentemente, podem fazer o mesmo se sua experiência for positiva, mas é preciso considerar que o número de escolhidos em processos de recrutamento de novos funcionários é sempre reduzido, levando-se em conta, particularmente para determinadas empresas, o número total de candidatos. Logo, a probabilidade de uma avaliação negativa, se o processo de seleção incorrer nesse equívoco, é maior (Arcoverde, 2013, p. D4).

Não é apenas no Brasil que os comentários dos candidatos a *trainees* se disseminam ampla e intensamente. Pesquisa realizada pela empresa de consultoria Robert Walters junto a mais de mil profissionais e recrutadores do Reino Unido mostrou que 88% comentam sobre o processo seletivo com amigos, familiares e na internet:

> A pesquisa da Robert Walters mostrou que a comunicação com candidatos a uma vaga é essencial para influenciar a opinião deles a respeito da marca e da organização. A grande maioria (72%) diz que um processo seletivo muito longo faria com que a vontade de trabalhar na empresa diminuísse. Além disso, mais de 90% acham que a entrevista afeta a decisão de aceitar ou não ter um emprego – e a boa impressão depende da personalidade do entrevistador, da quantidade de informações dadas sobre a vaga e de uma recepção apropriada (Arcoverde, 2013, p. D4).

As redes sociais possibilitam, na feliz expressão de Raquel Recuero (2009, p.117), a "difusão epidêmica de informações", e esta difusão tem relação com o incremento do capital social relacional – que promove a integração e o estreitamento dos laços sociais, e o capital social cognitivo, que tem a ver com o incremento do conhecimento.

As organizações têm estado cada vez mais atentas à necessidade de estabelecer redes sociais corporativas com o objetivo de cumprir adequadamente o seu processo de interação com *stakeholders*, internos e externos.

Segundo a Deloitte, consultoria americana com experiência e interesse direto no processo de difusão e gestão utilizando as redes sociais,

> [...] até o final de 2013, mais de 90% das empresas da lista das 500 maiores da revista americana Fortune deverão adotar uma rede social corporativa – dois anos atrás eram 53%. Em geral, o principal objetivo dessas redes corporativas é fazer com que os funcionários participem do processo de inovação da companhia – não deixando esse assunto restrito a uma área específica (Furlan, 2013, p.107-8).

É possível encontrar, com alguma facilidade nos dias de hoje, inúmeros casos bem-sucedidos de redes sociais colaborativas internamente às organizações, como os da Portugal Telecom, da Nasa e do Santander.

Na Portugal Telecom, 7.500 funcionários participam ativamente da rede, 70% do total da empresa, e 200 ideias geradas nesse processo foram colocadas em prática.

A NASA conta com uma rede denominada Explornet desde 2009 que envolve 90% dos funcionários. Destes, 90% buscam informações e 10% contribuem com os 250 grupos de discussão criados.

O Santander possui desde 2009 uma rede social chamada Círculo Colaborativo, que conta com a participação de 15.000 funcionários, um terço do total.

Charlene Li e Josh Bernoff (2009, p.225-42) afirmam que os *groundswells* internos funcionam quando a gestão escuta, a participação das pessoas é estimulada e quando há o encorajamento dos rebeldes, fazendo com que a resistência diminua. Elas defendem a criação de uma mentalidade *groundswell*, entendendo que, na comunicação interna, é preciso substituir o individualismo das redes e mídias sociais tradicionais, pautado pela expressão de interesses pessoais, pelo alinhamento com os interesses da companhia. A melhor alternativa, para esses autores, é criar comunidades virtuais, formadas por pessoas que, ao mesmo tempo, se conhecem, partilham a noção de pertencimento a uma empresa e que estão vinculadas a objetivos, valores e cultura comuns.

> As ferramentas de mídia social apresentam novos modos para um maior engajamento dentro de uma ampla área de negócios como nunca visto antes. Um *webcast* possibilita que todos os empregados escutem a mesma mensagem. Os blogs criam um diálogo visível e convidam ao pensamento, análise e respostas independentemente das ideias de um líder e de um outro funcionário. Qualquer pessoa pode contribuir naquilo que ama ou que é sua área de especialidade através de *wikis* e fóruns de discussão. Líderes de uma organização podem resolver problemas complexos com maior eficiência, se simplesmente pedirem a opinião e escutarem as respostas de suas equipes (Jue, Marr e Kassotakis, 2010, p.96).

A Nokia é um exemplo vivo da utilização positiva das mídias sociais. Jue, Marr e Kassotakis (2010, p.130-4) contam como a empresa resolveu trabalhar sério com tais mídias. Com cerca de 130 mil funcionários em 120 países, ela sentiu, em 2007, a necessidade de aproveitar traços importantes já enraizados em sua cultura (transparência, flexibilidade, ampla participação no processo de tomada de decisões e agilidade) para fazer circular rapidamente as informações relevantes para os negócios e, ao mesmo tempo, engajar os seus funcionários. Criou uma ferramenta estratégica de comunicação interna denominada NewsHub, que permitia aumentar a interação, estimulando-os a postarem informações, avaliá-las e comentá-las. Também lançou o Blog Hub, com o objetivo de consolidar os inúmeros blogs da empresa e ainda criou o VídeoHub, para aproveitar a experiência do YouTube.

A Nokia fez ainda mais:

> Reconhecendo a necessidade de novas habilidades com as mídias sociais, a empresa investiu no desenvolvimento de 200 funcionários, chamados de Repórteres da Nokia, que tinham a missão de relatar sobre os "valores em ação". Os Repórteres da Nokia aprenderam como criar histórias em vídeos de alta qualidade: o que faz uma boa história, como escrever o *script*, gravá-lo, editá-lo e postá-lo. Depois, uma série de *workshops* sobre mudanças de grande escala aconteceram em locais específicos para revisar, refinar e compartilhar valores corporativos. Esses *workshops* engajaram mais de 2,5 mil funcionários, pessoal e virtualmente. Os Repórteres da Nokia captaram as histórias e publicaram os valores para que todos pudessem vê-los (Jue, Marr e Kassotakis, 2010, p.132-33).

Uma competição a *posteriori* envolveu toda a organização, estimulando todos os funcionários a revelarem como colocavam os valores da Nokia em ação. Os funcionários votaram nos vídeos que acreditavam encarnar melhor os valores da companhia.

Os autores concluem:

> Através do uso das tecnologias de mídia social – suas próprias tecnologias! –, a Nokia conseguiu reunir as histórias das pessoas que ficam atrás do produtos e serviços, design, tecnologias futuras, ambiente e metas de negócio. Através do uso criativo e inovador das mídias sociais, a Nokia engajou toda a sua força de trabalho e renovou seus valores: Engajar Você, Alcançar Juntos, Paixão por Inovação e Muito Humano [...] (p.133)

A liderança aberta, portanto, não deve estar voltada apenas para os clientes, como forma de incorporar sugestões para o lançamento de novos produtos e processos ou para o refinamento dos já existentes, mas capitalizar o conhecimento dos públicos internos, envolvê-los direta e intensivamente no processo de produção e de gestão de modo a promover um efetivo engajamento.

A comunicação interna, como é óbvio concluir, desempenha um papel fundamental no sentido de promover a articulação dos funcionários, consolidando relacionamentos duradouros, confiáveis e produtivos, bem como para comprometer os públicos internos com a solução coletiva de questões de natureza institucional.

Diferentemente do modelo de gestão que vive refém do líder-alfa, a liderança aberta não se limita a uma ou poucas chefias, mas possibilita, num processo dinâmico de capacitação e aprendizado permanentes, a formação de múltiplos líderes abertos, que atuam como catalisadores, com objetivos e visão compartilhados. Na liderança aberta, os líderes não se definem pela posição que ocupam no organograma da organização.

> Isso significa que existem oportunidades para que trabalhadores individuais pratiquem as competências de liderança aberta e experimentem o poder, o trabalho em colaboração e a influência mais cedo em suas carreiras. Quanto mais relacionamentos positivos você tiver, mais poder alcançará.
>
> A liderança aberta, em resumo, não é algo para ser praticado apenas pelo alto escalão da empresa. Pelo contrário, é uma atitude que precisa ocorrer em todos os níveis da organização, com líderes de equipe e funcionários praticando-a em diferentes níveis e de uma maneira diferente dos executivos (Li, 2011, p. 237).

Novamente, a comunicação interna é vital para que essa "cultura de apoio à abertura" se estabeleça, e é fácil perceber que essa cultura não será plasmada pelas práticas tradicionais de comunicação, tão mal avaliadas na atualidade, como as intranets que não passam de murais estáticos de avisos e reduzida participação, os *house-organs* que se limitam a promover chefias, com seu tom propagandístico e laudatório às organizações, ou como propostas limitadas de participação, como a "caixa de sugestões" e as "conversas com o presidente".

Aqueles que imaginam que este novo modelo de gestão e, portanto, de comunicação, está longe de acontecer, não devem estar acompanhando o movimento realizado por inúmeras organizações pioneiras em todo o mundo. Elas já se deram conta de que é estratégico buscar efetivamente o compartilhamento de informações e conhecimentos, a distribuição do controle e até correr riscos, porque essa é a característica da economia do conhecimento. As organizações que se pretendem líderes no futuro sabem que não poderão caminhar sozinhas, porque os desafios serão sempre maiores, mas, se enfrentados coletivamente, eles poderão ser vencidos de maneira mais fácil, mais rentável e mais rápida.

QUESTÕES PARA DEBATE

1) Quais os principais desafios a serem superados para que a Geração Y efetivamente se comprometa com as organizações? Que restrições os jovens geralmente têm em relação ao processo de gestão tradicional?

2) Como utilizar de forma competente as mídias sociais na comunicação interna?

3) Quais as vantagens e os riscos de implantar um sistema de comunicação interna que contemple os funcionários como protagonistas e permita que eles exponham livremente as suas opiniões e ideias, ainda que contrárias às das chefias?

9 Política de Comunicação Empresarial: conceitos, etapas e metodologia de construção

INTRODUÇÃO

A realidade tem demonstrado que, pelo menos no Brasil, as organizações não têm se preocupado em definir, de maneira sistemática e competente, diretrizes gerais e específicas de comunicação, internamente pactuadas e explicitamente indicadas, de modo a construir uma autêntica Política de Comunicação.

Na verdade, em boa parte dos casos, as ações, estratégias e planos de comunicação estão respaldados em alguns pressupostos, nem sempre amplos ou adequados, que dependem mais do *insight* ou do *feeling* de seus executivos do que do esforço real para sistematizar conceitos e processos, consolidar posturas e projetar caminhos para o futuro.

Por isso, é difícil encontrar, ainda hoje, exemplos reais de Políticas de Comunicação efetivamente traçadas e que não estejam apenas na cabeça dos executivos, mas devidamente escritas, documentadas, que sirvam de referência para o trabalho de comunicação de uma organização.

A Rhodia se constitui no exemplo pioneiro de construção de uma Política de Comunicação em nosso país, um trabalho coordenado por Walter Nori quando o engenheiro Edson Vaz Musa era presidente da empresa, em 1985. Na verdade, a Política de Comunicação da Rhodia, que ficou conhecida como *Portas Abertas*, intitulava-se Plano de Comunicação Social (PCS) e era mesmo um misto de Política e Plano (ver diferenças entre essas modalidades da comunicação mais adiante) porque, ao mesmo tempo em que definia valores, diretrizes e posturas (atributos típicos de uma Política), indicava ações concretas a serem implementadas com determinados públicos (o que costuma estar presente nos planos propriamente ditos)[1].

Como sempre acontece, a Política tem um vínculo com a história, com a trajetória de uma organização e, no caso da Rhodia, nasceu da preocupação e da necessidade de tornar a empresa mais conhecida de seus públicos, já que, tradicionalmente, ela não mantinha contatos externos, "a não ser muito superficialmente com alguns clientes e fornecedores" (Nori; Valente, 1990, p.21). A Política refletia uma nova postura que estava emergindo e que pregava a transparência em vez do fechamento, assumindo os novos ares que sopravam do movimento de redemocratização do país. A Rhodia, ademais, esteve envolvida em episódios comprometedores para a sua imagem, associada à poluição dramática do Polo de Cubatão, e seu comportamento *low profile* apenas reforçava essa situação desfavorável. Era, pois, necessário reverter o quadro. Walter Nori e sua equipe estiveram empenhados nisso e, como revela a história, foram muito bem sucedidos.

A chegada de Edson Musa, um empresário moderno e disposto ao diálogo, influiu significativamente na decisão de criar o PCS, porque a área de comunicação se viu também com a incumbência de criar um Projeto de Imagem para o principal executivo da Rhodia, dando-lhe um perfil público:

> Não se queria mais [...] que o dirigente aparecesse como um administrador eminentemente técnico, ligado apenas à produção e à tecnologia. A ideia era demonstrar um generalista, informado sobre tudo que se passava em economia, política,

---

[1] A íntegra do Plano de Comunicação Social da Rhodia pode ser encontrada no livro *Portas Abertas*, de Walter Nori e Célia Valente, publicado em 1990 pelo Círculo do Livro, em São Paulo.

finanças e administração. Embora fosse a imagem de um empresário moderno que estivesse sendo divulgada, também não se queria mostrar um profissional muito avançado ou de vanguarda. O que se pretendia era apresentar um empresário persistente, ágil, versátil e dinâmico, e que tivesse grande preocupação com a situação social do país (Idem, ibidem, p. 26).

Havia, portanto, alguns ingredientes essenciais para que esse esforço pioneiro se concretizasse, como o momento histórico, a liderança de um executivo moderno e a visão abrangente da comunicação, visto que o PCS não se limitava apenas a determinadas sub-áreas ou atividades de comunicação (Imprensa, Relações Públicas, Publicidade), mas englobava o Marketing Social, a documentação técnica e científica, o relacionamento com o consumidor etc. Particularmente, inspirava-se na proposta de criar e consolidar imagem, um ativo que, há mais de 20 anos, não era valorizado como nos dias atuais.

Embora o conceito de comunicação integrada utilizado no PCS fosse naquele momento (1985) mais restritivo do que o que vigora atualmente, é surpreendente notar que essa necessidade de integração já estivesse presente, o que evidencia a visão moderna de Walter Nori, um profissional bastante à frente de seu tempo. Ele assumia o conceito de integração (hoje elemento indispensável nos discursos empresariais sobre a comunicação) apoiado na necessidade de "evitar a duplicidade de esforços e a dispersão de recursos humanos e materiais; uniformizar valores e conceitos; unificar e consolidar a cultura da Rhodia; solidificar a imagem corporativa da empresa" (Idem, ibidem, p. 68); entre outros aspectos. Foi também o PCS quem definiu de maneira pioneira a proposta de elaboração de *position papers* para dar conta de temas polêmicos:

> este instrumento visa uniformizar a linguagem da empresa e impedir conflitos de opiniões sobre alguns assuntos candentes, principalmente em entrevistas de diretores e gerentes à imprensa e em contatos com autoridades. Será preparado segundo orientação do presidente (Idem, ibidem, p. 74).

Prática até hoje não usual em nossas empresas, os *positions papers* poderiam evitar frequentes "choques de cabeça" pela mídia e reações negativas junto a distintos públicos de interesse.

Em todos os sentidos, o trabalho da Rhodia merece menção e se constitui efetivamente numa referência para o mercado da comunicação brasileira.

POLÍTICA E PLANO DE COMUNICAÇÃO

Pode-se, simplificadamente, definir Política de Comunicação como um processo articulado de definição de valores, objetivos, diretrizes, normas e estruturas, que tem como finalidade orientar o desenvolvimento de ações, estratégias e produtos de comunicação para uma organização tendo em vista o seu relacionamento com os diversos públicos de interesse.

É fundamental que a Política de Comunicação esteja consolidada em um documento-síntese, que seja de conhecimento de todos os escalões da organização e mesmo dos públicos externos, e que possa constituir-se em referência obrigatória para o trabalho de comunicação. A Política de Comunicação expressa mais do que uma simples intenção, ela se refere ao compromisso que a organização assume no sentido de promover o melhor relacionamento possível com os seus *stakeholders*. Trata-se basicamente de um aspecto singular que caracteriza uma filosofia ou modelo de gestão e que deve, nas organizações modernas, estar comprometida com a ética, transparência, profissionalismo, proatividade e cidadania.

A Política de Comunicação distingue-se do Plano de Comunicação porque este assume sempre uma característica prática, operacional, explicitando objetivos e metas a serem cumpridos num determinado período. Na verdade, o Plano de Comunicação flui da Política de Comunicação que o baliza, e está focado em ações concretas para cumprimento de determinados objetivos (definição de canais de relacionamento com os públicos, desenvolvimento de ações para aumentar a visibilidade da organização na mídia, explicitação de posições da organização com respeito a temas controversos etc.).

A Política de Comunicação é, em princípio, datada, ou seja, ela está umbilicalmente vinculada ao seu tempo e, portanto, precisa ser continuamente atualizada. Algumas organizações acreditam que é possível manter, sem ajustes necessários, a Política de Comunicação por um longo tempo, ignorando as alterações drásticas ocorridas no mercado e no próprio universo da comunicação nos últimos anos.

Basta analisar o documento do PCS da Rhodia para perceber como essas atualizações são absolutamente necessárias. Assim, o PCS não mencionava, ao considerar os públicos-alvo da empresa há 20 anos, as organizações do Terceiro Setor, o que, hoje em dia, passa a ser mais do que obrigatório. Da mesma forma, referia-se a ações de Marketing Social, hoje distintas das de Responsabilidade Social, embora seja forçoso reconhecer, no caso da Rhodia, que elas compatibilizavam o institucional e o mercadológico e não tinham, necessariamente, uma perspectiva imediatista.

Uma Política de Comunicação funda-se, especialmente, em alguns pressupostos básicos, como o vínculo obrigatório entre comunicação e processo de gestão, entre comunicação e cultura organizacional, a existência de uma estrutura profissionalizada de comunicação e de recursos (humanos, financeiros, tecnológicos etc.) para sua implementação e a vontade política para colocá-la em prática e exigir o seu cumprimento.

A Política de Comunicação não pode resumir-se a um mero documento, que tem tudo para funcionar como letra morta, mas deve estar indissoluvelmente ligada ao processo de gestão, de tal modo que o próprio desempenho dos executivos (inclusive da presidência) seja avaliado a partir da obediência estrita às diretrizes definidas para a comunicação e ao esforço de torná-las efetivas. É por esse motivo que deve haver sinergia entre os valores da Política e a cultura da organização, pois, na prática, caso eles não estejam em sintonia, podem desencadear crises e conflitos no momento de sua execução. A Política não pode impelir a empresa para uma postura em comunicação menos conservadora do que sua filosofia de gestão, embora se possa admitir – e isso acontece na prática – que ela chegue a induzir mudanças culturais importantes, desde que tenha sido amplamente discutida no âmbito interno.

Uma Política de Comunicação moderna incorpora a proposta da diversidade cultural, da responsabilidade social em sua plenitude (descartadas as tentativas cosméticas de "limpeza de imagem" que caracterizam particularmente algumas organizações atuantes em determinados segmentos, como a indústria agroquímica e de biotecnologia, da saúde, tabagista, de armas etc.) e assume, definitivamente, a comunicação como estratégica. Talvez por isso mesmo existam tão poucas Políticas de Comunicação autênticas, explicitamente documentadas: apenas em ambientes em que a comunicação tem realmente papel estratégico e está intrinsecamente ligada ao processo de gestão, inserida em uma administração verdadeiramente estratégica, é possível imaginar uma tentativa concreta de definir valores e diretrizes de comunicação e assumi--los de forma comprometida.

Não se pode pretender, também, dar curso a uma Política de Comunicação sem que a estrutura de comunicação que lhe dá suporte esteja profissionalizada, tenha caráter multi e interdisciplinar, ou seja, que contemple, sem preconceitos, as várias competências em comunicação e as articule adequadamente. A implementação de uma Política requer recursos, investimentos, além de profissionais que tenham um perfil particular, que, especialmente, não confundam a comunicação com a mera execução de tarefas, mas as percebam efetivamente como um processo.

A Política de Comunicação só será executada com sucesso se estiver absolutamente apoiada em uma vontade política, já que, ao longo de sua discussão e de sua implementação, surgem, inevitavelmente, resistências oriundas de leituras equivocadas da importância da comunicação nas organizações modernas e sobretudo do perfil de determinadas chefias que confundem autoridade com autoritarismo e não estão dispostas a compartilhar informações, vivências, conhecimentos e saberes.

A Política de Comunicação não é (pelo menos não deveria ser, sob pena de não servir para coisa alguma) apenas um indicativo de boa vontade da organização para com os públicos de interesse, mas um compromisso de mudança, um norte a ser seguido em termos de relacionamento com os *stakeholders*.

Um equívoco formidável na elaboração de uma Política de Comunicação consiste em privilegiar os públicos externos da organização em detrimento de seus públicos internos, o que apenas reproduz o modelo atual que contempla a comunicação interna como despesa e não como investimento. Na prática, toda Política deveria iniciar-se pela consideração dos públicos internos como prioridade, visto que eles se constituem sempre nos parceiros habituais e estratégicos de uma organização. Por contrariarem esse princípio básico da gestão e da comunicação organizacional é que as empresas, entidades etc. se veem diante de crises internas recorrentes, tipificadas por falta de motivação, fluxos contínuos de boatos, redução da produtividade e do comprometimento com campanhas de melhoria da qualidade, entre outros problemas de ordem administrativa e mercadológica.

Um outro equívoco não menos importante é considerar que a comunicação é tarefa exclusiva da estrutura profissionalizada de comunicação, com o apoio de alguns executivos que a legitimam ou servem como porta-vozes da organização. Ao aceitar essa concepção restritiva, as empresas ou entidades estão ignorando a participação fundamental de todos os públicos internos no processo da comunicação, imaginando que ele só ocorre em determinados instantes e a partir de determinados atores. É fácil perceber, nesse caso, as vulnerabilidades da organização que se exime de capacitar todos os seus funcionários para um trabalho contínuo, sistemático e competente de relacionamento com todos os públicos. Nesse sentido, tem importância para uma Política de Comunicação tanto o trabalho realizado pelo assessor de imprensa como o desenvolvido pelas secretárias, pelas telefonistas ou vendedores, em contato direto e permanente com públicos prioritários de uma organização.

O ROTEIRO BÁSICO DE UMA POLÍTICA

A construção de uma Política de Comunicação deve apoiar-se, obrigatoriamente, em uma série de etapas, necessariamente articuladas.

Ela se inicia pela fixação de conceitos, objetivos, valores e princípios, que devem estar absolutamente claros e expressar fielmente a cultura da organização. Faz parte desse esforço inicial o entendimento sobre o próprio conceito de comunicação que, como vimos no Capítulo 1, deve ser o mais amplo possível ("conjunto integrado de processos, estratégias, ações, produtos e planos que têm como objetivo estabelecer, consolidar e ampliar o relacionamento de uma organização com todos os seus públicos de interesse") e assumir definitivamente a sua condição estratégica.

A Política de Comunicação lista, obrigatoriamente, os públicos da organização, buscando também conhecer mais precisamente os seus perfis e o nível de interação e importância de cada um deles para a organização. Certamente, há públicos mais prioritários do que outros, e esta gradação precisa ser considerada, mesmo porque nem sempre é possível, num primeiro momento, sobretudo na elaboração e implementação do plano de comunicação que se segue à definição da Política, dar a todos eles a mesma atenção. O grau de importância dos públicos externos (em princípio, todos os públicos internos devem ser tidos como prioritários) tem a ver com o impacto de sua ação nos negócios da organização, avaliada a partir de critérios bem definidos. Para isso, é preciso considerar que, muitas vezes, públicos aparentemente menos próximos (ambientalistas, ONGs em geral etc.) podem influenciar definitivamente os negócios e causar estragos na imagem e na reputação das organizações, em virtude sobretudo da sua capacidade de mobilização e, portanto, de sua competência em comunicação.

O conhecimento mais detalhado desses públicos só é obtido a partir de trabalhos de auditoria de imagem, de sondagens de opinião ou de outros instrumentos que permitam aferir a percepção que têm da organização, e esse processo exige tempo, recursos e metodologias adequadas de avaliação.

O capítulo sobre Comunicação e Sustentabilidade, incluído nesta obra, retoma este ponto, buscando identificar critérios para avaliar a importância dos *stakeholders*, com atenção aos chamados *stakeholders* estratégicos.

Definidos os públicos de interesse e sua gradação, será necessário um amplo diagnóstico da situação atual da comunicação interna e externa da organização, com atenção especial para a existência ou não, a eficácia ou não, dos canais de relacionamento com esses públicos. Mais ainda: será necessário verificar se existe um processo contínuo, sistemático, competente de relacionamento, fugindo à tentação de confundir a comunicação em seu sentido abrangente com os canais que a instrumentalizam. Temos insistido: é um equívoco lamentável reduzir a comunicação interna das organizações a seu *house-organ*, como se ele pudesse realizar todo o processo de comunicação com os públicos internos.

Esse diagnóstico indicará lacunas na comunicação (há públicos de interesse que não estão sendo acessados regularmente, a comunicação está ocorrendo apenas unilateralmente, ou seja, não existem instrumentos para aferir o *feedback*, os canais de relacionamento estão mal dimensionados e assim por diante) e, em consequência, sinalizará para ações de curto, médio e longo prazos a serem desenvolvidas no Plano de Comunicação que se seguirá ao estabelecimento da Política de Comunicação.

Muitas organizações não têm como hábito realizar diagnósticos da sua comunicação, baseando-se, para programar ações nessa área, em meras impressões de seus executivos. Atitudes como essa podem comprometer o seu trabalho, tendo em vista que o mercado, há muito tempo, tornou-se mais complexo e exige uma postura mais profissional, alicerçada em dados confiáveis, respaldada em pesquisas e em metodologias competentes de avaliação.

O conhecimento mais detalhado dos públicos, previamente definidos e ponderados segundo sua importância, e o diagnóstico da comunicação e dos canais voltados para atendê-los darão suporte fundamental à elaboração da Política e do futuro Plano de Comunicação.

A etapa seguinte da construção de uma Política de Comunicação consiste na elaboração do documento-síntese que consolidará todas as informações, conceitos, valores, diretrizes gerais e específicas, indicando inclusive instâncias administrativas que zelarão pela sua implementação, controle e atualização permanente. Geralmente, define-se, de imediato, um Comitê ou Comissão responsável pelo acompanhamento da Política, sua discussão e atualização, que deve ser multidisciplinar e coordenada pelo executivo principal da área de comunicação, com a participação dos principais setores da organização.

Definido e aprovado o documento da Política de Comunicação, ele deverá ser amplamente divulgado para todos os elementos da organização. E esse processo de internalização poderá ser feito de várias formas, dependendo do porte e do grau de descentralização da organização. Em empresas que dispõem de várias unidades (fábricas, filiais etc.), distribuídas pelo país ou mesmo no exterior, pode ser necessária a realização de reuniões ou *workshops* para a apresentação da Política visando não apenas à sua divulgação mas à conscientização e ao comprometimento de todos os públicos internos. Para tanto, é vital o envolvimento da alta administração, porque ela, e só ela, poderá sinalizar para todos, de maneira inequívoca, a sua importância e a necessidade de seu cumprimento. Sem essa vontade política explícita, a internalização da Política pode ficar comprometida e ser entendida apenas como um documento a mais e uma intenção que se desgastará com o tempo.

Em muitos casos, em função da importância de determinados temas, de relacionamentos com públicos específicos ou mesmo de atividades consideradas estratégicas, a Política poderá provocar o surgimento de documentos adicionais (planos, manuais etc.) que os contemplem. No Brasil, geralmente esses documentos têm dito respeito ao relacionamento com a mídia (os manuais de assessoria de imprensa), à legitimação do projeto de identidade visual ou mesmo às orientações mais detalhadas sobre publicações institucionais, apoio, patrocínio e participação em eventos etc.

Finalmente, é preciso ter em mente que a Política de Comunicação deve merecer avaliação permanente, buscando realinhá-la ao longo do tempo, em função de mudanças ocorridas na própria organização, no mercado ou mesmo no universo da comunicação. Uma Política de Comunicação tem essa característica dinâmica e necessita acompanhar essas alterações, decorrentes de processos internos e externos, sob pena de perder a sua eficácia. O Comitê ou Comissão da Política, instância que a disciplina e avalia, precisa periodicamente realizar esforço para verificar o seu cumprimento e também para analisar a sua possível obsolescência, buscando imediatamente reposicioná-la para atender aos interesses da organização, do mercado e da sociedade.

A METODOLOGIA PARA CONSTRUÇÃO DA POLÍTICA

A construção de uma Política de Comunicação exige a adoção de uma metodologia específica que permita subsidiá-la em todas as suas etapas. De imediato, sugere-se a contratação de um consultor ou consultoria externos com experiência nesse tipo de trabalho porque, como sua elaboração e implementação provocam obrigatoriamente rearranjos internos (de posturas, de cultura etc.), estarão sempre em jogo conceitos, perspectivas e mesmo relações de poder, dificultando o trabalho por parte de um elemento da própria empresa. Além disso, essa visão externa, não comprometida com certos vícios, rotinas e hierarquias, pode contribuir para oxigenar o processo de discussão da Política, tornando-o mais plural e, portanto, menos comprometido com as estruturas existentes. É muito comum que as chefias se sintam incomodadas ou desconfortáveis com esse processo, porque o reposicionamento da comunicação significa, quase sempre, ameaçar a integridade das "caixinhas" do organograma e a autoridade de quem as comanda.

O consultor deve ser o coordenador, facilitador da Política de Comunicação, mas sob nenhuma hipótese poderá construí-la sozinho. Toda Política de Comunicação é um processo singular, em virtude do vínculo obrigatório com a cultura da organização, sua trajetória, sua área de atuação, seu corpo de executivos e funcionários em geral e mesmo com a sua experiência presente e passada no relacionamento com os seus públicos de interesse. Uma Política de Comunicação definida para uma empresa aérea (por exemplo, a Gol) não poderá ser "clonada" para uma concorrente (por exemplo, a TAM), porque elas representam culturas e passados distintos e, portanto, têm perspectivas não coincidentes da importância e do papel da comunicação.

Isso significa que será necessário o engajamento de executivos dos diversos setores da organização (Comunicação/Marketing, Planejamento, Recursos Humanos, Responsabilidade Social etc.) para uma construção coletiva e que poderá, competentemente, ajustar a Política às características particulares da organização. A Política de Comunicação incorpora sempre os valores, a missão, a visão da organização e, portanto, não pode ser padronizada, escrita de maneira uniforme para qualquer empresa ou entidade. Evidentemente, em função do caráter da Comunicação Empresarial moderna, as diferentes Políticas de Comunicação, num determinado momento histórico, podem compartilhar valores e princípios, mas é essencial um ajuste fino para cada caso em virtude da cultura organizacional e das condições concretas de cada empresa ou entidade em especial.

O consultor (ou consultoria) e o chamado Comitê (ou Comissão) de Elaboração da Política (pessoas que representam os diferentes setores da organização e mobilizados para esse trabalho de construção) deverão definir, de imediato, um cronograma para a sua elaboração, convocando novos elementos, quando eles se fazem necessários, em função de temáticas ou atividades específicas que contemplem públicos também específicos. É essencial que a alta administração esteja diretamente envolvida nesse processo e que o valide a cada momento, de modo a evitar que, ao final do processo de construção, aspectos definidos em etapas anteriores possam ser contestados, exigindo retrabalho e desgaste do Comitê ou do consultor (ou consultoria).

Após a definição dos públicos de interesse, tendo em vista os objetivos da organização, é fundamental realizar dois projetos: a) auditoria da imagem e b) diagnóstico da comunicação (também conhecido como auditoria da comunicação).

No caso da auditoria da imagem, ela pode ser concebida em dois níveis: a percepção da organização a partir dos públicos de interesse listados na Política (em especial os tidos como prioritários) e a análise da formação da imagem da organização pelos meios de comunicação de massa (auditoria de imagem na mídia). Esses dois níveis exigem metodologias particulares. A auditoria de imagem com os públicos pode ser realizada a partir de vários instrumentos ou técnicas, incluindo entrevistas em profundidade ou grupos de foco ou ainda questionários, quando se pretende cobrir um número maior de representantes desses públicos. Se houver recursos disponíveis, pode-se optar pela utilização desses vários instrumentos combinadamente, de modo a refinar o trabalho de auditoria de imagem. A auditoria da imagem na mídia deve levar em conta os veículos (impressos, eletrônicos, online etc.) mais representativos para a organização (eles obrigatoriamente variam de organização para organização, em função de sua área de atuação, seus públicos de interesse etc.) e incluir um conjunto diversificado de parâmetros. Recomenda-se que essa análise adote técnicas qualitativas e quantitativas e que seja realizada sistematicamente, porque leituras pontuais da divulgação na mídia podem ser enganosas, já que a cobertura jornalística pode ser contaminada pelos fatos num determinado momento. Só uma série histórica ou a consideração de um período mais longo de análise (há técnicas de análise de imprensa já consagradas e utilizadas inclusive em trabalhos acadêmicos, como a do "mês construído" que podem ser utilizadas com proveito para um levantamento inicial da presença e imagem da organização na mídia) poderá garantir um trabalho mais preciso de auditoria na imprensa.

Já a auditoria de comunicação (interna e externa) pressupõe novos instrumentos sintonizados com os aspectos particulares a serem analisados. Geralmente, o diagnóstico da comunicação em uma organização pressupõe a investigação dos fluxos de informação, a identificação das lideranças, a análise do conteúdo e da eficácia dos canais de relacionamento (*house-organs*, *call centers*, ouvidorias, publicações técnicas, intranets etc.) e de dispositivos para a análise do *feedback* (caixas de sugestões, reuniões com o presidente etc.), entre outros. Ela será mais ampla e mais completa em função dos recursos disponíveis para esse trabalho, mas obrigatoriamente não deveria, pelo contrário, excluir as várias instâncias inseridas na chamada comunicação interpessoal (inclusive a "Rádio Peão" ou "Rádio Corredor").

A Política de Comunicação deve assumir esta perspectiva de avaliação permanente e incluir a realização sistemática de pesquisas e auditorias de modo a mensurar o retorno do trabalho em comunicação. Somente com essa proposta moderna ela poderá dispor de indicadores suficientemente precisos que permitam aos seus executores/coordenadores propor reposicionamentos e definir ações e estratégias para subsidiar os planos de comunicação a serem desenvolvidos após a implementação da Política.

Uma Política de Comunicação moderna deve, portanto, contemplar inclusive o desenvolvimento de metodologias de avaliação especialmente para atividades ou áreas ainda pouco estudadas, como aquelas que estão associadas ao uso intensivo das novas tecnologias (presença da organização no jornalismo online, nos sites, portais, blogs e grupos de discussão; atuação das redes sociais na web; o seu impacto na imagem da organização e assim por diante).

A POLÍTICA DA EMBRAPA: UM CASO EMBLEMÁTICO

A Empresa de Pesquisa Agropecuária (Embrapa) é referência no Brasil em função de sua competência na área da comunicação, certamente derivada de uma "cultura de comunicação" moderna, descentralizada, e de uma estrutura profissionalizada que congrega, hoje, quase uma centena e meia de comunicadores, entre jornalistas, relações públicas, publicitários, designers etc. Para se ter uma ideia da massa crítica em comunicação da Embrapa, basta lembrar que ela tem dezenas de profissionais com mestrado, doutorado e especialização na área, superando inclusive, em muitos casos, em função da capacitação de seu pessoal, algumas universidades brasileiras que mantêm cursos de comunicação. Poucas são as instituições de ensino superior no Brasil que podem contar com tantos mestres e doutores em comunicação como a Embrapa, e esse fato apenas reforça a sua condição de excelência na área.

A Embrapa tem, há mais de dez anos, uma Política de Comunicação sistematicamente revisada, com uma perspectiva abrangente do campo e que tem como particularidade, quase única no cenário brasileiro, a sua incorporação ao processo de gestão. O objetivo geral da sua Política de Comunicação é

> criar e manter fluxos de informação e influência recíproca entre a Embrapa e seus diversos públicos de interesse, subsidiando a definição e implementação de políticas da Empresa, de modo a viabilizar o cumprimento de sua missão (Embrapa, 2002, p.33)

E ela está respaldada em sete diretrizes básicas (fortalecimento e defesa da marca Embrapa; unicidade do discurso; interação com a sociedade; qualificação da informação; participação interna; parceria e terceirização) e dois focos básicos (o institucional ou corporativo e o mercadológico).

A Política de Comunicação da Embrapa contempla também procedimentos e ações estratégicas de Comunicação Empresarial, alinhados com os objetivos da empresa, buscando em especial articular as ações de comunicação com as voltadas para pesquisa e desenvolvimento e transferência de tecnologia.

A construção da Política de Comunicação teve a coordenação da Assessoria de Comunicação (ACS) e contou com a participação de um grupo de trabalho e inúmeros colaboradores, não necessariamente da área de comunicação, embora eles se constituíssem em maioria.

A elaboração e implementação da Política de Comunicação da Embrapa contou com a participação decisiva do seu diretor-presidente, Alberto Duque Portugal, que não apenas comandou todo o processo, mas buscou condições para que ela fosse internalizada com sucesso, com o envolvimento de todos os funcionários. A internalização da Política foi realizada a partir de inúmeros *workshops* regionais, a produção de um vídeo que tinha como foco "a comunicação é responsabilidade de todos nós" e a divulgação do documento básico da Política, assumido por todos os diretores das mais de quarenta unidades da empresa. A partir da Política, e de maneira pioneira no país, a avaliação das chefias passou a considerar também o seu desempenho em comunicação[2].

A POLÍTICA DE COMUNICAÇÃO DO IFSC

Entre inúmeros trabalhos de consultoria prestados para organizações públicas e privadas, tendo em vista a construção de uma Política de Comunicação, é imperioso destacar, com enorme orgulho, o realizado para o Instituto Federal de Santa Catarina (IFSC), pelo caráter inovador do processo, pelo comprometimento da direção e pela competência e dedicação de seus gestores de Comunicação, com destaque merecido para a sua Diretora de Comunicação, profa. Waléria Külkamp Haeming, e a jornalista Marcela Lin, coordenadora da Comissão da Política de Comunicação. É preciso mencionar ainda o apoio fundamental da Reitora do IFSC, profa. Maria Clara Kaschny Schneider, que, em todos os momentos, apoiou o projeto e o legitimou do início ao fim.

Diferentemente da maioria dos processos que têm caracterizado a elaboração de Políticas de Comunicação em nosso país, o IFSC priorizou a construção coletiva, ou seja, não apenas nomeou uma Comissão especialmente designada para esse fim, mas optou por um sistema de validação amplo e democrático. O processo teve início com um seminário com a participação de

---

[2] Você pode ler um relato sobre o projeto da Política de Comunicação da Embrapa no artigo de Jorge Duarte e Heloiza Dias – Política de Comunicação e Gestão Empresarial: a experiência da Embrapa, apresentado no XXX Congresso Brasileiro de Ciências da Comunicação/Intercom, em 2007. Disponível no endereço: http://www.intercom.org.br/papers/nacionais/2007/resumos/R1591-1.pdf. Acessado em: 23 dez. 2013.

dezenas de gestores do Instituto e de representantes de seus públicos internos, vinculados aos vários setores e de seus diversos *campi*. Durante aproximadamente seis meses, foram realizadas reuniões periódicas (cerca de uma dezena) para o debate dos principais temas ou capítulos que integram a Política de Comunicação e promovidas sondagens com os públicos estratégicos do IFSC. Todo o trabalho foi acompanhado pela comunidade do Instituto e os *stakeholders* a partir de um ambiente virtual exclusivo (www.politicadecomunicacao.ifsc.edu.br) e o documento final ficou disponível por um largo período para consulta online de todos os servidores, estimulados a dar as suas contribuições. Finalmente, a Política de Comunicação foi apreciada pelo Colégio de Dirigentes e aprovada pelo Conselho Superior do IFSC, sendo lançada em cerimônia especial na sede do Instituto no segundo semestre de 2013.

A Política de Comunicação do IFSC tem quinze capítulos, com normas, diretrizes e posturas esperadas em relação a uma série de temas (comunicação interna, canais de relacionamento, relacionamento com a imprensa, o IFSC nas mídias sociais, comunicação e divulgação científica, comunicação e gestão de crises, entre outros), não ignorando também a definição do processo de gestão de comunicação, uma proposta de plano de comunicação para a implementação da Política e ações e estratégias para sua divulgação e internalização[3].

QUESTÕES PARA DEBATE

1) A construção de uma Política de Comunicação é vital para qualquer organização ou ela é obrigatória apenas para as organizações de grande porte? Comente e/ou justifique sua posição.
2) Encontre na web outras organizações, além da Embrapa e do Instituto Federal de Santa Catarina, citados neste capítulo, que já dispõem de uma política sistematizada de Comunicação.

---

3 A íntegra do documento pode ser consultada no seguinte endereço: http://politicadecomunicacao.ifsc.edu.br/files/2013/03/politica_comunicacao_IFSC_edica01.pdf e o vídeo do lançamento da Política pode ser acessado também no link a seguir: http://tv.ifsc.edu.br/videos/187/rep%C3%B3rter-ifsc-lan%C3%A7amento-da-pol%C3%ADtica-de-comunica%C3%A7%C3%A3o.

3) Quais os principais desafios para a implementação de uma Política de Comunicação nas organizações? Os obstáculos são de natureza técnica ou sobretudo culturais e políticos?

10 Comunicação e mídias sociais: muito além do modismo

INTRODUÇÃO

Embora a comunicação das organizações, com o advento das mídias sociais[1] tenha sofrido alterações importantes, muitos empresários e mesmo gestores de comunicação continuam acreditando que essa "onda vai passar" e que não será necessário, a curto prazo, tomar quaisquer providências para atuar, com competência, nesses ambientes virtuais.

Segundo eles, muitas vezes baseados em pesquisas pontuais, a maioria das quais respaldada em metodologias inadequadas que parecem ter sido adotadas para prover os resultados esperados, não há motivo algum para preocupação porque, afinal de contas,

---

[1] A literatura tem contemplado de maneira pouco precisa a distinção entre mídias e redes sociais, muitas vezes sugerindo tratar-se de conceitos diversos ou valendo-se delas como sinônimos. Não é nosso intuito aqui discutir essa questão, mas ela pode ser recuperada em obras como a de Recuero (2009), Telles (2010), Barefoot (2010); Szabo (2010), Cipriani (2011), entre muitas outras. Está programada para a coleção, da qual esta obra faz parte, um volume específico sobre o tema e que certamente incluirá, com propriedade e abrangência, essa discussão conceitual.

as mídias sociais não têm impactado, como se declara, de maneira significativa, o desenvolvimento dos negócios.

Esse argumento, além de falso (muitas empresas têm sofrido abalos importantes com o uso crescente das mídias sociais por seus *stakeholders*, notadamente quando eles se sentem contrariados), tenta mascarar uma realidade: muitas organizações não estão dispostas ou capacitadas a interagir com os seus públicos estratégicos.

A explicação é simples: empresas tradicionais têm se mostrado autoritárias, avessas ao debate democrático, repudiando, com veemência, as críticas que lhes são endereçadas, sem ao menos avaliar com atenção a sua legitimidade. Imaginam que as mídias sociais, ao contrário das mídias tradicionais, reféns de *lobbies* e de interesses nem sempre legítimos, representam espaços contaminados, onde se abrigam os seus adversários ou detratores.

A realidade tem mostrado que elas estão absolutamente enganadas: particularmente no Brasil, milhões de pessoas (físicas ou jurídicas) recorrem às mídias sociais para expressar as suas opiniões, sua adesão ou descontentamento em relação às empresas, ao governo, às autoridades, assim como para interagir com os seus amigos e seguidores. Elas não se constituem em mero reduto de pessoas que têm como objetivo criticar, gratuitamente, as organizações e que, portanto, não devem ser consideradas. Muito pelo contrário, cada vez mais fica a impressão (melhor seria dizer a certeza) de que todos os cidadãos estão (ou estarão em breve) presentes nas mídias sociais, reproduzindo e comentando falas, posturas ou ações de pessoas e organizações. Mais ainda: como elas incorporam comunidades, grupos de amigos e colegas, consumidores, jornalistas, sindicalistas, investidores, ativistas em geral, além de celebridades de toda ordem (artistas, jogadores de futebol, políticos com maior ou menor prestígio etc.), sua influência é hoje decisiva para a formação da opinião pública.

As mídias sociais, ainda que os empresários e muitos gestores de comunicação insistam em não abrir os olhos para desvendar a realidade, podem impactar significativamente a imagem e a reputação das organizações, porque repercutem as críticas, as reivindicações e também os elogios ao desempenho de empresas, entidades e pessoas. Empresários e executivos já se deram conta de que deslizes cometidos acabam, como diz o jargão das mídias sociais, "bombando" no Twitter e no Facebook, e que alguns casos se tornam emblemáticos, proclamados aos quatro ventos, pelas próprias características desses ambientes: a vertiginosa velocidade de disseminação e o alargamento do território alcançado pelos *posts* e *tweets*, ou seja, as mensagens de maneira geral.

Isto posto, não é admissível para uma organização moderna ignorar a presença desses novos espaços interativos e, principalmente, não incorporar, em seu planejamento de comunicação, uma proposta competente para o relacionamento com os seus *stakeholders* nas mídias sociais.

ESTAR NAS MÍDIAS SOCIAIS É POUCO

A principal constatação, quando se analisa a relação entre as organizações e as mídias sociais, é que uma boa parte delas já está participando desses novos ambientes, mas que o faz de maneira equivocada porque não atenta para as suas particularidades. Isso significa, utilizando uma metáfora essencialmente esportiva, que as empresas estão entrando em campo, já adquiriram os uniformes e os acessórios necessários para a partida, mas desconhecem as regras do jogo. Vale sempre ressaltar, continuando na comparação: onze pessoas, devidamente uniformizadas (com camisetas, calções, meias e chuteiras), não constituem efetivamente um time de futebol, porque há outras exigências para que elas possam ser assim consideradas, como habilidades individuais, força de conjunto e conhecimento da maneira como o jogo tem de ser jogado.

Por ignorarem esta situação óbvia, as organizações têm sofrido reveses importantes, aumentado a sua vulnerabilidade a críticas e crises, e evidenciado sua incompetência para administrar espaços interativos que potencialmente poderiam agregar valor aos seus negócios. Para insistir na metáfora, há organizações que têm colocado a mão na bola quando ela é arremessada para a sua pequena área, cometendo pênaltis que resultam em gol para os adversários (consumidores descontentes, concorrentes espertos) e gestores que não sabem que chutar contra o seu próprio arco não vale por isso andam fazendo gol contra. Resultado: essas organizações estão levando goleada nas mídias sociais e se situam, como algumas equipes de futebol, na chamada "zona do rebaixamento". Se não agirem a tempo, certamente, como alguns clubes tradicionais, irão parar na segunda divisão.

Esse equívoco tem sido cometido não apenas nas mídias sociais e está fundamentado na chamada "síndrome da presença inadequada". Esta síndrome assume como obrigatória a necessidade de uma organização figurar ou dispor de canais, espaços, ações e produtos de comunicação, sem que essa presença seja precedida de um planejamento correto.

Assim, muitas organizações dispõem de veículos empresariais (por exemplo, os seus *house-organs* voltados para os públicos internos), mas tratam deles com displicência ou não definem *a priori* os seus objetivos, tornando-os inúteis ou dispensáveis. Da mesma forma, decidem produzir relatórios sociais ou de sustentabilidade, mas conferem a eles um tom propagandístico, esquecidas de que os *stakeholders* são suficientemente esclarecidos e que conseguem distinguir ações concretas de discursos vazios. Elas também agem desta maneira nas mídias sociais: criam *fan pages* vistosas, mas ineficazes porque não se dão ao cuidado, por serem arrogantes, de examinar antes "as regras do jogo nas mídias sociais" e saem, a torto e a direito, cometendo infrações, levando, recorrentemente, cartões amarelo e vermelho de seus públicos estratégicos.

Estar nas mídias sociais é muito pouco, porque o relacionamento com os *stakeholders* e com os cidadãos de maneira geral pressupõe mais do que apresentar canais e espaços vistosos. O que interessa nas mídias sociais não é ter uma sala luxuosa, com cadeiras confortáveis para que os visitantes se acomodem, porque o que interessa aqui, como diz a gíria, é "a conversa que rola lá dentro".

Assim como as organizações não costumam ser avaliadas pela suntuosidade de seus prédios, no mundo físico ou presencial, a competência nas mídias sociais depende menos (não estamos dizendo que não seja importante dispor de uma arquitetura agradável na rede virtual) da programação visual de suas páginas, mas da disposição para o diálogo, da interação ágil e democrática, da inteligência para aprender com as críticas e sugestões.

Como diz o ditado, "quem está na chuva é para se molhar", logo, ao decidirem entrar em campo nas redes sociais, as organizações precisam efetivamente se adaptar à etiqueta, ao código de conduta, às normas que governam o relacionamento dos que frequentam esses ambientes.

De maneira definitiva, as mídias sociais não foram concebidas como espaços para que as organizações, de forma unilateral, divulguem seus atos, realizações, produtos ou serviços, mas para estabelecer conversas, promover debates, de maneira natural, firmando-se como um elemento a mais em um grupo ou roda de amigos.

Infelizmente, muitas empresas se postam nas mídias sociais como as únicas e mais importantes protagonistas, com um discurso unilateral, grandiloquente, assumindo a figura daquele que está, mais do que todos os outros que compartilham o mesmo ambiente, autorizado a falar. Elas relutam em ouvir e particularmente se irritam toda vez que o tom da conversa não lhes favorece, deixando de aproveitar essa oportunidade única de trocar informações e experiências com os seus "amigos", aprendendo também com o que eles têm a dizer.

A história recente da atuação das empresas nas mídias sociais está repleta de tentativas de sufocar as vozes divergentes, como tentou fazer a Renault com a advogada catarinense que, cansada de reclamar pelos defeitos em seu carro, meteu "boca de trombone" em seu blog e em um vídeo no YouTube[2]. Como é de se esperar, nos casos em que a truculência das organizações se manifesta, a reação dos internautas (que são também consumidores, cidadãos desrespeitados em seus direitos e, portanto, solidários com os que enfrentam os mesmos problemas no relacionamento com organizações predadoras) é imediata, dando início a um movimento que cresce e se alastra rapidamente, penalizando a imagem das que imaginam levar vantagem em virtude de seu poder econômico.

As regras de presença e atuação nas mídias sociais impõem uma nova proposta de relacionamento para as organizações e elas devem ser obedecidas sob pena de acarretarem prejuízos institucionais ou mesmo financeiros. Fraudar as regras, tentar mudá-las para atender aos seus objetivos, não é uma boa alternativa, porque os consumidores nas mídias sociais costumam ser muito sensíveis, "estar com os nervos à flor da pele", especialmente quando

---

2   Esse episódio envolvendo a Renault ocorreu em 2007 e ficou conhecido como "meu carro falha", que pode ser recuperado em seus detalhes na internet. Uma advogada, depois de insistir por um bom tempo e utilizando todos os meios legais possíveis para ver os problemas com seu carro resolvidos, criou um blog na web com esse mesmo título "meu carro falha" e postou um vídeo no YouTube relatando o ocorrido. A montadora, julgando que essa iniciativa comprometia a sua imagem, resolveu acionar a Justiça para tirar o blog e o vídeo do ar, impondo também multa à consumidora. Após a ação judicial, o caso ganhou grande repercussão e a visualização do blog aumentou de forma explosiva (700 mil acessos em poucos dias). O caso mereceu cobertura ampla da imprensa de informação geral e especializada e terminou com um acordo, tendo a montadora indenizado a advogada. É citado como um caso emblemático de falta de sensibilidade e de mau relacionamento de uma empresa com os seus consumidores.

seus direitos, opiniões, reivindicações ou pedidos de esclarecimento são desrespeitados ou não levados em conta.

Nas mídias sociais, podemos dizer que as lacunas na comunicação (não responder aos amigos ou seguidores) ou a realização de ações truculentas (como a de excluir opiniões contrárias do Facebook, ameaçar os adversários com processos etc.) são punidas com rigor.

Muitos gestores não conseguem perceber a diferença entre contextos tão distintos como o que caracteriza a comunicação interna em suas organizações e a comunicação nos ambientes virtuais. Na primeira, os chefes tentam (e quase sempre conseguem), valendo-se da sua autoridade (melhor dizer autoritarismo), calar os funcionários descontentes, pela prática condenável do assédio moral (são milhares os processos a esse respeito na última década no Brasil). Apoiados no lema "quem pode, manda; obedece quem tem juízo", costumam impor suas decisões, suas opiniões junto aos seus subordinados, ainda que isso provoque instabilidade institucional ou crie um clima organizacional desagradável. Mas nas mídias sociais, onde não existe uma relação de subordinação e onde o assédio moral é ineficaz, as organizações, e por extensão os gestores, não têm blindagem alguma e podem ser criticados, desautorizados a todo momento, o que provoca uma terrível sensação de desconforto para quem está acostumado a "mandar e a desmandar".

Nas mídias sociais, as estruturas de poder não são verticalizadas, não existem hierarquias rígidas e a autoridade tem mais a ver com a capacidade de aglutinar os amigos, a produção de conteúdos relevantes, opiniões consideradas qualificadas e a disposição para promover o diálogo do que com a titulação, o currículo e o cargo ocupado pelos interlocutores.

Os chefes nas mídias sociais não são exatamente aqueles investidos de poder nas organizações, porque nelas contam menos os atributos decorrentes da posição ocupada no organograma. Especialmente, as novas gerações pouco se sensibilizam com esses detalhes e têm como hábito questionar posturas, declarações, posições, se delas divergem, independentemente de quem as pronuncia. Além disso, elas incorporam movimentos, grupos organizados, ativistas que defendem causas e que, de imediato, estão em oposição a entidades, pessoas ou organizações vistas como adversárias. Logo, as mídias sociais se constituem em território livre e as lideranças não se estabelecem de forma categórica (aqui não existe a figura do presidente da companhia, que merece respeito em todas as situações), como no mundo empresarial, mas se formam a cada momento, em função de assuntos, notícias ou temas que estão em debate e das pessoas envolvidas.

A MUDANÇA DE POSTURA

Como acontece para outros ambientes e para outras situações, a atuação de uma organização nas mídias sociais requer um planejamento e uma gestão competente de comunicação. Na prática, isso significa ter objetivos estratégicos bem definidos, identificar e conhecer os públicos com os quais deseja interagir, definir e implementar ações e estratégias adequadas e saber também avaliar os resultados dessa interação.

Com certeza, o modelo de planejamento utilizado tradicionalmente para a gestão da comunicação não consegue dar conta das novas mudanças, porque apoiado em pressupostos que, gradativamente, têm se mostrado superados. Como vimos no Capítulo 8, "Os novos desafios da comunicação interna", somente a adoção de uma nova cultura de gestão, fundada no sistema de liderança aberta e de comunicação dialógica, permitirá que as organizações modernas enfrentem, com desenvoltura, os desafios que se colocam à sua frente, em particular no relacionamento com os seus *stakeholders*.

Elas terão, necessariamente, de revisar os seus processos e posturas, aprender a conviver com a divergência, participar efetivamente do debate amplo e sem controle de temas que dizem respeito aos seus públicos, ao mercado e à sociedade e estabelecer um competente sistema de negociação para evitar crises que abalem a sua imagem e reputação e atrapalhem os seus negócios.

O planejamento e a gestão da comunicação, tendo em vista a emergência das mídias sociais, têm de ser inovadores porque esses ambientes requerem a adoção de novas propostas de relacionamento, especialmente porque quem está na rede deseja, como acentua Christopher Barger, "se conectar com um ser humano, não com um logotipo" (2013, p.3). Ele acrescenta com propriedade:

> O que se diz ainda é importante, mas *quem o faz* é, pelo menos, igualmente fundamental. Isso significa que, dentro dessa realidade, a mensagem de uma marca é tão confiável quanto o indivíduo responsável por comunicá-la em nome da empresa.

O conceito de "social" sempre será mais importante do que o de "mídia" e isso jamais mudará.

Evidentemente, os analistas de mídias sociais com uma visão verdadeiramente estratégica não duvidam disso, diferentemente das pessoas, de todos nós portanto que estamos nas mídias sociais, as organizações precisam assumir que a sua presença nos espaços virtuais interativos obrigatoriamente tem de levar em conta outros pressupostos e que devem lançar mão deles para cumprir seus objetivos, suas transparentes intenções de natureza mercadológica e institucional.

Barger (2013), com larga experiência na definição de estratégias em mídias sociais para corporações multinacionais (Ford, GM, IBM, entre outras), é absolutamente categórico quando indagado sobre as posturas adequadas das organizações nas mídias sociais:

> As conexões individuais e os relacionamentos criados dentro de redes sociais em nome de empresas e marcas não visam torná-las mais próximas ou humanas. Esse é apenas um agradável efeito colateral. Mas, independentemente do quão frio isso possa parecer, não se engane, empresas e organizações aderem às mídias sociais pelas seguintes razões: elas querem 1º) arrebanhar mais clientes (ou clientes em potencial) para adquirir seus produtos; 2º) fazer com que esses clientes se sintam melhor pelo fato de terem comprado seus produtos; 3º) ter certeza de que eventuais problemas com suas mercadorias serão resolvidos de maneira rápida e eficiente; e finalmente, 4º) compreender exatamente o que tornaria seus clientes ainda mais dispostos a comprar aqueles produtos no futuro (idem, ibidem, p.4).

Acreditamos, sendo menos pragmáticos do que o autor, que não é possível ganhar e manter clientes sem que o relacionamento com os amigos e seguidores nas mídias sociais (os clientes reais ou potenciais, mas também os não clientes) incorpore na prática uma vertente "humanizadora". Temos a convicção de que as pessoas que interagem com as organizações não esperam que elas se comportem de maneira fria ou oportunista, valendo-se de um pretenso comprometimento apenas para seduzir novos compradores para os seus produtos e serviços. Reconhecemos, no entanto, que a maioria dos empresários, e mesmo gestores de comunicação nas mídias sociais, a exemplo de Barger, pensa exatamente dessa forma e somos tentados a acreditar que os clientes ou não clientes percebem (na verdade sentem!) quando o relacionamento é egoísta, exatamente como a simpatia hipócrita de muitos vendedores que abrem sorrisos forçados para os consumidores com o objetivo único de concretizar as vendas e receber as suas comissões.

Se é verdade, como Barger admite, que as organizações perderam o controle do que é dito a respeito delas nas mídias sociais e que, para desespero de empresários e gestores, não definem mais a pauta e muitas vezes nem mesmo o foco dos debates, como nas mídias tradicionais, talvez seja melhor que elas não assumam os relacionamentos com os cidadãos de maneira superficial. O próprio Barger dá o tom daquilo que as organizações podem esperar hoje nas mídias sociais:

> A questão é simples: já faz muito tempo que as pessoas falam sobre as empresas, desconfiam delas e refutam suas mensagens; a rede social apenas incrementou esse diálogo e tornou ainda mais fácil para elas compartilharem suas percepções. O fato é que os marketeiros estão redondamente enganados se acreditam que conseguirão retornar aos velhos tempos – quando eram considerados a fonte de informações mais confiável em relação às marcas e empresas que representam, um tempo em que bastava ter um bom relacionamento com alguns jornalistas e importantes veículos de informação para garantir o controle sobre o modo como a marca era apresentada e percebida pelo público. Esses dias ficaram no passado; é hora de seguir em frente (idem, ibidem, p. 10-11).

Ele chega a ser até mais enfático ao propor as mídias sociais como "instrumentos de mão dupla", o que, em princípio, contradiz a sua tese de que estar mais próximo e de maneira mais humana em relação aos consumidores nas redes sociais representa apenas um efeito colateral saudável. Essa postura de comprometimento é vital, essencial para as organizações, e é ela quem legitima o processo de interação com os clientes ou cidadãos de maneira geral.

Fica mesmo a impressão de que Berger não acredita, ele próprio, nesta sua contundente afirmação e que seu pragmatismo apenas reproduz a fala ou interpreta a intenção dos clientes a quem tem servido em sua trajetória como estrategista em mídias sociais. Ele mesmo reconhece:

> A interação e a resposta formam a base das redes sociais, portanto, se a sua organização deseja se envolver, seu público certamente irá esperar que você não ape-

nas use tais plataformas para transmitir sua mensagem *mas que também esteja disposto a ouvi-lo* [...]. Ouvir e interagir com diferentes públicos nas mídias sociais não é uma perda de tempo nem "um mal necessário", tampouco uma distração para sua mensagem; é uma parte vital e indispensável de sua estratégia. E isso é algo que, culturalmente, toda e qualquer empresa deve aceitar e abraçar – não apenas superficial, mas espiritualmente – antes de embarcar em um programa de mídias sociais (Barger, 2013, p.13-4).

Logo, a controvérsia está resolvida e vamos reprogramar aqui o discurso de Barger para fixar o seguinte: as organizações têm de se comprometer efetivamente com os seus públicos nas mídias sociais, e isso significa estarem dispostas e capacitadas para ouvi-los, praticar a transparência nos relacionamentos e respeitar o outro, ainda que isso implique escutar o que pode não ser agradável para os ouvidos. Ter objetivos bem definidos, planejar cuidadosamente a entrada e a manutenção nas mídias sociais, buscar resultados que agreguem valor aos negócios e às marcas, reforçar a identidade e consolidar a imagem são, com certeza, atributos indispensáveis para as organizações, mas eles são alcançados plenamente com uma mudança drástica de postura.

A COORDENAÇÃO COLETIVA

Há um mito equivocado no que diz respeito à gestão da comunicação nas mídias sociais. Ele associa a competência e reivindica a exclusividade do processo a profissionais conhecidos como analistas de mídias sociais, um perfil ainda não muito bem definido, mas que se sobressai pelo fato de dominar essa área, ser um usuário frequente e dispor (e isso é importante para reforçar o mito!) de algumas métricas para avaliar o desempenho, a presença e a imagem das organizações nas mídias sociais.

As coisas não são e não deveriam ser assim, embora muitas empresas estejam por aí recrutando pessoas que atendam a esses pré-requisitos, esquecidas de que o domínio da tecnologia (em alguns casos da "pirotecnia") não garante bons resultados nesse campo. Essa situação nos faz lembrar de quando os primeiros sites ou portais foram lançados. Para concebê-los em muitas organizações, foram contratados profissionais que dominavam *softwares* do tipo Dreamweaver e outros. Muitos, para não dizer a maioria deles, tinham uma triste característica: poderiam até ser "bonitinhos", mas eram também "ordinários", para repetir a velha mas ainda útil avaliação dos cidadãos comuns quando apresentados a embalagens vistosas que escondem imensos vazios ou conteúdos sem qualidade.

A tecnologia não se confunde necessariamente com a comunicação e é apenas uma possibilidade, um recurso adicional (importante, é claro), para se implementar ações, canais de relacionamento ou produtos de comunicação. Se o mito fosse verdade, os portais e sites das organizações (e, sem dúvida, as intranets) seriam menos poluídos, mais fáceis de navegar, incluiriam informações realmente relevantes e teriam deixado, há muito, de parecer verdadeiros "franksteins" multimídia, com banners e menus por todos os lados e algumas animações pirotécnicas (*pop-ups* animados, músicas chatíssimas etc.), escorregando e piscando nas telas de nossos computadores, tablets e celulares, quando os acessamos.

Uma proposta de comunicação competente inclui, portanto, recursos tecnológicos mais ou menos sofisticados, mas não se reduz a eles. Muito pelo contrário: determinadas alternativas ou recursos desviam a atenção, atrapalham a leitura e mereciam ser desabilitados, como prega o jargão da informática.

Esse raciocínio se aplica formidavelmente ao que costuma acontecer com estruturas definidas para a gestão e manutenção de propostas de comunicação nas mídias sociais, aparentemente sofisticadas, mas pobres de conteúdo e de inteligência corporativa, ou seja, não trazem nada de expressivo ou relevante que possa interessar aos amigos e seguidores e, além disso, estão deslocadas dos objetivos estratégicos e da cultura da organização.

Isso ocorre porque muitos analistas de mídias sociais, ainda que dominem a "parafernália" e se sintam em casa com os novos recursos e as tecnologias, são incapazes de pensar em uma estratégia efetivamente competente ou inovadora para atrair e manter os públicos de interesse.

O ideal, portanto, é que o planejamento e a gestão da comunicação nas mídias sociais tenham uma perspectiva mais abrangente, mais estratégica, e que tenham sido concebidos e executados por uma equipe multidisciplinar, incorporando não apenas os analistas de mídias sociais, mas gestores de comunicação que saibam exatamente o que as organizações desejam de sua presença e de sua atuação nas mídias sociais, que possam definir formatos e arquiteturas articulados para textos, imagens (vídeos, fotos e ilustrações) que causem verdadeiramente impacto.

Na prática, não será possível ter organizações competentes nas mídias sociais que não sejam exatamente competentes em comunicação no seu sentido mais amplo, porque estar de maneira bem-sucedida nesses ambientes é algo que decorre de um planejamento, de uma política, de uma competência em comunicação que ultrapassam e muito o âmbito das mídias sociais.

É bom lembrar que as organizações estão nas mídias sociais com objetivos e intenções distintas das pessoas físicas e que sua proposta de intervenção nessa área precisa estar articulada a um plano e a uma estratégia de comunicação que não se inicia e não se encerra nesses ambientes.

Muitas organizações vêm, gradativamente, se dando conta de que, embora estejam presentes nas mídias sociais (têm perfis no Twitter, *fan pages* no Facebook, canais de vídeo no YouTube etc.), pouco lucram com elas do ponto de vista institucional ou mercadológico, exatamente porque não tem para elas uma proposta madura, integrada, estratégica e que as articule a outras instâncias, ambientes ou competências de comunicação.

O planejamento e a gestão da comunicação nas mídias sociais deve, portanto, incorporar vários profissionais (ou pelo menos suas competências e conhecimentos específicos) que transitam em diversas áreas e não apenas comunicadores ou "marketeiros"[3].

Muitas páginas no Facebook (vide, por exemplo, o caso da Natura) acabam sendo utilizadas como canal de interação com consumidores insatisfeitos ou interessados em maiores informações sobre produtos e se transformam em instrumentos de atendimento (uma nova proposta de Serviço de Atendimento ao Consumidor – SAC). Nesse caso, além de profissionais formados em comunicação e que se vinculam à estrutura profissionalizada nesta área, será importante uma relação estreita com o SAC tradicional e com os setores das empresas que respondem pela produção e comercialização dos produtos.

Algumas organizações (cada vez mais) têm tido crises que ou se originaram por lacunas em sua comunicação nas redes (não atenderam adequadamente os seus consumidores) ou por terem tentado sufocar a opinião de cidadãos que postavam contra elas e, quando essas situações emergenciais ocorrem, o Departamento Jurídico acaba entrando em ação. Logo, fica claro

---

[3] Utilizamos a expressão "marketeiros" sem qualquer conotação negativa, apenas para indicar um grupo de profissionais responsáveis por planejamento e desenvolvimento de ações, estratégias, produtos e campanhas de marketing.

que a gestão e o planejamento das mídias sociais podem ficar sob a responsabilidade de um único setor da organização (mesmo que seja o de Comunicação) ou mesmo de profissionais com domínio exclusivo em tecnologia da informação ou na arquitetura e funcionamento das mídias sociais.

As mídias sociais não constituem território exclusivo de uma área ou de uma categoria profissional, por mais competente que ela seja, porque, dada a exposição das organizações nesses ambientes interativos, requerem a atenção (e, mais do que isso, a participação) de um número diversificado de departamentos, gerências ou diretorias.

Resumindo: as mídias sociais precisam ser contempladas com uma política específica de comunicação, integrada à Política de Comunicação como um todo, que não apenas defina as diretrizes a serem observadas pelas organizações nesses espaços virtuais, mas que explicite normas e posturas a serem observadas por todos que as integram. Isso significa que uma política de comunicação para as mídias sociais deve incluir um código de conduta para os funcionários dos vários escalões de modo a evitar que ocorram deslizes no uso e no acesso a esses ambientes. Muitas crises foram geradas pela participação individual de funcionários com opiniões que, inadvertida ou irresponsavelmente, afrontaram minorias, acirraram preconceitos relativos a gênero, cor, religião ou mesmo preconceitos esportivos, com danos à imagem das organizações a que pertencem.

Em organizações que geram conhecimento e desenvolvem pesquisas e tecnologias inovadoras, como empresas ou institutos de pesquisa, tais como a Embrapa, a Universidade de São Paulo ou a IBM, é fundamental disciplinar a circulação de informações nas mídias sociais, como em qualquer outro lugar, porque, caso isso não ocorra, elas poderão ser utilizadas para o vazamento de informações confidenciais, com prejuízos evidentes aos negócios. Deve ficar claro também para todos os funcionários (incluindo os gestores em geral) que as mídias sociais sob sua responsabilidade individual (seus perfis no Twitter e no Facebook, por exemplo) não podem ser utilizadas como canal de difamação contra qualquer pessoa ou entidade, servir para críticas a colegas (chefias ou não) e que, de forma alguma, eles podem estar nos ambientes virtuais como representantes oficiais das suas empresas. Suas opiniões poderão ser confundidas com as das organizações em que trabalham e isso representa elevado risco institucional. Além disso, seu comportamento inadequado nas redes, como em qualquer lugar público, contribui para abalar a imagem da sua organização porque, em princípio, o mercado, a sociedade e a opinião pública esperam que as empresas não mantenham em seu quadro pessoas não éticas ou com posturas condenáveis. Não são poucos os casos em que funcionários foram advertidos ou punidos com a demissão sumária por terem se comportado inadequadamente nas mídias sociais. As próprias empresas de comunicação (jornais, revistas, redes de televisão etc.) tentam disciplinar a conduta de seus profissionais (jornalistas, por exemplo), evitando que eles, em seus blogs, no Twitter ou no Facebook, contrariem interesses comerciais dos veículos.

As empresas, e particularmente os que nelas trabalham, precisam estar conscientes de que imagem, reputação, o relacionamento com os *stakeholders* e mesmo as marcas são ativos que não podem ficar expostos a opiniões individuais, porque não é fácil, para a sociedade e o mercado, separar os discursos das organizações das falas de seus integrantes.

AS MÉTRICAS FUNCIONAM?

Finalmente, será preciso considerar as métricas, os indicadores utilizados para avaliar a presença das organizações nas mídias sociais. O tema é complexo e certamente merece um espaço maior do que o definido para este capítulo, mas é importante não ignorá-lo e, em função disso, teceremos aqui uma série de considerações pertinentes[4].

Em primeiro lugar, é necessário reconhecer que o trabalho desenvolvido por uma organização nas mídias sociais tem de ser avaliado (e bem), como deve acontecer também com outras atividades ou competências em comunicação, como relacionamento com a mídia, promoção de eventos, patrocínio cultural ou esportivo, comunicação com os públicos internos e assim por diante.

Vale também, para as mídias sociais, a mesma observação que temos feito em relação ao esforço global de avaliação do desempenho, da eficácia do trabalho em comunicação de maneira geral: é imperioso avançar além das métricas, não resumir este processo de análise, de diagnóstico ou de auditoria

---

4   No livro sobre estratégias de comunicação das mídias sociais, a ser lançado nesta coleção, a questão do retorno do investimento nas mídias sociais será tratada com maiores detalhes.

a dados quantitativos, porque eles podem (e eles têm feito isso) conduzir a equívocos formidáveis.

Diferentemente de outras perspectivas de avaliação, a que contempla a Comunicação Empresarial não pode ficar refém de medidas que levem em conta o retorno imediato ou exclusivamente financeiro, porque, como nessa área estão em jogo ativos nada fáceis de mensurar, há outros critérios ou abordagens que devem ser considerados.

O planejamento e a gestão da comunicação nas mídias sociais devem definir, de imediato, o que se espera do desenvolvimento de ações e estratégias nos ambientes virtuais interativos, porque os objetivos é que irão definir o sistema de avaliação e as métricas a serem implementadas. De imediato, é forçoso dizer que não é adequado estabelecer como metas apenas a quantidade de relacionamentos ou de interações nas mídias sociais, mesmo porque números não revelam obrigatoriamente a qualidade e a intensidade dos resultados nas mídias sociais. Embora seja importante, por exemplo, ter mais de mil seguidores ou amigos no Twitter ou Facebook do que apenas algumas dezenas deles, essas estatísticas não dizem muita coisa. Sabe-se que a maioria dos amigos ou seguidores não nos acompanham regularmente nas mídias sociais, embora algum dia, por qualquer motivo, tenham solicitado sua inclusão nesse grupo. Mais ainda, por uma lógica misteriosa das mídias sociais (este é um terreno jamais desvendado e pouco transparente), os nossos amigos, por exemplo no Facebook, não veem (nem que quisessem veriam) todas as mensagens que a empresa insere nele, sobretudo se ela o frequenta com regularidade e posta muitas notícias ou informações.

Ter uma mensagem bastante "curtida" no Facebook infla o ego das organizações, particularmente dos que são responsáveis pela sua estratégia e ação nas mídias sociais, mas não representa mais do que o fato de que muitas pessoas passaram por sua mensagem e clicaram nesse botão disponível no Facebook e o fizeram por vários motivos. Trocando em miúdos, cada "curtir" pode representar um nível de adesão, relacionamento etc. diferente dos outros e talvez fosse melhor se houvesse níveis de "curtição". Há situações em que, por falta de opção (o Facebook não traz a opção de "não curtir"), as pessoas acabam clicando no "curtir", mas não necessariamente concordam com o que está ali escrito (pelo menos não integralmente, como se pode perceber nos casos em que as pessoas curtem e depois comentam, acrescentando restrições às mensagens postadas pelas organizações). Há diferenças entre "curtir", "comentar", "compartilhar" e a adesão positiva ou negativa das pessoas precisa ser avaliada além dos meros cliques.

A cultura das organizações tem, gradativamente, por sistemas essencialmente quantitativos adotados para avaliar desempenhos e resultados, privilegiado as estatísticas e a mensuração, mas elas não podem ser o fim em si mesmas, porque encerram distorções, mascaram sentimentos, não conseguem traduzir intensidade de relacionamentos (as opções disponíveis no Facebook não permitem distinguir "curtir muito", "curtir mais ou menos" ou "curtir pouco" e há quem compartilhe com o objetivo de criticar as mensagens das organizações, expondo-as em grupos de "não amigos").

Não há equivalência entre número de amigos/seguidores e a influência das organizações, porque essas estatísticas podem ser falsas, como se mostrou o Klout, que tem um indicador bastante festejado por aqueles que o consideram como legítimo representante das métricas competentes nas mídias sociais e que, no início de 2011, baseado nos seus algoritmos, colocou o cantor canadense Justin Bieber numa posição de prestígio ou influência superior ao Dalai Lama e o presidente dos EUA, Barack Obama!

O tema é complexo e, nas referências que indicamos ao final desse texto, estão inseridas algumas obras que tratam especificamente da questão das métricas em mídias sociais, uma preocupação importante (e justificada) das organizações, mas que merece uma análise mais cuidadosa, mais crítica, menos ingênua por parte dos gestores de comunicação.

Mensurar, avaliar e auditar são decisões que obrigatoriamente devem estar incorporadas no planejamento e gestão da comunicação nas mídias sociais, mas é preciso avaliar cada uma das métricas, em sua essência e em sua lógica, e sobretudo alinhá-las com os objetivos das organizações, o que elas esperam conseguir com a sua inserção nestes ambientes. Não há fórmulas que sirvam para todos os casos ou que sejam precisas suficientemente para caracterizar esse esforço de comunicação nas mídias sociais. Cuidado sobretudo com algumas agências, assessorias ou empresas que prometem avaliações seguras, acenando apenas com dados, estatísticas e indicadores que, apesar da pirotecnia quantitativa, não têm (muito pelo contrário) este poder.

QUESTÕES PARA DEBATE

1) Em que medida as mídias sociais impactam efetivamente a Comunicação Empresarial brasileira? Justifique e dê exemplos concretos dessa influência.

2) Que área, setor ou profissional deve ser responsável em uma organização pela coordenação do processo de gestão da comunicação nas mídias sociais? Ou ela não deve se limitar a uma instância apenas?

3) Qual a importância de se adotar métricas para a avaliação do desempenho e inserção das organizações nas mídias sociais?

Parte 3 – Comunicação Empresarial: incorporando a pesquisa

11 A pesquisa em Comunicação Empresarial: uma perspectiva abrangente

INTRODUÇÃO

A pesquisa em Comunicação data de muitas décadas e remonta aos trabalhos empíricos realizados especialmente pela escola norte-americana, tendo em vista a solução de problemas concretos relacionados com as sondagens de opinião (particularmente para subsidiar as campanhas eleitorais) e a análise do conteúdo e do impacto dos meios de comunicação na opinião pública. No Brasil, desde a década de 1950, são registrados esforços sistemáticos a fim de emprestar um caráter científico à análise do fenômeno comunicacional.

A herança básica dos métodos de investigação da área localiza-se nas Ciências Sociais e leva em conta, conforme explica Maria Immacolata Vassalo Lopes, a convivência de três modelos ou matrizes de pensamento: o funcionalismo, o marxismo e o weberianismo, cada um deles com a sua forma particular de enxergar os objetivos sob análise, filtrando-os com base em sua concepção de mundo, da qual decorre o desenvolvimento de procedimentos (metodologias) específicos. Maria Immacolata prefere categorizá-los como paradigmas e acrescenta:

Apesar da diversidade, os três paradigmas teórico-metodológicos que emergem no século XIX são igualmente respostas à necessidade de legitimação científica e social das Ciências Sociais. Cada um se apresenta como um modelo diferenciado de solução dos problemas de interpretação, generalidade e objetividade científica, sustentado por uma concepção diversa da sociedade (ontologia) e de ciência (epistemologia). Lidam também com os fatos sociais em diferentes níveis de historicidade (Lopes, 1999, p.33).

Na verdade, as diferenças de percepção e intervenção da realidade não eliminam preocupações convergentes ou características comuns, como:

1. São sistemas explicativos, altamente integrados, globalizantes e partem de problemas concretos, para os quais propõem soluções.
2. São sistemas explicativos, porque, além da construção da realidade, propõem explicações sobre o seu funcionamento e mudança por meio de determinações básicas.
3. Constituem modelos integrados, uma vez que todos apresentam a sociedade como uma estrutura que articula diferentes esferas ou setores.
4. São sistemas globalizantes, porque trabalham com a categoria de totalidade numa concepção macroestrutural ou sistêmica da sociedade.
5. Partem de problemas concretos de seu tempo (o suicídio, a burocracia, a origem do capitalismo, a mercadoria, a divisão do trabalho) e chegam a um alto grau de abstração e generalização.
6. Todos propõem soluções para os problemas tratados, indicando uma preocupação básica com a intervenção sobre o real por meio do conhecimento (Lopes, 1999, p.33-4).

Pode-se perceber nitidamente uma mudança no perfil das pesquisas em Comunicação sobretudo no Brasil. Se forem consideradas as décadas de 1950 e 1960, tomadas como início da realização dos trabalhos de investigação em Comunicação, ver-se-á que a orientação básica era, antes, funcionalista. Destacam-se os estudos de comunidade associados à difusão de inovações, que também principiaram pelos anos de 1970, em particular nas escolas de Agronomia (Esalq/USP, por exemplo), bem como os trabalhos sob a égide do Centro de Estudos Superiores de Jornalismo da América Latina (Ciespal), com as análises de conteúdo (na verdade, mais adequadamente análises temáticas) dos veículos de comunicação e de hábitos de comunicação de determinados segmentos da população.

Em geral, essas primeiras tentativas de aproximação com a realidade comunicacional valiam-se basicamente de métodos quantitativos não muito sofisticados, incorrendo em equívocos sérios, tanto do ponto de vista teórico como do metodológico. Falhavam conceitualmente, pois partiam de pressupostos errôneos da produção jornalística para definir as categorias (no caso de análise de conteúdo), imaginando que era possível separar os temas, de maneira estanque, para a descrição do objeto. Assim, economia e política eram tratadas como realidades distintas e excludentes, como se não houvesse qualquer tangência entre essas duas áreas, o que, em muitos casos, conduzia a conclusões pouco esclarecedoras ou infundadas. Metodologicamente, ignoravam a teoria das probabilidades e a estatística, de maneira geral, tomando amostras pouco representativas como se fossem todo o universo e delas partindo para generalizações que não se sustentavam, quando contempladas mesmo de forma superficial.

A maioria das pesquisas, sobretudo na análise de conteúdo dos meios, cometia três equívocos fundamentais:

1. Partir da convicção (absurda) de que a análise de um dia específico de circulação dos jornais garante a compreensão da realidade jornalística ao longo de um ano, ou de uma década!
2. Generalizar sem restrições, baseando-se em um grupo seleto de veículos, para todo o conjunto de jornais do país, como se os grandes matutinos do eixo Rio-São Paulo pudessem representar o jornalismo brasileiro como um todo.
3. Admitir os resultados da mensuração do espaço nos jornais como absolutos, desprezando o fato de que, como eram extraídos de uma amostra, teriam de levar em conta, obrigatoriamente, as margens de erro decorrentes do próprio processo de coleta de dados.

Diferenças porcentualmente inexpressivas entre duas categorias (1%) eram tratadas como significativas e legitimavam conclusões e generalizações, apoiadas em ingenuidade e desconhecimento primário da teoria estatística. Algumas teses em Comunicação defendidas no país nas décadas de 1970 e 1980 incorriam ainda nesse equívoco pois, embora tivessem a pretensão de utilizar uma metodologia quantitativa, não iam além da obtenção de meras porcentagens, sem a devida consideração ao processo de coleta de dados (amostragem), o que as tornava metodologicamente vulneráveis.

Seria leviano indicar aqui trabalhos e pesquisadores que estiveram associados a esse primeiro momento da pesquisa em Comunicação no Brasil, e que cometeram esses equívocos, porque o problema era generalizado, não se localizando em pessoas em particular, mas numa tendência que contaminou praticamente todos os núcleos de pesquisa. Todos que vivenciaram essa época, de alguma forma, contribuíram para alimentar essas falhas, repetindo modelos que, metodológica e conceitualmente, não se sustentavam. Como estudante de Jornalismo na ECA/USP, e já preocupado com a precariedade das técnicas empregadas, cheguei a denunciar o fato, mas meu esforço não surtiu qualquer efeito, talvez porque os mais experientes não reconhecessem a legitimidade de quem ainda nem havia deixado os bancos da universidade[1].

É preciso admitir, no entanto, que esses esforços de investigação, ainda que falhos, contribuíram para despertar a vocação de muitos estudantes de comunicação que, depois, cursaram programas de pós-graduação, capacitando-se a atuar como pesquisadores. Talvez devêssemos mesmo ser condescendentes com os pioneiros, pois sua formação não incluía, necessariamente, fundamentos básicos de metolodologia, especialmente o domínio em técnicas quantitativas, o que foi corrigido apenas em parte nos anos posteriores. As escolas de Comunicação, com raras exceções, dão pouca importância a essa área; a maioria delas não inclui Metodologia da Pesquisa e Estatística entre as disciplinas obrigatórias ou mesmo entre as optativas e, quando as oferecem, assumem mais um caráter instrumental do que crítico. Quase sempre, a Metodologia da Pesquisa nos cursos de graduação em Comunicação se resume às normas de apresentação de trabalhos acadêmicos e à descrição de algumas

---

1 Em congresso da Abepec (associação que congregava os estudos da Comunicação naquela época, depois substituída pela Intercom), realizado em Belo Horizonte no início da década de 1970, apresentei o trabalho intitulado "A concepção empírica e análise pseudomatemática das pesquisas em comunicação" em que abordava essas questões, evidentemente com a imaturidade de quem ainda estava entrando na casa dos vinte anos. Àquela época, em função dos pesquisadores atingidos pelas observações feitas nesse trabalho, o impacto foi importante, mas de imediato fui contemplado com o olhar viesado daqueles que haviam sido meus professores e que cometiam os equívocos apontados.

técnicas básicas (questionário, entrevista, observação participante etc.), com pouca ou nenhuma ênfase a um debate mais amplo e aprofundado sobre o método científico, a filosofia da ciência, o "fazer ciência" de maneira geral. Por esse motivo, os programas de pós-graduação em Comunicação, para qualificar os trabalhos desenvolvidos, têm sido obrigados a fazer essa reciclagem, constatando a precariedade do conhecimento dos alunos, notadamente os de mestrado, em Metodologia Científica.

Na década de 1960 e sobretudo nos anos de 1970, já se identificavam alguns estudos que criticavam a indústria cultural, com atenção a questões como a dependência e a manipulação, inspirados nos representantes da chamada Escola de Frankfurt; recorriam-se a métodos qualitativos, sendo, portanto, uma vertente distinta da que orientava os trabalhos de análise de conteúdo e de difusão de inovações. As décadas seguintes vão abrir novas possibilidades de pesquisa e introduzir outros procedimentos metodológicos, apresentando novos objetos de estudo, tais como as relações entre política e comunicação, as novas tecnologias, a internacionalização da cultura e o estudo da comunicação popular, a emergência da comunicação sindical e, mais recentemente, os processos de interação que ocorrem nas mídias sociais.

Isso não significa que o modelo funcionalista tenha deixado de prevalecer; volta-se ainda para outras questões, além das clássicas análises de conteúdo dos meios, que continuam a ser realizadas e frequentam os principais eventos da área. Ocupa-se da investigação dos sistemas de produção e circulação de informações, dos estudos de recepção e análise de fenômenos ocupacionais específicos, focados, por exemplo, na comunicação dita segmentada (Comunicação Rural, Jornalismo Científico e, mais recentemente, Comunicação Empresarial).

É preciso deixar claro que esse paradigma, apoiado basicamente em uma proposta descritiva ou explorátoria do objeto, tem contribuído significativamente para o conhecimento da nossa realidade comunicacional. Talvez ele tenha sido menos pernicioso para a formação da geração dos novos pesquisadores do que algumas tentativas recentes de teorização/interpretação, alimentadas por estudantes e pretensos pesquisadores com formação precária em Metodologia, que abraçaram, sem o conhecimento adequado, a Semiótica, a Linguística e a Semiologia. Com uma reduzida massa crítica, têm gerado trabalhos apoiados em imprecisas e equivocadas análises de discurso que não respeitam os teóricos e investigadores que fundamentam teoria e prática de forma competente. Especialmente, esses trabalhos têm afrontado a lógica e o rigor metodológico ao promoverem generalizações a partir de leituras imprecisas, incompletas de textos e falas, muitas vezes distorcendo flagrantemente o que está explícito, por uma leitura parcial, particular, daquilo que entendem estar nas entrelinhas.

O mais importante a ser destacado na evolução da pesquisa em Comunicação no Brasil talvez não seja efetivamente essa mudança de enfoque – do paradigma funcionalista para o paradigma crítico, mas o fato de que, pouco a pouco, com a contribuição sobretudo dos programas de pós-graduação (hoje quase cinquenta em todo o país), os fenômenos e os processos comunicacionais passaram a ser analisados sob a perspectiva da área, com o aparecimento de temas que lhe dizem respeito, analisados por pesquisadores de Comunicação. De novo, é preciso esclarecer que nada há contra a apropriação da Comunicação como objeto por outras áreas do conhecimento (afinal de contas, os pesquisadores da comunicação também se interessam por temas que estão em outras esferas), mas é salutar perceber que o olhar da comunicação hoje predomina nos projetos de investigação, e que, com isso, há incremento importante na massa crítica da área.

A PESQUISA EM COMUNICAÇÃO EMPRESARIAL

Os trabalhos de investigação em Comunicação Empresarial ganharam corpo na última década, em virtude do aumento de programas de pós-graduação em Comunicação, que ainda praticamente monopolizam a pesquisa nessa área, e da sua maior visibilidade como alternativa de trabalho para profissionais de diversas formações. Dezenas de dissertações e teses têm contemplado os processos comunicacionais das organizações como seu objeto de estudo, o que tem permitido o crescimento gradativo da massa crítica em Comunicação Empresarial.

O século XXI ampliou o interesse pela análise de subtemas tradicionalmente importantes na Comunicação Empresarial (relacionamento com a mídia, comunicação e crise organizacional, comunicação interna, comunicação digital, imagem e reputação das organizações etc.), mas viu novas preocupações tornarem-se focos de trabalhos de investigação, como a comunicação pelas mídias sociais, comunicação e governança corporativa, comunicação e sustentabilidade, entre outras.

O vínculo entre comunicação e gestão organizacional e a interface entre comunicação e cultura organizacional também têm sido estudados pelos jovens pesquisadores que, dessa forma, emprestam um novo olhar à relação entre a comunicação e a gestão de pessoas/RH.

É preciso, no entanto, admitir que boa parte dos trabalhos em Comunicação Empresarial ainda está voltada para os instrumentos ou ferramentas, que se reduzem a aspectos nitidamente operacionais, do que para os processos de maneira geral. Embora análises de conteúdo dos veículos empresariais, de modelos de intranet, da eficácia dos *releases*, das campanhas internas ou de ações de responsabilidade social sejam importantes e não devam ser desconsideradas, é fundamental que a investigação na área assuma um novo patamar.

Felizmente, é possível notar mudanças que irão contribuir para que esse cenário se modifique: a) a presença de profissionais de comunicação (em especial jornalistas) nos cursos de pós-graduação (*stricto* e *lato sensu*) tem aumentado expressivamente; b) há espaços crescentes para o debate, a reflexão e a pesquisa em Comunicação Empresarial tanto em eventos sob a égide de associações profissionais da área (Aberje, Abecom etc.) como na Universidade, merecendo destaque especial os protagonistas pela Sociedade Interdisciplinar de Estudos em Comunicação (Intercom), pela Associação Brasileira de Pesquisadores em Comunicação Organizacional e Relações Públicas (Abrapcorp) ou na Compós, entidade que reúne os programas de pós-graduação em Comunicação em nosso país; c) de 2005 para cá, constituíram-se, no Brasil, sobretudo nos programas de pós-graduação em Comunicação Social que mantêm linhas de pesquisa em Comunicação Organizacional, grupos de pesquisa que promovem a convivência sadia entre pesquisadores de prestígio e uma nova geração de investigadores.

A existência de grupos de trabalho focados na Comunicação Organizacional/Empresarial nessas entidades representativas da área tem permitido a geração e a divulgação de um número formidável de projetos de investigação. Da mesma forma, a constituição de grupos de pesquisa em Comunicação Organizacional contribui para aumentar sensivelmente o esforço brasileiro de análise das temáticas básicas que definem esse campo.

Pode-se avaliar a dimensão dessa nova realidade pela leitura do capítulo 13 desta obra, que se refere especificamente ao perfil e à produção dos grupos de pesquisa em Comunicação Empresarial, cadastrados no Diretório de Grupos do CNPq.

Será necessário, porém, que o despertar de interesse para a investigação em Comunicação Empresarial ultrapasse os muros das instituições universitárias, porque o mercado é, afinal de contas, o maior beneficiário dos resultados obtidos com projetos bem conduzidos de investigação. De imediato, essa nova postura – de considerar pertinente e relevante investir em pesquisa – eliminaria alguns equívocos básicos que ainda prevalecem na área e que até mesmo subsidiam importantes processos de tomada de decisões em nossas organizações. Por exemplo, confundir espaço editorial com espaço publicitário no momento de proceder à avaliação do retorno do trabalho de relacionamento com a mídia, bem como imaginar que é possível transformar quantidade em qualidade, quando se toma o volume de *clipping* para indicar o sucesso de uma estratégia de interação com a imprensa.

Muitos profissionais de comunicação que atuam no campo partem ainda do pressuposto de que os processos comunicacionais são simples e que é possível entendê-los por um mero *insight*, descartando-se, portanto, qualquer esforço sistemático como o que respalda os trabalhos de pesquisa. Essa visão simplista tem impedido que se qualifiquem as próprias atividades que tipificam a Comunicação Empresarial. Algumas indagações permanecem no ar: Como medir, adequadamente, o retorno dos investimentos em cultura ou esporte? Que metodologia é mais adequada ao processo de auditoria de imagem na mídia, especialmente no ambiente virtual e em particular focado na atuação das empresas nas mídias sociais? Como avaliar o conteúdo das publicações empresariais e quais procedimentos devem nortear os estudos de receptor focados nesse aspecto, tendo em vista a multiplicidade de públicos de interesse e, portanto, de expectativas e demandas informativas específicas? Quais relações podem ser apontadas entre cultura empresarial e comunicação, quando se consideram as peculiaridades da cultura brasileira e do processo brasileiro de gestão? Essas e outras questões permanecem sem respostas convincentes e estudos aprofundados, ainda que movimentem investimentos vultosos em ações, programas e produtos de comunicação por parte das empresas e organizações públicas ou privadas brasileiras.

Pode parecer estranho (ou absurdo) imaginar que a maioria das organizações nem sequer realiza sondagens simples para medir o "clima comunicacional", com o objetivo de identificar os gargalos e os ruídos no sistema implantado, ou mesmo mede a satisfação/eficácia dos seus canais de relacionamento com os seus públicos estratégicos (*stakeholders*). Poucas se valem do monitoramento da presença na mídia, desprezando um elemento importante para a constituição de um sistema moderno de inteligência empresarial, ou buscam estabelecer categorias adequadas para a construção de bancos inteligentes para subsidiar suas ações/estratégias na área. Na verdade, a maioria dos gestores ainda se vale mesmo de sua intuição, que deve ser mesmo boa, porque algumas organizações têm conseguido, aqui e acolá, produzir bons resultados. Mas, a médio prazo, como a realidade é cada vez mais complexa, a vulnerabilidade e a possibilidade de erros devem aumentar, causando prejuízos financeiros, com um retorno pífio dos investimentos, ou à imagem, área tão sensível às organizações e que não lhes permite cometer enganos.

O uso crescente das novas tecnologias de informação e comunicação incorpora outros problemas à realidade comunicacional das nossas organizações, porque define mídias novas (vide as chamadas mídias sociais), com linguagens, formatos e processos ainda pouco estudados, mas que têm e terão cada vez mais importância no quotidiano das empresas, impactando seus resultados e sua reputação. Não há, nesse caso, dada a célere introdução dessas novas formas de expressão/interação/relacionamento, outra alternativa senão a de buscar entendê-las e experimentá-las em situações controladas, o que significa pesquisar. O mercado, maior interessado em contar com soluções adequadas e rentáveis, precisa estimular a universidade a investigar esses novos processos, estabelecendo parcerias e promovendo, mediante associações da área, pesquisas que vislumbrem a Comunicação Empresarial.

Há necessidade premente de uma articulação entre a Universidade e o mercado profissional para que ações, estratégias, produtos e processos de comunicação sejam efetivamente pesquisados, em um esforço planejado para a substituição da intuição que, embora válida, não consegue mais dar conta da complexidade do fenômeno comunicacional associado ao universo das organizações.

É imperioso que os gestores de comunicação passem a frequentar com desenvoltura os principais eventos da área, contribuindo com a sua experiência e também com a sua capacidade de análise, e que, além disso, sejam abrigados nos grupos que se dedicam ao estudo e à pesquisa em Comunicação Empresarial. Apenas dessa forma será possível estabelecer uma parceria efetiva entre o mercado e a Academia para qualificar o trabalho na área, desvendar novas alternativas e avaliar processos de produção, divulgação e monitoramento das atividades em Comunicação Empresarial.

As obras que constam das referências ao final deste capítulo tratam especificamente de questões teóricas e metodológicas da pesquisa em Comunicação no Brasil e podem ser consultadas com inúmero proveito.

QUESTÕES PARA DEBATE

1) Qual a importância da pesquisa para a qualificação do trabalho em Comunicação Empresarial?

2) Por que a maioria das organizações brasileiras ainda resiste em desenvolver projetos de pesquisa voltados para a análise dos processos comunicacionais?

3) Enumere pelo menos três projetos de pesquisa na área de Comunicação Empresarial, com um breve resumo de seus resultados, e a indicação do link para acessá-los na web.

12 A pesquisa em Comunicação Empresarial: superando equívocos estruturais

A FRAGMENTAÇÃO DO OBJETO

A implantação, nos últimos anos, de um número expressivo de Programas de Pós-Graduação em Comunicação Social tem propiciado, de maneira geral, o desenvolvimento de um número significativo de projetos de pesquisa com foco em múltiplas subáreas ou temas, como os que privilegiam a Comunicação Organizacional e as Relações Públicas. Esse fato auspicioso merece ser analisado com atenção, visto que, como sempre acontece, quantidade e qualidade necessariamente não se confundem e, em função de inúmeros motivos, a investigação tem padecido de equívocos metodológicos, epistemológicos e conceituais.

É possível, de imediato, alinhar alguns fatores que contribuem para a fragilidade de inúmeros projetos de investigação em Comunicação Organizacional, como a precária formação em metodologia da pesquisa, a visão não consistente das teorias que respaldam os trabalhos nessa área e o vínculo frágil entre os dados e as conclusões, de que resultam generalizações não obrigatoriamente legitimadas pelo material empírico.

De imediato, é possível admitir que muitos investigadores têm uma perspectiva restrita da importância do arcabouço teórico que deve orientar as pesquisas na área, assim como não estão suficientemente esclarecidos sobre as limitações do chamado empirismo ingênuo. Os próprios conceitos de teoria e empirismo costumam não ser assumidos em sua íntegra e, por isso, os projetos resvalam para territórios em que prevalecem a fragilidade teórica e a ausência do necessário rigor metodológico.

Muitos projetos de pesquisa em Comunicação consideram ser possível apreender objetivamente a "realidade" a partir dos dados empíricos, ignorando (o que se constitui em grave equívoco) que a observação diz respeito à experiência interna e externa[1] de quem observa. Em essência, o olhar do observador não é isento e, por isso, não faz sentido imaginar (e concluir) que os resultados que fluem dos dados são definitivos e incontestáveis.

Ao mesmo tempo, esses projetos, por um processo recorrente de descontextualização, descartam as teorias subjacentes e, em muitos casos, consideram-nas distantes do seu objeto de investigação. Incorrem no erro de considerar que temas específicos podem (ou devem) ser isolados de seu contexto e estão comprometidos com uma perspectiva que afronta as vicissitudes do pensamento complexo.

Os trabalhos em Comunicação acabam validando a dicotomia entre o conhecimento verificável e o conhecimento metafísico, base da postura que ao longo do tempo provocou o estilhaçamento da ciência em disciplinas estanques e que tornou inconciliáveis a ciência e a filosofia. Além disso, assumem, sem questionamento, que uma base empírica forte, *de per si*, já confere a eles a aura da cientificidade.

A pesquisa em Comunicação, como ocorre com a pesquisa em Ciências Sociais de maneira geral, tem sido contaminada por uma tentativa deliberada de fragmentação do objeto e por isso tem se reduzido, frequentemente, a estudos

---

1   A experiência interna tem a ver com a trajetória, com a vivência do observador, com sua formação e suas leituras e mesmo sua visão de mundo, e é inevitavelmente singular, ou seja, varia de pessoa para pessoa. A experiência externa diz respeito à forma de observar, aos instrumentos utilizados para esse fim, à condição e à posição do observador no momento em que contempla o objeto e, embora possa se pretender isenta ou objetiva, experimenta limitações muitas vezes incontornáveis. Nem mesmo a capacitação do observador (que pode ser o pesquisador) e a acuidade do seu método eliminam, nas ciências sociais e na comunicação, fatores subjetivos que concorrem para nublar a sua percepção íntegra do objeto sob análise.

de caso, a exercícios nem sempre corretos de aplicação da(s) análise(s) do discurso e mesmo a tentativas imprecisas de utilização da análise de conteúdo para identificar e entender as intenções dos emissores de mensagens, sejam eles pessoas físicas ou jurídicas (sobretudo organizações jornalísticas).

Essa fragmentação despe o objeto da teoria que o justifica e o interpreta, e torna o esforço de investigação inútil por ser inconsistente com os objetivos, questões de pesquisa ou hipóteses traçadas *a priori*.

Embora o percurso da pesquisa em Comunicação tenha se deslocado em parte de suas origens, que remontam há décadas, com os trabalhos pioneiros das Fundações Payne e Rockfeller, nos anos de 1930, os quais buscavam, prioritariamente, medir os efeitos das comunicações sobre audiências determinadas (crianças, eleitores etc.), ainda é possível identificar traços dessa proposta reducionista. Ela necessariamente não se encerra, quase que exclusivamente como acontecia em seus primórdios, a estudos de audiência e sondagens de opinião, mas ainda se apropria de recortes que limitam o seu alcance.

Ademais, as teorias que embasam os projetos de investigação em Comunicação não são, no fundo, teorias na verdadeira acepção do termo, porque se materializam, muitas vezes, em meras revisões bibliográficas associadas a determinados temas (comunicação interna, comunicação e crise, comunicação e sustentabilidade etc.) que não sinalizam para a sistematização de conceitos, para o embate de ideias ou confronto de posições, mas apenas sobrepõem citações de autores tidos como de prestígio, sem atentar para o fato de que as menções a obras não podem ser justapostas impunemente.

Os estudiosos que se debruçam sobre temas ou questões de comunicação organizacional não obedecem ou não estão amarrados a uma mesma interpretação e, por isso, enxergam esses aspectos a partir de sua perspectiva, que pode ser mais conservadora para alguns e mais crítica para outros.

Há autores que, de um lado, mantêm vínculos estreitos com as propostas institucionais ou mercadológicas de organizações públicas ou privadas e que, por isso, acabam legitimando, em suas reflexões ou pesquisas, a manutenção do *status quo*. De outro lado, existem outros autores que, cientes dos interesses extracientíficos que orientam a prática dessas organizações, buscam explorar as tensões inerentes à relação capital x trabalho.

Não se pode ignorar que o olhar do pesquisador acaba contribuindo para que ele recorra a determinadas correntes teóricas e a autores que delas comungam, estabeleça hipóteses mais ou menos abrangentes e que busque ou não problematizar o seu objeto de investigação, ancorando-o em um contexto que se caracteriza por uma maior ou menor diversidade de instâncias de avaliação (social, cultural, política, econômica e inclusive ideológica).

Assim, a relação entre comunicação e sustentabilidade pode ser investigada a partir de uma visão restrita e conservadora de sustentabilidade, que não debate com a proposta empresarial vigente, ou assumir um olhar revolucionário que define rupturas incontornáveis porque tem como premissa a insustentabilidade do atual modelo econômico, predador e consumerista, com o qual se identifica a expressiva maioria das empresas e de seus dirigentes.

Da mesma forma, é possível definir projetos de investigação que estão comprometidos com uma visão conservadora de comunicação interna (que demoniza os movimentos sociais, a chamada "Rádio Peão", prioriza os fluxos descendentes de informação e legitima a autoridade e seus instrumentos de controle) e outros que questionam o autoritarismo e defendem e valorizam o empoderamento dos públicos internos, vistos como protagonistas. Não há dúvida de que as hipóteses, os métodos e as conclusões irão divergir em cada caso, porque pesquisadores comprometidos com visões distintas buscarão percursos distintos para dar conta do seu objeto.

Nas ciências naturais, os objetos costumam ser percebidos como imutáveis e podem ser identificados a partir de algumas de suas características ou atributos, mas nas ciências sociais, e na comunicação em particular, eles são maleáveis, flexíveis, mutantes e merecem avaliação que oscila em função do tempo histórico, do lugar de observação e das intenções de quem os observa.

O grande desafio, para a comunicação como ciência e para a pesquisa que a legitima enquanto tal, não é impedir que essas interpretações múltiplas tenham vez, mas atenuar (não acreditamos que se possa eliminar) os desvios e os abusos decorrentes da condição própria da produção científica, obviamente determinada por condições sociais, políticas, econômicas etc. Como observa Lopes, é fundamental que a prática da pesquisa não se "converta numa mera caixa de ressonância de normas externas e, portanto, em discurso totalmente ideológico" (2010, p.29) e, para isso, ela precisa ser validada interna e externamente. A autora se vale do conceito de reflexividade epistêmica na pesquisa, advertindo para a necessidade de sua incorporação ao "*habitus* científico", o que significa considerá-la desde o momento da construção do seu objeto de investigação e ao longo das operações metodológicas que define e realiza durante o seu trabalho (p.29-38).

Autores brasileiros que têm se ocupado das rupturas epistemológicas da pesquisa em Comunicação, como Rossetti (2010), Lopes (2003, 2007, 2010), Martino (2010), Rüdiger (2002), Santaella (2001), Issler (2002), Peruzzo (2002) e Barbosa (2002), entre outros, evidenciam o seu comprometimento e as limitações da investigação nessa área.

Rossetti (2010, p.77-81), recorrendo a Bachelard (1984, 1996, 2004 e 2008), chama a atenção para alguns obstáculos epistemológicos com que se defronta a ciência contemporânea, como a postura ingênua do empirismo, a prevalência da opinião, a não problematização do conhecimento e as limitações da linguagem científica. Assumindo corretamente a ciência como histórica e social, a autora enfatiza a necessidade de romper com o paradigma da epistemologia cartesiana, respaldada em uma lógica que aprisiona o pensamento e a criatividade, e propõe explicitamente uma parceria entre experiência e teoria:

> A experiência, revestida de teoria, se estabelece como decisiva para a construção científica. O desafio é romper com um ponto de vista único para construir uma ciência, tão vasta e tão mutável, como a Comunicação. Uma ciência que possua pormenor epistemológico, descentramento, abertura, mobilidade e historicidade, e que seja dispersiva, distributiva e diferencial (Rossetti, 2010, p.81).

A autora também menciona o *aproximacionismo*, tese defendida por Bachelard para a abordagem adequada do objeto científico e que consiste na utilização de diversos métodos, lembrando que essa postura já caracteriza a pesquisa em Comunicação que recorre a múltiplos procedimentos metodológicos.

É preciso admitir, no entanto, que o uso sucessivo de diversos métodos não garante maior precisão e abrangência aos projetos de pesquisa em comunicação, sobretudo se sua aplicação não estiver respaldada em critérios competentes para lhes conferir credibilidade, assim como o uso de diversas fontes na cobertura jornalística não significa necessariamente que a pauta esteja sendo contemplada com múltiplos olhares. Muitas vezes, a miscelânea de métodos ou técnicas que não dialogam e não se complementam apenas amplia o desencontro entre os dados, análises, conclusões e pressupostos que inspiram os projetos de investigação (questões de pesquisa ou hipóteses).

Martino desconstrói a falsa oposição entre experiência, observação, base empírica de maneira geral e teoria, lembrando, acertadamente, que é indispensável unir "o conceito (campo simbólico, cultura) e a realidade física (matéria)" e complementa:

> Desse modo podemos concordar com a afirmação de que o dado empírico depende da teoria, antes de tudo porque os dados não aparecem sozinhos, mas estão diretamente ligados à teoria. Em outros termos, teoria e empiria devem estar coordenadas em um pensamento coerente: toda concepção de teoria é relativamente uma concepção da empiria e vice-versa. Esta unidade caracteriza o pensamento científico e evita falsos problemas, como o de saber qual deles seria mais fundamental, ou por onde deve começar o trabalho de investigação (pela observação ou pela teoria?) (2010, p.143).

O autor reconhece as particularidades da pesquisa em Comunicação e fala na "equivocidade do dado empírico" para as ciências sociais, entre as quais se inclui esta área, citando autores que preferem utilizar a designação empírica apenas para as ciências naturais, optando por denominar as sociais de hermenêuticas. Ele explica:

> A ação humana enquanto tal é passível de ser interpretada de muitas maneiras. Ela aparece imediatamente dotada de sentido para aquele que a realiza e indiretamente para os outros agentes sociais que podem entendê-la, como também é passível de uma interpretação de segunda ordem, aquela produzida pelo cientista social. De onde a designação: hermenêutica como atribuição de sentido àquilo que já tem sentido. O trabalho do cientista social consistiria em revelar um sentido imanente, mas não acessível aos agentes sociais (idem, ibidem, p.150).

Nas ciências sociais, continua ele, "as evidências empíricas dificilmente são conclusivas" (p.151) e suas teorias convivem dialeticamente com duas situações aparentemente antagônicas:

devem ser formuladas ou devem ser passíveis de serem sistematizadas, isto é, para poderem funcionar como um corpo de significação único, onde o sentido de cada teoria é dado relativamente em relação à outra. Mas também, elas devem ser passíveis de serem contraditórias entre elas. Paradoxalmente tal condição só pode ser preenchida tomando por base as relações entre "objeto empírico" e objeto teórico. Ou seja, devem compensar a desrealização do objeto empírico pela teoria e procurar introduzir o "real", do contrário as teorias não podem ser comparadas (problema da incomensurabilidade das teorias). O objeto empírico aparece como condição de comparações entre teorias e, portanto, de sistematização do conhecimento (idem, ibidem, p.152).

Não se trata, pois, de opor teoria e experiência, mas de buscar uma articulação que esteja fundada em uma nova lógica, porque a comunicação, assumindo a sua condição de ciência hermenêutica, não pode estar validada apenas pela contundência dos dados empíricos (sempre sujeitos a interpretações diversas).

É fundamental que se tenha como indiscutível a vinculação entre dados e teoria e que ambas as instâncias de produção da pesquisa científica sejam sempre consideradas. O trabalho de investigação em comunicação não pode se encerrar na coleta e na análise de dados mas também não pode estar refém de teorias que apenas se apropriam do material empírico (e os geram propositalmente) para estabelecer a sua confirmação. Muitos projetos de pesquisa em Comunicação deixam entrever que seus autores sabiam de antemão aonde pretendiam (e queriam) chegar, o que, quase sempre, é confirmado pelas referências teóricas que o embasam, pelas hipóteses que explicitam e pelas conclusões que chegam a fugir dos dados para serem coerentes com as intenções do pesquisador.

Essas rupturas epistemológicas se viabilizam também pelo uso inadequado de métodos ou técnicas de investigação, utilizados parcialmente pelos pesquisadores, seja por desconhecimento da sua totalidade, de seu alcance e de suas limitações, seja pela tentativa ou impossibilidade de assumi-los em sua íntegra. Como consequência, a base empírica se mostra frágil, insuficiente para respaldar a análise e as conclusões, literalmente resvalando para o terreno da opinião, muitas vezes assumida *a priori*.

Por não estarem fortemente subsidiados pelas teorias, pela imprecisão e incompletude dos objetivos e hipóteses que os alicerçam, os projetos de pesquisa em comunicação tendem a supervalorizar os procedimentos metodológicos, como se fosse possível extrair deles conclusões definitivas e, ao mesmo tempo, investidas de legitimação científica.

Podemos, portanto, assumir que muitos projetos de investigação em comunicação padecem do que costumamos chamar de "miopia metodológica", que consiste fundamentalmente em se apropriar indevidamente de métodos e técnicas com o objetivo de construir uma "ciência da comunicação". Mais ainda, como veremos adiante, essa miopia se origina da falta de reflexão sobre a metodologia, do não entendimento de que há uma distinção fundamental entre metodologia enquanto metateoria, que consiste no esforço de descrever, explicar e justificar os métodos, e os próprios métodos que estão consubstanciados em procedimentos para dar conta concretamente do objeto investigado.

Lopes trabalha amplamente essa "dupla concepção de metodologia" (2003, p. 77-96), chamando a atenção para a necessidade de uma reflexão metodológica, ou seja, um esforço teórico/epistemológico que focaliza tanto a lógica interna e os paradigmas utilizados para a construção da linguagem ou discurso científico como a seleção dos procedimentos técnicos para observar, coletar e interpretar os dados. A autora adverte para a diferença essencial entre metodologia e método:

> Os conceitos de Metodologia e de método possuem estatutos diferenciados dentro da ciência. A Metodologia situa-se no plano do paradigma, que nas Ciências Sociais fornece tanto modelos teóricos (determinada concepção do social) como modelos metodológicos (determinada concepção da investigação do social). Um paradigma é sempre uma perspectiva teórico-metodológica, e uma problemática teórica traz sempre acoplada uma problemática metodológica, que são as estratégias usadas para a própria construção/investigação de um objeto de conhecimento [...] método é entendido como um conjunto de decisões e opções particulares que são feitas ao longo de um processo de investigação (Lopes, 2003, p. 81).

Ela sugere inclusive as designações Metodologia na Pesquisa e Metodologia da Pesquisa para caracterizar, respectivamente, essas duas instâncias e, certamente contemplando a prática da pesquisa na área da Comunicação, adverte com autoridade:

A finalidade de todas essas observações é fundamentalmente ressaltar que o campo da pesquisa não é redutível a uma sequência de operações, de procedimentos necessários e imutáveis, de normas rigidamente codificadas. Essa concepção linear de metodologia e de pesquisa, oposta à que endossamos, converte a metodologia num receituário de "como fazer" a pesquisa e baseia-se numa visão "burocrática" do projeto, o qual, fixado no início da pesquisa, é convertido numa verdadeira camisa-de-força que transforma o processo de pesquisa num ritual de operações rotineiras (Lopes, 2003, p.84-5).

O campo da Comunicação Organizacional não tem incorporado, em sua prática de pesquisa, a vigilância epistemológica, porque os pesquisadores, sobretudo os mais jovens, acabam, já nos seus cursos de graduação, assumindo essa postura operacional ou tática em sua relação com a metodologia da pesquisa, abandonando o esforço de reflexão.

Com raras exceções, os cursos que formam comunicadores reduzem as disciplinas de Metodologia da Pesquisa à descrição acrítica de métodos e técnicas, quando não se limitam a reproduzir os aspectos formais de preparação do trabalho científico, confundindo metodologia com normas de apresentação de trabalhos. Essa ausência de reflexão epistemológica acaba moldando uma visão bastante linear, instrumental de metodologia, que apenas descreve os procedimentos metodológicos, sem questioná-los e que, sobretudo, ignora ou descarta o debate e a reflexão sobre os vínculos entre experiência e teoria e os comprometimentos dos observadores e dos analistas (no caso, os pesquisadores).

Por esse motivo, muitos projetos de pesquisa em Comunicação Organizacional reduzem a metodologia às técnicas empregadas para abordar o objeto e, o que é mais crítico, não as utilizam com propriedade, como veremos mais adiante.

A MIOPIA METODOLÓGICA

A pesquisa em Comunicação Organizacional, como a pesquisa em Comunicação de maneira geral, tem sido sistematicamente penalizada pela apropriação indevida de métodos ou técnicas. De forma geral, assim como fragmenta o objeto de pesquisa, em um recorte que também dilapida a integridade das propostas teóricas que deveriam suportá-lo, ela vê os métodos e as técnicas como meros recursos ou instrumentos e, muitas vezes, os utiliza de maneira essencialmente pragmática. Concretamente, busca extrair de métodos e técnicas, que podem ser mais ou menos complexos, apenas as operações que lhe permitem chegar a determinados resultados (como vimos, também já subentendidos *a priori* nas questões de pesquisa ou hipóteses).

A tentativa deliberada de transformar os procedimentos metodológicos em essência do projeto de investigação em comunicação remete, de pronto, a uma série de equívocos. Como visto anteriormente neste capítulo, há um percurso natural no desenvolvimento de um projeto de pesquisa e ele se funda, sobretudo, na relação estreita entre a base empírica e as teorias e está condicionado às questões de pesquisa ou hipóteses que o instrumentalizam.

É forçoso reconhecer que muitos projetos relegam a um segundo plano as relações entre experiência e teoria e que, na verdade, se reduzem a meros exercícios metodológicos, como se a aplicação de métodos e técnicas fosse o seu principal (ou único) objetivo.

Além disso, a leitura e a aplicação desses procedimentos são incompletas e imprecisas, de tal modo que fica evidente a intenção simplificadora do pesquisador que, não raro, explicita, como justificativa para essa postura, a ausência de tempo ou recursos, as inúmeras dificuldades para a construção de uma base empírica mais ampla e assim por diante.

Não se pode ignorar que boa parte da pesquisa em comunicação organizacional no Brasil está associada a trabalhos realizados para a conclusão de cursos de pós-graduação, sejam eles de *lato* ou *scricto sensu* e que eles efetivamente têm um tempo definido para a sua conclusão.

A maioria dos cursos de pós-graduação na área acaba dedicando tempo insuficiente para a elaboração da monografia (no caso do *lato sensu*) e da dissertação (no caso do *stricto sensu*) como trabalho final, e o tempo exíguo compromete a precisão e a completude do trabalho. Se o trabalho inclui necessariamente um esforço de pesquisa, a saída tem sido a apropriação de recursos metodológicos que, em vez de legitimarem a análise e os resultados, os fragilizam porque não assumidos em sua totalidade.

Em boa parte dos casos, os alunos desses cursos definem como proposta para os seus trabalhos o estudo de caso, focado em uma organização e uma temática específicas, ou se encaminham para aplicações (por exemplo, a análise da temática dos *house-organs* ou a prática de sustentabilidade de instituições financeiras) que lançam mão da análise de conteúdo ou de discurso. Em algumas situações, o trabalho final (monografia ou dissertação) recorre a fontes (especialistas) tendo em vista debater um tema ou avaliar um aspecto considerado relevante e contemporâneo da comunicação organizacional (por exemplo, a utilização das redes e das mídias sociais na comunicação interna).

O problema não está, necessariamente, na utilização desses métodos ou técnicas, mas no fato de o projeto não estar devidamente contextualizado (falta vínculo entre a teoria e a empiria) ou na sua utilização indevida. Estudos de caso, sondagens de opinião, análises de conteúdo ou de discurso, assim como qualquer procedimento metodológico, representam, geralmente, recortes da realidade e não se prestam às generalizações que costumam frequentar as conclusões ou considerações finais dos trabalhos de pós-graduação.

Um estudo de caso que leva em conta uma organização específica (ou mesmo o estudo de múltiplos casos) não pode subsidiar conclusões que extrapolam a realidade estudada, porque, quase sempre, as organizações são singulares, o que não nos autoriza a ampliar os resultados obtidos em uma delas para as demais, ainda que do mesmo setor. Assim, o que pode ser válido para uma empresa aérea ou de alimentos não pode ser automaticamente estendido para os seus concorrentes, porque organizações têm história, cultura inclusive propostas de comunicação/marketing distintas e esse fato, absolutamente óbvio, compromete qualquer tentativa de generalização, o que, infelizmente, ocorre em inúmeros projetos de investigação em comunicação.

Podemos reconhecer que esse panorama se altera (ainda que não integralmente) quando se consideram as teses, mas, quantitativamente, elas se constituem em expressiva minoria em nosso país, pelo número ainda limitado de cursos de doutorado nos Programas de Pós-Graduação em Comunicação Social. Além disso, poucos são os programas que mantêm regularmente linhas de pesquisa em Comunicação Organizacional, de que resultam efetivamente poucas teses nessa área.

Não há como negar, porém, que temos uma massa crítica em desenvolvimento na área e que há nichos importantes que abrigam e estimulam pesquisas e estudos com elevada densidade teórico-conceitual e metodológica em Comunicação Organizacional, como a Associação Brasileira de Pesquisadores em Comunicação Organizacional e Relações Públicas (Abrapcorp), o Grupo de Trabalho intitulado Comunicação nos Contextos Organizacionais da

Associação dos Programas de Pós-Graduação em Comunicação (Compós) e inúmeros grupos de pesquisa cadastrados no CNPq que têm se empenhado para elevar a área a um novo patamar, inclusive com a incorporação de jovens investigadores.

A observação anterior não compromete, no entanto, um fato que tem se mostrado incontestável: as imprecisões e impropriedades na utilização de métodos ou técnicas são recorrentes em nosso campo e estão presentes tanto nos trabalhos que têm uma proposta qualitativa como naqueles que privilegiam uma alternativa essencialmente quantitativa.

Podemos ilustrar esse panorama adverso percorrendo, ainda que rapidamente, dado o escopo e o formato deste capítulo, alguns métodos, técnicas ou procedimentos largamente utilizados na pesquisa em Comunicação Organizacional, como o estudo de caso, as análises de conteúdo e de discurso, as sondagens de opinião e outras alternativas que se valem de amostras, probabilísticas ou não.

O estudo de caso é, certamente, uma das opções metodológicas mais frequentes na prática da pesquisa na área e, apesar de inúmeras virtudes, tem mascarado fragilidades de ordem conceitual, epistemológica ou estritamente operacionais.

Vários estudiosos têm buscado sistematizar as principais características, objetivos e inclusive limitações do estudo de caso, entre os quais Yin (2010), Martins (2008) e Gil (2009).

Segundo Yin, "o estudo de caso é uma investigação empírica que investiga um fenômeno contemporâneo em profundidade e em seu contexto de vida real, especialmente quando os limites entre o fenômeno e o contexto não são claramente evidentes" (2010, p. 39). Seu planejamento abrange aspectos importantes, como as questões de estudo, hipóteses, categorias ou unidades de análise, além de uma lógica interna que contempla as relações entre os dados e as hipóteses e critérios definidos para interpretar os resultados.

Muitos projetos de pesquisa em comunicação que se propõem a utilizá-lo não explicitam amplamente e com precisão esses aspectos e afrontam as suas principais características porque, em muitas situações, apenas acumulam dados secundários sobre uma organização sem ao menos aproximarem-se dela. Os pesquisadores, por eles responsáveis, acabam obtendo informações sobre a organização a partir de sites, resumos descritivos em *papers* ou materiais de divulgação e, na verdade, reproduzem e desenvolvem interpretações sem ao menos terem tido a possibilidade ou a capacidade de coletar informações e dados diretamente. No fundo, permanecem reféns de discursos organizacionais que não têm compromisso com a realidade porque plasmados para difundir uma imagem positiva das organizações.

Além disso, esses projetos não definem claramente as categorias ou unidades de análise e, por isso, as etapas subsequentes de avaliação dos dados e informações e de interpretação ou conclusão são seriamente prejudicadas.

A falta de planejamento e a imprecisão na condução de estudos de caso acabam comprometendo definitivamente a sua confiabilidade, ou seja, a base empírica que os subsidia permanece tão assistematicamente organizada que não é possível resgatar os passos ou operações realizados pelo pesquisador.

Fica evidente, em muitos projetos de pesquisa, que o caso escolhido antecedeu à própria investigação e que, na prática, o pesquisador partiu dele para construir as outras etapas da sua investigação. Em muitas situações, um caso pontual acaba sendo a essência da pesquisa que, para referendá-lo, busca resgatar teorias que não passam de meros levantamentos bibliográficos e realizar operações que o legitimem. Na Comunicação Organizacional, é comum que a inspiração para um estudo de caso não esteja associada a uma preocupação do ponto de vista teórico-conceitual do pesquisador, mas de uma divulgação generosa e positiva sobre as virtudes de uma organização ou de prêmios concedidos a ela em virtude de ações pontuais quaisquer. A lógica que orienta a pesquisa se inverte nessas situações: o caso concreto (a prática de sustentabilidade de uma empresa mineradora, por exemplo, ou o relacionamento de uma empresa de tabaco com os seus *stakeholders*, ações e posturas festejadas por entidades que concedem prêmios) impõe-se e orienta os passos do pesquisador que assume a sua autenticidade e relevância sem ao menos questioná-las. É comum perceber pela leitura atenta dos relatórios de pesquisa que o pesquisador, inserido nesse contexto, reportou-se apenas às fontes da própria organização e não teve interesse ou disposição para confrontar as informações. Sua perspectiva não crítica não lhe permitiu ao menos questionar a veracidade dos dados e informações ou desconfiar que eles poderiam estar contaminados pelo interesse das organizações em torná--los públicos.

As análises de conteúdo e de discurso padecem de desvios conceituais ou epistemológicos equivalentes porque, muitas vezes, são realizadas sem a consciência de que os conteúdos e os discursos têm "hora e lugar" e que, portanto, estão situados no tempo histórico e devem ser observados a partir das intenções de quem os enuncia.

Os pesquisadores apoiam-se, muitas vezes, em categorias de análise não bem definidas, propositalmente abstratas, o que torna impraticável ou comprometida a etapa de interpretação. Não raro as análises de discurso e de conteúdo contrariam os princípios básicos da extensividade ou da não sobreposição, ou seja, não dão conta de todo o universo de análise e não estabelecem limites claros entre as categorias. Exemplifiquemos: uma análise de conteúdo (talvez seja até mais apropriado designá-la como análise temática) de *house-organs* empresariais, que busca identificar os temas ou pautas mais frequentes, não estabelece contornos nítidos entre categorias previamente estabelecidas (por exemplo, entre governança corporativa, sustentabilidade e responsabilidade social) e torna impossível agrupá-las sem incorrer em imprecisões (a pergunta básica é: em que categoria devo inserir essa pauta?), o que, dados os objetivos da pesquisa, compromete todo o processo de investigação.

Nas sondagens de opinião ou determinados tipos de pesquisa de audiência, em que o pesquisador tem lançado mão de métodos ou técnicas essencialmente quantitativos, tem-se percebido também o desconhecimento de conceitos básicos que governam os trabalhos respaldados em estatísticas ou probabilidades. Nota-se sobretudo que a composição das amostras não obedece ao princípio da representatividade, o que compromete definitivamente a sua confiabilidade e que, muitas vezes, o pesquisador define, sem critérios respaldados na competência técnica nessa área, o tamanho das amostras, ignorando que ele varia em função do tamanho da população e de suas características, tendo em vista o objeto de análise.

Há pesquisadores que justificam a escolha de amostras não representativas com o argumento de que o trabalho recorreu a especialistas em uma determinada área ou tema (objeto de sua investigação) e que, portanto, está balizado por critérios qualitativos, mas acabam recrutando pessoas que, na verdade, não estão suficientemente legitimadas. Esse processo atende mais a razões de ordem prática (fontes disponíveis, de relacionamento estreito com o pesquisador ou que comungam das suas opiniões sobre o tema ou objeto) e penaliza a qualidade dos resultados pela falta de lógica e consistência interna.

A fragmentação do objeto e a miopia metodológica precisam ser superadas e, para isso, é fundamental enriquecer e ampliar o conteúdo dos cursos de metodologia na graduação, haver maior vigilância dos orientadores dos trabalhos de pós-graduação e maior capacitação dos pesquisadores. A pesquisa em Comunicação Organizacional certamente ganhará novo *status* se estas condições estiverem preenchidas.

QUESTÕES PARA DEBATE

1) O que o autor quer dizer quando se refere à fragmentação do objeto em Comunicação Empresarial?
2) Quais os principais equívocos do processo de "miopia tecnológica"?
3) Cite pelo menos duas técnicas básicas utilizadas na pesquisa em Comunicação Empresarial, enumerando suas virtudes e suas limitações.

13

A pesquisa em Comunicação Empresarial no Brasil: análise dos grupos cadastrados no CNPq

INTRODUÇÃO

A pesquisa em Comunicação no Brasil tem sido contemplada, ao longo do tempo, com um conjunto significativo de obras, especialmente nas duas últimas décadas quando o campo efetivamente se consolidou, com a implantação de dezenas de Programas de Pós-Graduação em Comunicação Social. Em boa parte dos casos, elas estiveram focadas em aspectos gerais, prioritariamente metodológicos, buscando traçar um panorama histórico da Comunicação sob o ponto de vista dos esforços de investigação, com o detalhamento de métodos e técnicas particulares (análise de discurso, análise de conteúdo, entrevistas, sondagens de opinião, grupos focais, elaboração de questionários, pesquisa participante e mesmo da estatística aplicada às ciências sociais). Esses trabalhos quase sempre estiveram sob a responsabilidade de autores originalmente de outras áreas ou estrangeiros.

A pesquisa essencialmente qualitativa, com grande prestígio nas áreas de Ciências Humanas e Sociais (e também em

Comunicação) pode ser acompanhada em textos de referência importantes como os de Lefèvre (2003), Silverman (2009), Hérbet (2005), Rey (2005) e Poupart (2008).

Esses trabalhos têm sido utilizados recorrentemente para subsidiar a pesquisa em Comunicação em subáreas ou competências determinadas, como Relações Públicas, Jornalismo, Propaganda/Publicidade etc., mas não são necessariamente generosos em exemplos ou análises que se reportam especificamente à prática da Comunicação Organizacional. Mais recentemente, sobretudo neste século, começaram a ser publicados trabalhos que se endereçam para aspectos específicos deste campo, como a avaliação do retorno dos investimentos em Comunicação, os métodos de pesquisa na internet e mesmo as métricas utilizadas para mensurar a presença e a imagem das organizações (e das marcas) nas redes e mídias sociais.

Dentro desse breve cenário sobre a pesquisa em Comunicação, com atenção direta ou indireta sobre a pesquisa em Comunicação Organizacional, algumas obras merecem ser mencionadas. São exemplos desse esforço os trabalhos de Maria Immacolata Lopes, de Ada Dencker e Sarah da Viá, de Lucia Santaella, e o organizado por Jorge Duarte e Antonio Barros.

Pesquisa em Comunicação, de Maria Immacolata Vassalo Lopes, cuja primeira edição circulou em 1990, é, certamente, um dos textos pioneiros em nosso país com essa preocupação abrangente. Ele relaciona alguns paradigmas teórico-metodológicos e a pesquisa em Comunicação Social, destaca o papel da pesquisa na Universidade, e particularmente nos programas de pós-graduação, e debate as problemáticas metodológicas na prática da pesquisa em Comunicação. Àquele momento, apenas cinco programas de Pós-Graduação em Comunicação estavam em atividade no Brasil e a pesquisa encontrava-se basicamente vinculada aos projetos dos docentes e alunos tendo em vista a sua titulação.

No início deste século, merece registro o trabalho de Ada de Freitas Manetti Dencker e Sarah Chucid da Viá, *Pesquisa empírica em ciências humanas (com ênfase em comunicação)*, que aborda a pesquisa empírica em Ciências Humanas, com atenção especial à Comunicação, e tem como objetivo, conforme explícito na sua apresentação, constituir-se em "um verdadeiro curso de pesquisa para ciências humanas e sociais, com aplicação em áreas da Comunicação" (Dencker; Viá, 2001, p.16). A elaboração do projeto de pesquisa e as principais técnicas qualitativas e quantitativas são o foco central desse texto.

Data de 2001 a obra de Lucia Santaella, *Comunicação & Pesquisa*, que apresenta um histórico das teorias, modelos e âmbitos da pesquisa na Comunicação, descreve as etapas de um projeto de pesquisa além de analisar a importância desta e do método científico e promover um mapeamento da área da Comunicação.

O trabalho organizado por Jorge Duarte e Antonio Barros, *Métodos e técnicas de pesquisa em Comunicação*, com a primeira edição em 2005, reúne dezenas de estudiosos, e, embora se refira à pesquisa em Comunicação de maneira geral, tem espaço importante para métodos e técnicas em Comunicação Organizacional, merecendo menção a contribuição de Margarida Kunsch (*Auditoria de comunicação organizacional*), de João Curvello (*O desvendar das culturas organizacionais*) e Wilson Bueno (*Auditoria de imagem na mídia*).

Outro conjunto de obras que analisa a pesquisa em Comunicação sob uma perspectiva prioritariamente epistemológica não pode ser esquecido, como *A pesquisa empírica em comunicação*, organizada por José Luiz Braga, Maria Immacolata Vassalo de Lopes e Luiz Cláudio Martino; *Ciência Social crítica e pesquisa em Comunicação*, de Francisco Rüdiger; e *Tensões e objetos da pesquisa em Comunicação*, organizada por Maria Helena Weber, Ione Bentz e Antonio Hohlfeldt, com a primeira e a última inseridas na coleção de livros da Associação Nacional dos Programas de Pós-Graduação em Comunicação (Compós).

As obras de Galenari (2006) e Yanaze (2010) dizem respeito especificamente ao campo da Comunicação Organizacional (em suas modalidades institucional e mercadológica) e a elas podem ser acrescentadas as de Phillips (2008), Rosenwald (2005) e Powell (2011). As redes e mídias sociais também têm sido analisadas sob o ponto de vista do impacto na vida e nos negócios das organizações, e alguns trabalhos apontam para aspectos (metodológicos ou epistemológicos) da investigação nesses novos ambientes, como os de Sterne (2011), Terra (2011) e Fragoso (2011).

A pesquisa em Comunicação Organizacional ganhou grande impulso com a criação da Associação Brasileira dos Pesquisadores em Comunicação Organizacional e Relações Públicas (Abrapcorp) em 2006, "com o objetivo geral de estimular o fomento, a realização e a divulgação de estudos avançados dessas áreas no campo das Ciências da Comunicação"[1].

---

[1] Texto disponível no Portal da Abrapcorp (http://www.abrapcorp.org.br/portal/?p=5). Acessado em: 09 fev. 2012.

A dinâmica de seus grupos temáticos e a realização do seu Congresso anual permitiram, em pouco mais de cinco anos, o aumento da massa crítica e o compartilhamento de estudos e pesquisas na área, com incentivo inclusive à formação de novos pesquisadores. Dezenas de trabalhos, com o resultado de pesquisas sobre a temática da Comunicação Organizacional, têm sido apresentados e estão disponíveis para consulta no portal da Associação.

Merece ainda menção o Grupo de Pesquisa de Relações Públicas e Comunicação Organizacional da Sociedade Brasileira de Estudos Interdisciplinares da Comunicação (Intercom), tradicional na área da Comunicação, que há um bom tempo abriga trabalhos nessas áreas, apresentados durante as reuniões da entidade, realizadas em seu Congresso anual, sempre no mês de setembro, ou nos simpósios e colóquios também por ela promovidos.

Desde 2010, a Compós também dispõe de um grupo de trabalho (Comunicação em contextos organizacionais) e, nos seus encontros anuais, abre espaço de prestígio para a divulgação de estudos e pesquisas nessa área.

A INSTITUCIONALIZAÇÃO DOS GRUPOS DE PESQUISA

Embora a pesquisa em Comunicação Organizacional seja desenvolvida na universidade brasileira há quatro décadas, particularmente pela ação pioneira dos Programas de Pós-Graduação em Comunicação, a institucionalização dos grupos de pesquisa é um fenômeno recente.

Em geral, até recentemente, os projetos de pesquisa em Comunicação Organizacional estiveram vinculados aos pesquisadores individualmente, que os desenvolviam nas universidades, seja para obtenção de sua titulação acadêmica (mestrado ou doutorado), seja para completar a sua carga horária total de docência, sobretudo para os professores em regime de tempo integral.

Quando inseridos em Programas de Pós-Graduação em Comunicação, muitos pesquisadores irradiam os seus conhecimentos e focos de interesse a partir de seus orientandos e tendem, também, como é possível perceber, pelo Diretório de Grupos de Pesquisa do CNPq, a incluir os seus atuais e ex-orientandos em seus grupos, o que é absolutamente compreensível. Há de se considerar, no entanto, que muitos orientandos, após finalizarem a sua presença nos Programas de Pós-Graduação em Comunicação, acabam retornando aos seus locais de origem (muitos vêm inclusive de organizações onde exercem funções de gestores em Comunicação) e nem sempre mantêm o seu vínculo com a área acadêmica e mesmo com os seus ex-orientadores. Com isso, muitos grupos de pesquisa incorporam frequentemente pesquisadores com tendência à redução da sua produção ao longo do tempo, e é possível perceber que, em boa parte dos casos, são exatamente os pesquisadores, na maioria jovens ou recém-titulados, que perderam vínculo institucional com as universidades que os abrigaram durante o período da pós-graduação.

A constituição recente dos grupos de pesquisa, como indica o Diretório do CNPq, justifica a reduzida produção bibliográfica (livros, capítulos de livros, artigos em revistas acadêmicas ou científicas etc.) em determinados grupos. Portanto, entende-se por que sua visibilidade é maior apenas por ocasião dos eventos da área, promovidos por entidades que incentivam a divulgação dos resultados de pesquisa (Abrapcorp, Compós, Intercom e até Congressos de Produção Científica, realizados internamente nas universidades).

Podemos, no entanto, destacar o pioneirismo da pesquisa da profa. Cláudia Peixoto de Moura, apresentada ao I Congresso Mundial de Comunicação Iberoamericana, promovido pela Confederación Iberoamericana de Asociaciones Científicas y Acadêmicas de la Comunicacion (Confibercom) em 2011. Nesse trabalho, a autora "apresenta uma proposta metodológica para análise das práticas acadêmicas dos grupos de pesquisa brasileiros, registrados no CNPq", que também incluiu um levantamento e análise, como fizemos neste capítulo, a partir das informações existentes nessa base de dados[2].

Cláudia Moura, no mapeamento realizado entre 2009 e 2011, encontrou quarenta grupos de pesquisa[3] e deu particular atenção ao que denominou de capital intelectual (dividido em três categorias – incorporado, objetivado e institucionalizado) e à rede de relações, buscando estabelecer uma metodologia para analisá-los. Posteriormente, utilizou essa metodologia para avaliar o

---

[2] O trabalho está disponível em http://confibercom.org/anais2011/pdf/74.pdf. Acessado em: 08 fev. 2012.

[3] É natural que haja uma discrepância na identificação e seleção dos grupos de pesquisa porque os critérios utilizados em ambos os casos (pesquisa de Cláudia Moura e o nosso) não são coincidentes, mas essa diferença aponta para a dificuldade real que se encontra na própria delimitação dos campos de Comunicação Organizacional e Relações Públicas. Além disso, fizemos a busca no Diretório por palavras-chaves distintas das utilizadas pela autora em seu estudo anterior.

Grupo de Pesquisa Ensino e Prática de Relações Públicas (GEP), sob sua liderança, vinculado à PUC/RS.

É importante salientar que as análises feitas a partir do Diretório dos Grupos de Pesquisa do CNPq encontram, no momento, sérias restrições pelo formulário adotado para o registro de informações dos grupos, que é incompleto e conta com pouco espaço para o detalhamento das informações. O acesso ao currículo *Lattes* dos pesquisadores para obter informações adicionais, como fez a profa. Cláudia Moura e o qual também adotamos, nem sempre é bem-sucedido, porque essa base de dados também encerra limitações. Muitas vezes, na consulta às informações dos pesquisadores no *Lattes*, foi difícil associar a sua produção às linhas de pesquisas às quais estão vinculados nos grupos porque, em geral, lá figuram apenas os títulos de seus trabalhos.

O ESTUDO SOBRE GRUPOS DE PESQUISA: METODOLOGIA

O estudo buscou identificar e descrever os grupos de pesquisa em Comunicação Organizacional existentes no Brasil, tomando como base de dados o Diretório dos Grupos de Pesquisa do CNPq. A etapa de seleção dos grupos foi feita pelo autor desta obra, assim como a tabulação e a análise dos dados. A descrição dos grupos de pesquisa e as informações sobre os pesquisadores foram obtidas pelo esforço conjunto deste autor e de pesquisadores que integram o seu grupo de pesquisa.

O Diretório dos Grupos de Pesquisa se constitui em projeto desenvolvido pelo CNPq há mais ou menos uma década e reúne, em uma base de dados, os grupos de investigação em atividade no país. Os grupos de pesquisa que constam dessa base de dados vinculam-se, conforme define o Portal desse diretório, "a universidades, instituições isoladas de ensino superior, institutos de pesquisa científica, institutos tecnológicos e laboratórios de pesquisa e desenvolvimento de empresas estatais ou ex-estatais"[4], mas não levam em conta aqueles que, eventualmente, podem estar localizados em empresas privadas.

O Diretório traz informações básicas sobre os grupos de pesquisa, incluindo os seus recursos humanos (pesquisadores, estudantes e corpo técnico) com indicação explícita do(s) seu(s) líder(es), as linhas de pesquisa, sua produção científica ou tecnológica, o seu vínculo com as instituições que os certificam,

---

4   Disponível em: http://dgp.cnpq.br/buscaoperacional/. Acessado: em 12 fev. 2012.

ano de criação, além da especialidade do conhecimento a que se filiam e informações gerais sobre os setores de aplicação envolvidos.

O estudo foi realizado em cinco etapas, a saber: a) identificação e seleção dos grupos no Diretório do CNPq; b) coleta dos dados gerais sobre o grupo a partir da consulta à sua página no Diretório; c) busca de informações sobre os líderes e integrantes na página do grupo existente no Diretório e no currículo *Lattes* de cada um deles; d) tabulação dos dados obtidos; e finalmente e) análise dos dados. Adotamos um protocolo básico para o levantamento das informações sobre os grupos e os representantes/líderes, com o objetivo de padronizá-las e de permitir comparações que foram estabelecidas *a posteriori* na etapa de análise. No caso da produção, foram considerados os períodos de 2008 a 2011.

A primeira etapa – busca dos grupos no Diretório do CNPq – foi realizada no último trimestre de 2011, a partir de palavras-chave reconhecidamente indicativas do campo da Comunicação Organizacional. Como ele é bastante abrangente, tendo em vista o conceito que adotamos para a Comunicação Organizacional, valemo-nos de oito expressões. Elas incorporaram não apenas as denominações genéricas do campo (Comunicação Empresarial, Comunicação Organizacional e Comunicação Corporativa), mas também competências e recortes específicos (Relações Públicas, Jornalismo Empresarial, Assessoria de Imprensa, Comunicação Institucional e Comunicação Mercadológica).

A busca no Diretório do CNPq gerou, em um primeiro momento, com a utilização dessas palavras-chave, 438 grupos (276 apenas valendo-se da expressão "Relações Públicas"), mas alguns critérios estabelecidos desde o início fizeram com que esse conjunto ficasse substancialmente reduzido ao final.

Podemos citar, entre esses critérios: a) considerar apenas os grupos que tinham como área predominante a Comunicação; b) não aceitar os grupos de pesquisa que tinham apenas um pesquisador; c) excluir os grupos que não estavam atualizados há mais de um ano; d) ignorar o grupo cuja produção fosse nula ou praticamente inexistente na área; e) excluir os grupos cujos líderes não participam das linhas de pesquisa identificadas explicitamente com a Comunicação Organizacional; f) eliminar os grupos que, embora permanecessem depois da aplicação dos critérios anteriores, não tinham efetivamente linhas de pesquisa e produção identificadas com o campo.

A aplicação desses critérios reduziu o total de grupos, obtido inicialmente, a apenas 29 e foram esses que efetivamente constituíram o universo desse estudo.

Depois de identificados os grupos, valendo-se do protocolo padrão, recorremos ao espaço dos grupos no Diretório do CNPq, que nos permitiu encontrar uma série de informações (nome do grupo, data de fundação, localização, vínculo institucional, relação dos pesquisadores, estudantes e técnicos, linhas de pesquisa com sua ementa/objetivos e informações gerais sobre os seus trabalhos e produção. As demais informações, referentes aos pesquisadores em particular (formação, maior titulação, produção bibliográfica etc.), foram obtidas diretamente do seu currículo *Lattes*. Para tanto, foram visitados os currículos dos 181 pesquisadores cadastrados nos 29 grupos de pesquisa analisados.

Os dados obtidos foram tabulados a partir das categorias estabelecidas no protocolo-padrão e mereceram análise específica *a posteriori*, originando os resultados principais apresentados mais adiante neste capítulo.

A pesquisa sobre os grupos de pesquisa em Comunicação Organizacional, tendo em vista as categorias previamente definidas, contemplou cinco hipóteses básicas, a saber:

a) Os grupos de pesquisa em Comunicação Organizacional estão vinculados institucionalmente, em sua maioria, a instituições públicas (universidades estaduais ou federais) e localizam-se nas regiões Sul e Sudeste do Brasil.

b) Os grupos de pesquisa em Comunicação Organizacional foram criados recentemente e a sua maioria está em atividade há menos de dez anos. Eles têm no máximo três linhas de pesquisa, integradas por 3 a 5 pesquisadores cada uma. A maioria dos grupos incorpora em sua equipe estudantes e técnicos. Poucos grupos têm espaço ou canal específico para a divulgação dos seus resultados de pesquisa (blogs, sites ou portais, publicações etc.).

c) Os grupos de pesquisa refletem o perfil do campo e são integrados basicamente por pesquisadores do gênero feminino, com formação básica (graduação e pós-graduação) em Comunicação, embora com participação expressiva também de investigadores de outros campos, em particular das chamadas Ciências Sociais Aplicadas. Essa situação se repete também entre os líderes. Os líderes têm titulação em média maior do que os demais integrantes dos grupos de pesquisa e são no mínimo doutores.

d) Os líderes respondem por porcentagem expressiva da produção bibliográfica dos grupos de pesquisa e, em média, produzem mais no campo. Muitos integrantes dos grupos de pesquisa têm pouca, e algumas vezes nenhuma, produção específica em Comunicação Organizacional.

e) Os pesquisadores dos grupos de pesquisa têm participação expressiva em atividades de orientações de trabalhos (TCCs na graduação ou em programas de pós-graduação *lato sensu*) e apenas um número menor deles (geralmente os mais titulados e os líderes) inclui em seu currículo dissertações e teses orientadas (estas últimas ainda em pequeno número).

PRINCIPAIS RESULTADOS

É possível sintetizar os principais resultados da pesquisa realizada levando-se em conta as hipóteses formuladas. Assim temos:

1. Os 29 grupos de pesquisa em Comunicação Organizacional, resultado do levantamento realizado, situam-se prioritariamente na região Sul e Sudeste do Brasil (86,21% do total), com um número pouco expressivo nas demais regiões: 6,9% na região Centro-Oeste e 6,9% na região Nordeste. Não há, obedecendo aos critérios estabelecidos para a pesquisa, nenhum grupo na região Norte do país. Os três estados com maior número de grupos são, pela ordem, São Paulo e Paraná (sete cada) e Rio Grande do Sul (seis). Mesmo nas regiões com maior número de grupos de pesquisa, há estados que não os contemplam, como Rio de Janeiro (região Sudeste), Mato Grosso, Mato Grosso do Sul e Tocantins (região Centro-Oeste). A maioria dos grupos de pesquisa está vinculada institucionalmente a universidades públicas estaduais e federais (65,51%), sendo que seis deles (20,68%) vinculam-se a uma mesma instituição (Universidade Estadual de Londrina). Outras três universidades abrigam mais de um grupo de pesquisa: Universidade de São

Paulo (três), Universidade Metodista de São Paulo (dois) e Universidade Federal de Santa Maria (dois).

2. A maioria dos grupos de pesquisa (48,27% do total) tinha cinco anos ou menos de atividade em 2011, ano da realização do levantamento, e apenas um deles tinha dez anos ou mais. Não havia nenhum grupo de pesquisa em Comunicação Organizacional no século passado, ou seja, antes do ano 2000. A maioria deles (82,75%) tem até duas linhas de pesquisa (55,1% com uma linha e 27,58% com duas linhas). Há três grupos de pesquisa com cinco ou mais linhas de pesquisa. No total, os grupos de pesquisa incluem 181 pesquisadores e um total de quase sessenta linhas de pesquisa. Isso significa que há, em média, três pesquisadores por linha de pesquisa. No total, as linhas incorporam 189 estudantes e apenas oito técnicos, resultando a média, respectivamente, de 9,45 estudantes por grupo e de 0,27 técnicos por grupo. Um número muito reduzido de grupos tem um espaço ou canal específicos para divulgação dos seus trabalhos.

3. Dos 181 pesquisadores que integram os grupos de pesquisa em Comunicação Organizacional, as mulheres constituem a maioria: 65,75% do total para 34,25% de homens. Esse fato se repete, embora com menor intensidade, entre os líderes do grupo. Dos quarenta líderes dos grupos, 55% são mulheres e 45% são homens[5]. A maioria dos pesquisadores tem formação básica na graduação em Comunicação (72,93%), seguidos dos formados em Administração (8,29%), Letras/Linguística (4,42%), Economia (2,76%), Ciências Sociais (2,20%), Direito, Psicologia e História (1,66%). Embora a maioria dos pesquisadores seja oriunda da área de Ciências Humanas ou Sociais, é importante registrar a presença de representantes de áreas aparentemente menos próximas, como Medicina, Arquitetura, Medicina Veterinária, Química, Engenharia e Agronomia, o que comprova a inter e multidisciplinaridade nesse campo. A mesma situação se repete entre os líderes de grupo, visto que 76,19% são formados em Comunicação, com apenas 23,81% em outras áreas, das quais a metade em Administração. Os líderes têm a Comunicação como área de referência na Pós-Graduação:

---

5 O número de líderes excede o número de grupos de pesquisa porque há grupos com mais de um líder.

72,50% têm mestrado em Comunicação, 80% têm doutorado em Comunicação e 100% dos que têm pós-doutorado o fizeram em Comunicação. No caso da titulação no *stricto sensu* (mestrado e doutorado), apenas têm importância, além da Comunicação, as áreas de Administração (10% dos mestrados e pouco mais de 15% dos doutorados), Sociologia (7,5% dos mestrados e 2,5% dos doutorados) e Engenharia de Produção (5% dos mestrados e 2,5% dos doutorados). A titulação dos líderes é, em geral, maior do que a da média dos pesquisadores dos grupos. Assim, 83,33% do total dos líderes têm doutorado e 14,28% do total, pós-doutorado. Considerando os demais pesquisadores (excluídos os líderes), essas porcentagens são respectivamente de 60,99% com doutorado e 7,8% com pós-doutorado. Há 8,51% dos pesquisadores (excluídos os líderes) com graduação completa e apenas 4,26% com curso de especialização.

4. Os líderes geralmente apresentam uma produção bibliográfica (autoria de livros, capítulos em coletâneas ou artigos em periódicos acadêmicos e científicos) superior aos demais pesquisadores dos seus grupos e, em muitos casos, chegam a responder por mais de 50% do total da produção de todo o grupo. Vejamos: a) Dos 990 itens registrados de produção bibliográfica pelos pesquisadores que integram os grupos, 46,97% são de autoria dos líderes. Essa importância pode ser percebida a partir de cada indicador de produção, ou seja, os líderes são responsáveis por 37,3% do total de livros publicados, 48,51% dos capítulos em coletâneas e 47,83% dos artigos em periódicos. Isso significa, considerando-se o total de produção bibliográfica, que a média de produção dos líderes dos grupos é de 11,57 itens e dos demais pesquisadores, de 3,37 itens. Além de maior produção, os líderes geralmente produzem mais no campo do que a média dos demais pesquisadores. Sua produção está centrada em Comunicação Organizacional: 82,76% dos líderes têm mais 50% de sua produção bibliográfica no campo enquanto os demais pesquisadores dos grupos têm uma porcentagem menor e há casos de pesquisadores que não têm qualquer produção no campo[6].

---

6 Embora as páginas dos grupos no Diretório dos Grupos de Pesquisa do CNPq apontem

5. Os pesquisadores que integram os grupos de pesquisa dedicam um tempo importante para a orientação de trabalhos, em nível de graduação ou pós-graduação. Assim, os 181 pesquisadores cadastrados nos grupos, no período analisado, orientaram 1.940 trabalhos, dos quais 66,39% foram de graduação, 25,51% de especialização e 8,09% em trabalhos de pós-graduação *stricto sensu*: dissertações (81,53% deste total) e teses (18,47%). Considerando-se apenas os quarenta líderes, a orientação contemplou 653 trabalhos, sendo 64,01% de graduação, 22,2% de especialização, 11,03% de mestrado e 2,76% de doutorado. Isso significa que os líderes, em média, orientaram mais (aproximadamente 15,55 trabalhos cada) do que os demais pesquisadores (9,13 trabalhos cada), com grande supremacia no que diz respeito à orientação de dissertações e teses. Assim, os líderes foram responsáveis por uma média de 2,14 dissertações orientadas cada enquanto os demais integrantes dos grupos de pesquisa responderam por 0,47 cada. Os líderes responderam pela orientação de 62,07% dos doutorados concluídos.

CONCLUSÕES E SUGESTÕES

Embora existam 438 grupos cadastrados no CNPq passíveis de recuperação por palavras-chave identificadas com o campo da Comunicação Organizacional, apenas uma porcentagem reduzida deles (6,62%) tem como área predominante a Comunicação, apresenta produção significativa, dispõe efetivamente de linhas de pesquisa e objetivos focados em objetos do campo, ou que mereçam ser considerados ativos e/ou relevantes (atualizados há pelo menos um ano no Diretório de Grupos, ter mais de um pesquisador etc.).

Há um significativo desequilíbrio na localização dos grupos porque a maioria deles, como vimos, está localizada no Sul e Sudeste, com pouca participação das outras regiões do país. Isso significa que é preciso estimular a criação

---

para sua produção outros itens, optamos por considerar apenas a autoria de livros integrais, de capítulos em livros ou de artigos em periódicos acadêmicos e científicos. Descartamos a produção em outras publicações (jornais, revistas de informações gerais, portais, sites, blogs) ou os trabalhos apresentados em eventos. É forçoso reconhecer que um número significativo de pesquisadores concentre sua produção nesses outros espaços, mas, pela dificuldade de avaliá-los, optamos por restringir nossa análise a apenas esses três indicadores de produção.

de grupos em determinadas regiões de modo que eles possam contemplar, no futuro, a análise da realidade local, permitindo que, dessa forma, possamos dispor de um cenário que vislumbre uma perspectiva efetivamente nacional. É importante também promover uma maior descentralização dos grupos por universidades, visto que muitos estão abrigados em um número reduzido de instituições. Para se ter uma ideia, apenas quatro universidades (Universidade Estadual de Londrina, Universidade de São Paulo, Universidade Federal de Santa Maria e Universidade Metodista de São Paulo) respondem por 44,83% dos grupos considerados nesse estudo.

É importante também estimular a formação de grupos nas universidades privadas que ainda abrigam um número pequeno deles, o que contribuiria decisivamente para a ampliação dos trabalhos de investigação no campo da Comunicação Organizacional.

É possível perceber nitidamente que os grupos de pesquisa em Comunicação Organizacional foram constituídos recentemente (a maioria está em atividade há menos de cinco anos) e que, portanto, a produção poderá crescer significativamente no futuro, quando as equipes estiverem mais maduras e mais articuladas.

Ainda que a maioria dos grupos mantenha um número adequado de linhas de pesquisa, existem distorções importantes em alguns grupos que, com um número pequeno de pesquisadores, mantêm um conjunto excessivo de linhas, contribuindo para a fragmentação da produção e para a ausência de um foco específico, sobretudo levando-se em conta a amplitude do campo.

Os grupos incorporam um número significativo de estudantes, além de pesquisadores, e esse aspecto é positivo na medida em que essa aproximação pode favorecer o aumento da massa crítica na área e propiciar, a curto e médio prazos, a formação de novos pesquisadores. Ressalte-se, no entanto, o número reduzidíssimo de técnicos ou auxiliares, o que certamente obriga os pesquisadores a desenvolver atividades de suporte, de secretaria etc., com o acúmulo de funções que certamente penalizam a sua dedicação ao trabalho de investigação.

Por uma série de motivos, a maioria dos grupos não dispõe de espaços ou canais para a divulgação de seus trabalhos (ou do trabalho individual de seus pesquisadores) e, dessa forma, a visibilidade dos grupos fica prejudicada. Além disso, a não divulgação dessa produção acaba dificultando a articulação/interação entre os diversos grupos de pesquisa sobre Comunicação Organizacional existentes no Brasil, o que, se realizada, permitiria a troca de informações e experiências e a realização inclusive de trabalhos em conjunto.

A maioria dos pesquisadores (e mais ainda dos líderes dos grupos) cursou pós-graduação (tem doutorado inclusive), particularmente na área de Comunicação, embora, como pudemos verificar pelos dados descritos anteriormente, o campo acolha profissionais e competências de áreas diversas, muitas vezes distantes, se considerada a formação dos pesquisadores, da área de Ciências Humanas e Sociais (ou Ciências Sociais Aplicadas) em que se insere a Comunicação Social. Essa inter e multidisciplinaridade é recomendável inclusive porque o campo, pela sua abrangência, consolida-se pela convergência de competências e conhecimentos em várias áreas (Administração, Sociologia, Letras/Linguística etc.). Na verdade, o perfil dos pesquisadores dos grupos acaba legitimando a chamada "mestiçagem" do campo da Comunicação Organizacional, facilmente percebida inclusive na prática do mercado, com executivos e gestores de Comunicação que têm formação básica em diversas áreas.

A presença expressiva de mulheres como pesquisadoras e mesmo líderes dos grupos de pesquisa repete o que encontramos tanto na área docente do campo da Comunicação Organizacional como no mercado, especialmente pela importância dos cursos de Relações Públicas que respondem, num primeiro momento, na graduação, pela formação da maioria dos futuros profissionais em Comunicação Organizacional. Seria interessante avaliar se a supremacia das mulheres se reflete necessariamente na temática dos objetos de investigação. Há pesquisadores que acreditam na existência de uma "ciência feminina", ou seja, que há temas e focos de interesse que estão mais próximos da mulher em função de sua inserção na cultura e na sociedade.

A pesquisa evidenciou, de maneira contundente, a relação das linhas de pesquisa com o perfil de interesse dos líderes que têm influência decisiva na composição e perfil dos grupos (em alguns deles, a maioria dos pesquisadores acaba tendo vínculo com os líderes, são seus orientandos e ex-orientandos, ou mantêm com eles vínculo de relacionamento no trabalho etc.). Além disso, como pudemos constatar, a produção dos líderes é significativamente maior do que a da média dos demais pesquisadores nos grupos. Em alguns grupos, a produção bibliográfica (livros, capítulos em livros e artigos em periódicos acadêmicos ou científicos) dos grupos depende estreitamente da produção dos líderes ou quase se confunde com ela.

QUESTÕES PARA DEBATE

1) Valendo-se do Diretório de Grupos de Pesquisa do CNPq, citado neste capítulo, busque pelo menos dois grupos de pesquisa brasileiros que têm como linha de pesquisa a Comunicação Empresarial. Indique quais são os seus líderes e a que organização (universidade) eles estão associados.

2) Qual a importância dos líderes no desempenho dos grupos de pesquisa em Comunicação Empresarial?

3) Identifique dois grupos de pesquisa brasileiros que estejam interessados na relação das organizações com os públicos internos, ou com a comunicação interna de maneira geral.

14. Avaliando a imagem das organizações: desafios metodológicos e conceituais

A EMERGÊNCIA DE UM NOVO CENÁRIO

Aqueles que cunharam, há algum tempo, a expressão Sociedade da Informação, talvez não tenham podido perceber que uma mudança importante, uma verdadeira revolução, estava sendo plasmada no seio dessa Sociedade. Um verdadeiro salto qualitativo, que culminaria, antes mesmo da virada do milênio, na emergência da chamada era do Conhecimento. Evidentemente, a informação permanece, nesse novo cenário, como a matéria-prima fundamental, mas o foco se desloca: em vez da valorização da capacidade de armazenar dados e de sua célere transmissão, a vantagem competitiva está centrada, agora, no desenvolvimento da inteligência para sistematizar informações, agregando-lhes um valor estratégico. Ou seja, nações ou empresas cultivam o conhecimento.

Na verdade, esse novo cenário convive ainda com o anterior, em que se privilegia a quantidade de informações em detrimento da sua qualidade, mas a transição para esse novo patamar está se processando em ritmo acelerado, mesmo no Brasil.

Os reflexos dessa nova ordem no universo da Comunicação Empresarial são imediatos. As empresas já notaram que o quadro se alterou e que, portanto, são necessárias mudanças urgentes e drásticas na maneira de se relacionar com o mercado, com os públicos de interesse e com a própria opinião pública.

Particularmente, os executivos da área estão convictos de que os limites entre as chamadas comunicação institucional ou corporativa e a comunicação dita mercadológica, antes consideradas conceitualmente distintas, são cada vez mais tênues e difusos. Ou seja, a marca passa a definir-se efetivamente com uma *commodity* e há uma relação indissolúvel entre a imagem (ou reputação) da empresa e a sua posição no mercado.

Em outros termos, não há espaço para a Comunicação Empresarial que não esteja focada no negócio. Ao mesmo tempo, não é possível imaginar-se uma organização que não esteja profundamente comprometida com o seu cliente e com a sociedade em que se insere.

Tal realidade requer ações e estratégias modernas com o objetivo de posicionar a empresa no mercado. Algumas delas podem ser citadas de imediato.

A maior participação dos empresários e das entidades patronais na definição dos rumos da economia e da política nacionais, favorecida pela abertura do mercado, faz com que a Comunicação Empresarial passe, obrigatoriamente, a incorporar uma componente política, no seu sentido mais amplo, de tal modo que os produtos e atividades de comunicação não se postulam mais como isentos. A Comunicação Empresarial se vê comprometida com esse debate amplo que se trava na sociedade e com a exigência de uma atuação mais direta para a solução dos grandes problemas nacionais (o déficit social, a volatilidade dos mercados, a obsolescência tecnológica etc.). Como resultado, a empresa e os empresários se veem obrigados a se submeter a uma exposição maior na mídia e a se organizar para defender os seus interesses, sejam eles de todo um segmento (por exemplo, a indústria calçadista face aos entraves interpostos pelos empresários argentinos no Mercosul) ou relativos à sua empresa em particular (uma empresa de telecomunicações preterida em uma concorrência pública). As questões inerentes à formação desses grupos de pressão (*lobbies*) e à ética que deve prevalecer nesses casos afloram com facilidade.

Um novo relacionamento com os seus públicos (colaboradores, acionistas, imprensa, fornecedores, clientes etc.), agora definido pelo conceito amplo de parceria, passa também a ser exigido das empresas. Trata-se, em suma, da tomada de consciência de que é impossível, em um mundo globalizado e em constante mudança, caminhar para a frente valendo-se unicamente das próprias pernas. Daí, surgem as figuras do funcionário, reconhecido como autêntico protagonista, e do fornecedor, assumido como parceiro efetivo, ambos essenciais e não simples coadjuvantes do processo de gestão das organizações.

A sinergia, a transparência e a pró-atividade instituem-se como atributos básicos de uma política de Comunicação Empresarial e passam a regular as ações desenvolvidas junto ao mercado. A fragmentação das atividades de comunicação (relações públicas, assessoria de imprensa, identidade visual, edição de publicações etc.) é, de pronto, substituída por uma nova perspectiva, fundada no planejamento e na integração. Como corolário natural, perde sentido a distinção clássica entre comunicação interna e externa, alimentada por um preconceito contra o colaborador, antes reconhecido como um mero apêndice da linha de produção. Pelo contrário, a empresa descobre, finalmente, a existência de vários públicos internos, com demandas e expectativas diferenciadas, todos eles igualmente relevantes. Nesse contexto, o conceito de cultura empresarial ganha força, notadamente com o acirramento do contato (muitas vezes transformado em confronto) entre organizações que se associam, se fundem ou são privatizadas, fato comum no Brasil dos nossos dias.

A vigilância do consumidor, a postura agressiva dos meios de comunicação (que também se fortalecem como organizações da chamada indústria cultural) que abrem espaço para a defesa dos direitos dos cidadãos e a valorização da ética como pressuposto básico vão, ainda, requerer das empresas uma atuação transparente, com inevitáveis penalidades para aquelas que ousam escamotear as suas crises, sobretudo quando elas afetam a sociedade como um todo. Exemplos recentes, como a Schering do Brasil, no triste episódio da pílula da farinha, ou a Coca-Cola, com denúncias comprovadas de contaminação na Bélgica, reforçam a tese de que é preciso, em momentos de crise, abrir o jogo, com agilidade e transparência, sob pena de aprofundar os prejuízos e de comprometer definitivamente a imagem. Mais uma vez, a Comunicação Empresarial é posta na berlinda, não sendo raro associar-se a crise a uma incompetência no relacionamento com o mercado e a opinião pública.

Antecipar-se aos fatos deve ser, portanto, uma ação corrente nas empresas modernas, pois é sabido que os que enxergam mais rapidamente as oportunidades têm condições de ocupar nichos de mercado e usufruir dos benefícios desse pioneirismo. Os seguidores, na maioria das vezes, são obrigados a investir recursos muito maiores para ocupar o mesmo lugar já frequentado pelos líderes do mercado. Este é, quase sempre, o ônus de quem demora para antever o futuro e, portanto, é mais lento para deslocar-se em direção às novas oportunidades.

A velocidade com que uma empresa reage à dinâmica do mercado está intrinsecamente relacionada com a aceleração provocada na produção, e na comunicação em particular, pelas novas tecnologias. A internetização das relações estabelece um outro *timing* para os negócios e relacionamentos, que têm, agora, como meta a excelência do online. Responder com atraso significa abrir espaço para o concorrente, porque o cliente também incorporou essa aceleração e vê à sua frente um conjunto maior de alternativas para as suas demandas. Um sistema de telemarketing inoperante, um site não interativo, um atendimento não qualificado, com certeza empurrarão o cliente para o concorrente ao lado, mais ágil e mais sintonizado com o cidadão da era digital.

Todas as atividades implícitas em uma política de Comunicação Empresarial reorganizam-se em função desse cenário emergente. Tomemos alguns exemplos para ilustrar essas mudanças.

O conhecimento mais detalhado do mercado resulta em um processo irreversível de segmentação, com a criação de canais ou veículos específicos para atender a demandas localizadas. É possível citar o exemplo da Editora Abril, que, em pouco tempo, desdobrou a sua revista tradicional Exame em vários filhotes (*Exame Vip*, *Info Exame*, *Você S/A* e *Revista da Web!*), alguns deles já maiores do que o veículo que lhes deu origem. A mesma estratégia tem sido utilizada pelas empresas que desdobram sua revista institucional em inúmeras publicações, com perfis e públicos distintos, cientes de que há conteúdos e linguagens que não podem conciliar-se em um único produto.

Essa segmentação se aplica também ao trabalho de relacionamento com os meios de comunicação, agora vistos não como um segmento uniforme, mas composto de unidades personalizadas e que requerem abordagens singulares e especializadas. Mais ainda: uma postura adequada irá exigir que o assessor de imprensa identifique oportunidades distintas em um mesmo veículo, em função do processo violento de cadernização e da emergência de inúmeros colunistas, importantes formadores de opinião. As consequências desse processo de segmentação, sob a ótica da assessoria de imprensa das empresas, são óbvias. De vez, fica banido o *release* padrão, aquele comunicado uniforme que se endereçava ao *mailing* de imprensa, sem considerar as diferenças evidentes entre um veículo de informação geral, um veículo especializado ou entre um caderno de economia e um caderno de cidades. O relacionamento com a mídia, se realizado profissional e competentemente, vai requerer que o assessor de imprensa vislumbre os colunistas de forma distinta (há diferenças fundamentais entre Miriam Leitão e Luís Nassif no que diz respeito ao discurso e ao conjunto de interesses), assim como os editores e os chefes de reportagem. As abordagens deverão ser diferenciadas, partindo do conhecimento que o assessor de imprensa deve obrigatoriamente acumular da linha editorial de cada veículo, dos compromissos e pautas de cada colunista, sob pena de ver seus *releases* ou seus contatos definitivamente descartados.

A apropriação das novas tecnologias faz surgir espaços de comunicação privilegiados, como intranets e jornais online, versões modernas do *clipping*[1] eletrônico, todos eles acessados, rápida e comodamente, pelos executivos das empresas, gerando uma oferta generosa de informações, cujo objetivo é estimular o contato e favorecer o acompanhamento dos ambientes interno e externo.

Com certeza, a mudança mais relevante, e que permeia todas estas, é a de buscar parâmetros para a mensuração da eficácia das estratégias de comunicação, agora vinculadas estrategicamente ao "core business" das empresas.

Neste sentido, ganha espaço a auditoria de imagem na mídia, instrumento eficaz se apoiado em metodologia adequada, pois permite identificar oportunidades de divulgação, bem como avaliar a presença qualificada da empresa nos veículos que contribuem para moldar a imagem pública da empresa.

---

1 Denomina-se *clipping* a atividade que consiste na leitura (ou audiência) dos veículos de comunicação e na identificação dos espaços de divulgação de uma empresa, entidade ou pessoa. O material coletado é organizado em recortes (mídia impressa) ou em fitas de áudio ou vídeo (mídia eletrônica). Pode-se auditar também a presença de empresas (entidades ou pessoas) na web, seja considerando os veículos jornalísticos online, seja os sites empresariais ou de informação.

OS EQUÍVOCOS DAS "AUDITORIAS" TRADICIONAIS

A auditoria de imagem na mídia tem, infelizmente, um passado e um presente nada abonadores. Ela surgiu praticamente no mesmo momento em que se implantavam as assessorias de imprensa nas empresas modernas, como forma de avaliar a eficácia desse trabalho de relacionamento com a mídia, mas limita-se, mesmo hoje, ao que chamamos tradicionalmente de "*clipping* com custo". Na prática, os "auditores" (preferimos chamá-los de simples "contabilistas" da informação) promovem a equivalência entre o espaço editorial (espaço da matéria que inclui uma empresa em um determinado veículo, medido em cm x col ou cm²) e o custo de inserção, medido pela tabela de anúncios daquele veículo.

O procedimento encerra equívocos importantes e, dada a sua incidência nos dias de hoje, vale a pena comentá-los, ainda que rapidamente em função do formato dessa obra.

Não é razoável comparar espaço editorial com espaço publicitário, tendo em vista o fato de que são instâncias completamente distintas no processo de produção jornalística. O espaço editorial (reportagens, notas, colunas, artigos etc.) representa um investimento direto da redação, ao passo que o espaço publicitário tem a ver com o anunciante. Pelo menos para os grandes veículos, independentes editorialmente, estes espaços não estão correlacionados, de tal forma que uma empresa pode merecer uma cobertura ampla de jornais e revistas (para só mencionar a mídia impressa) e não se constituir em um grande anunciante. Exemplos: a IBM e a TAM não figuram entre os principais anunciantes brasileiros, mas têm, ambas, uma cobertura considerável e majoritariamente positiva. Algumas lojas de varejo e a Unilever (por anos seguidos, a maior anunciante do país) têm uma cobertura apenas discreta da mídia. Além disso, do ponto de vista da confiabilidade e da reputação, estar presente, de forma positiva, na área editorial (ser matéria de capa de uma revista de negócios, como a *Exame*, ou da *Veja*, a maior revista brasileira) vale mais do que o espaço equivalente em publicidade nos mesmos veículos. O leitor, particularmente o formador de opinião, sabe distinguir essas duas instâncias, mesmo porque, muitas vezes, para estar presente em uma página dupla de uma publicação de circulação nacional basta ter condições de bancar a veiculação. Figurar positivamente na capa de uma revista, ter destaque em um telejornal ou merecer comentários elogiosos de um colunista prestigiado exige das empresas, certamente, mais do que uma polpuda conta bancária. Logo, o assessor de imprensa que promove essa equivalência e a utiliza para justificar a competência do seu trabalho está, na verdade, fazendo uma conta que não se reverte em seu favor.

Além disso, as tabelas de anúncios dos jornais são meras referências, já que variam em função do anunciante, do número de inserções por uma mesma empresa e de uma série infindável de acordos que são realizados à revelia da tabela do balcão. Como as auditorias (e as empresas de *clipping*) não têm controle sobre esses acertos (na maioria dos casos, não têm nem mesmo as tabelas oficiais de anúncios, que não estão explícitas para um número infindável de veículos brasileiros), os dados dessa equivalência são, no mínimo, pouco confiáveis, para não dizer "adivinhações". Devemos admitir que, muitas vezes, essa equivalência (espaço publicitário x espaço editorial) é exigência do cliente (assessor de imprensa ou gerente de comunicação ou marketing) que pretende, de posse desses dados, convencer o seu superior (presidente, diretor etc.) de que é vantajosa a relação custo x benefício do seu trabalho.

Outro procedimento equivocado que caracteriza a "auditoria" (ou melhor, a "contabilidade" tradicional) consiste em considerar, sem maior espírito crítico, resultado do trabalho de divulgação todas as matérias (os "recortes", produto do processo de "clipagem") em que a empresa (ou entidade ou mesmo uma pessoa) é mencionada. Obviamente, esse fato demonstra mais uma vez o desconhecimento das formas de inserção de uma empresa no noticiário. Simplificadamente, podemos admitir que uma empresa (entidade ou pessoa) comparece na mídia de quatro formas: a) ela é simplesmente citada; b) a matéria a inclui, mas de forma apenas secundária; c) ela tem importância na matéria, mas compartilha esse espaço com outras empresas, em geral seus concorrentes; e d) é objeto principal (muitas vezes, exclusivo) da matéria. Evidentemente, cada uma dessas modalidades de inserção tem o seu peso, crescente de a) para d), ou seja, ser o objeto principal ou exclusivo de uma matéria agrega mais peso editorial do que figurar apenas como uma citação. Todo assessor de imprensa gostaria que seu cliente (empresa, entidade ou pessoa) aparecesse positivamente e com destaque em uma matéria, especialmente se ele não tivesse que dividir espaço com seus concorrentes. Logo, não se pode "contabilizar" essas matérias como se fossem idênticas sob o ponto de vista de presença na mídia, porque, certamente, elas representam instantes de divulgação diferenciados. Atribuir o mesmo peso significa falsear os dados, o que muitas vezes se faz por comodismo ou má-fé.

A "contabilidade" tradicional, que ousa travestir-se de auditoria, também comete desvios. Sem maior consideração crítica, admite igualdade entre os diferentes veículos, colocando lado a lado um pequeno jornal do interior e um grande veículo nacional. Na somatória, considera o total de matérias, sem ponderá-las em função do meio em que foram veiculadas. Muitas vezes, procede dessa forma para superestimar o desempenho da assessoria, ciente de que é mais difícil posicionar a empresa (entidade ou pessoa) em um veículo de grande prestígio. Mesmo quando se dispõe a encarar essa diferença, o faz de maneira pouco lógica. Ainda que se possa atribuir, em função por exemplo da tiragem, pesos diferenciados para cada veículo, o processo é inadequado. Exemplos: 1) o *Valor Econômico* pode não ter uma tiragem expressiva, se comparada a outros veículos brasileiros, mas representa um espaço privilegiado de divulgação (pesquisas indicam esse conceituado veículo como o de maior prestígio entre a comunidade econômico-financeira do país), sobretudo para determinadas empresas (aquelas que atuam primordialmente no chamado *business to business*) e para determinados temas. Valer-se apenas da tiragem pode, nesse caso, reduzir o peso do *Valor Econômico*, comprometendo um processo legítimo de auditoria; 2) um jornal de uma pequena localidade do interior paulista, ainda que com uma tiragem inexpressiva, pode, para uma determinada empresa, ser um canal de veiculação relevante, porque a sede da empresa está justamente ali. Logo, não seria lógico, para aquela empresa específica, atribuir o mesmo peso àquele veículo e a outro, que exibe uma circulação maior.

Em resumo, não há um critério único que possa ser aplicado a todas as empresas, e a ponderação dos veículos deve levar em conta a especificidade da empresa e a sua área de atuação. A uma revista especializada (as focadas no universo feminino para as empresas do segmento de cosméticos; as rurais para as empresas do mundo do *agribusiness* ou ainda as de informática para as empresas produtoras de hardware ou software), independentemente da sua tiragem, devem ser atribuídos pesos distintos, conforme a área de atuação da empresa. A revista *Cláudia* terá mais valor para a Avon do que para a Villares; a *Globo Rural* será mais importante para a Sadia do que para a Procter & Gamble; assim como a *Info Exame* poderá ser estratégica para a Microsoft ou para a Itautec e merecer menor atenção (portanto, ter menor valor como canal de divulgação) da General Motors (que não descuidará, por seu turno, de uma presença expressiva na *Quatro Rodas* ou nos suplementos de carros dos jornais). Agrega-se ainda à consideração da tiragem como critério decisivo o fato de que um número significativo de veículos não é auditado, o que torna muito difícil legitimar as tiragens, particularmente aquelas confessadas pelos editores ou proprietários de veículos, quase sempre pouco confiáveis.

A "contabilidade" tradicional não pondera, ainda, de maneira adequada, a presença de uma empresa (entidade ou pessoa) em espaços privilegiados dos veículos. Figurar na capa dos jornais, ou mesmo na capa dos cadernos em que se segmentam os jornais, é absolutamente relevante em um trabalho de auditoria, porque a visibilidade dessas matérias (artigos etc.), nesses casos, é sensivelmente maior do que a mera inserção numa página interna. Figurar nas matérias com fotos ou ilustrações também confere maior peso à divulgação, o que, necessariamente, precisa ser considerado. Um exemplo corriqueiro: se uma matéria sobre a pujança do setor de *agribusiness* brasileiro (o seu potencial exportador) inclui empresas como a Perdigão, a Ceval e a Sadia, mesmo que o espaço a elas atribuído seja equivalente, terá maior destaque aquela que for contemplada com uma foto, pois este é um elemento que agrega visibilidade na mídia impressa. Da mesma forma, a existência, na matéria, de uma fonte de uma dessas empresas garantirá a ela uma presença mais qualificada. Uma auditoria legítima levará em consideração todos esses parâmetros e saberá diferenciar esses níveis distintos de presença, ponderando-os adequadamente.

Outro espaço privilegiado dos veículos são as colunas, tidas, justificadamente, como espaços nobres de divulgação. Não ponderar esse espaço significa ignorar uma realidade do relacionamento entre um veículo e seus leitores, telespectadores e radiouvintes. Medir o espaço de uma nota em uma dessas colunas e compará-lo com espaços equivalentes em outras páginas do mesmo jornal (ou de outros jornais) é um equívoco, ou, ainda, tentar convertê-lo em espaço publicitário é uma aberração, infelizmente praticada por alguns dos nossos "contabilistas" da informação. Seria fácil evidenciar que algumas poucas linhas, um simples comentário desairoso, em uma coluna de prestígio da nossa grande imprensa (Luís Nassif, Miriam Leitão, Celso Pinto), poderiam redundar num prejuízo inestimável para uma determinada empresa (entidade ou pessoa) em termos de imagem ou de resultados (uma informação sobre os resultados negativos do futuro balanço de uma empresa poderá, imediatamente, como tem ocorrido, redundar na desvalorização das suas ações na Bolsa de Valores). Logo, tais espaços devem ser tratados à parte em um trabalho sério de auditoria de imagem na mídia, exatamente porque não se confundem com um espaço normal oferecido à redação, mas privativo de verdadeiros multiplicadores de opinião.

Muitas vezes, a observância desses parâmetros se torna impossível, porque a coleta dos dados (o *clipping*) é realizada por terceiros e a unidade de informação (o recorte) não traz a identificação correta da sua procedência. A maioria das empresas de *clipping* esmera-se mais em quantificar o recorte (convertê-lo em custo de publicidade, com todos os equívocos conceituais e operacionais que esse procedimento encerra e que já foram abordados anteriormente) do que em identificá-lo corretamente como espaço informativo, comprometendo a análise posterior.

A AUDITORIA COMO INTELIGÊNCIA EMPRESARIAL

A auditoria de presença na mídia como inteligência empresarial deve atentar para todos esses aspectos e servir de instrumento básico da empresa (entidade ou pessoa) para uma política consistente e sistemática de divulgação. Não pode ignorar a singularidade dos veículos e de seus espaços privilegiados, o perfil comunicacional dos concorrentes (ou adversários, no caso de pessoas físicas – políticos, em particular) e, sobretudo, deve pautar a conduta da empresa (entidade ou pessoa) no relacionamento com os meios de comunicação.

O amadorismo tem caracterizado o trabalho de avaliação das empresas brasileiras quanto à sua presença (e de seus concorrentes) na mídia. A maioria delas não tem sequer um razoável trabalho de clipagem. Isso significa que não monitora as ações dos seus concorrentes, das entidades que a representam, as falas dos seus executivos e, sobretudo, não pode traçar estratégias adequadas para eliminar ruídos em sua comunicação com o mercado. O *clipping*, embora matéria-prima importante, não agrega valor à análise da presença na mídia, a não ser que incorpore critérios de análise. Para retomar alguns conceitos enunciados no início deste capítulo, o *clipping* é mera informação, não conhecimento. A auditoria de imagem incorpora conhecimento, sistematizando dados e sinalizando para oportunidades de divulgação. Ela subsidia estratégias que permitem alavancar negócios, em função de um trabalho de consolidação da imagem da empresa (entidade ou pessoa) na mídia. A menos que a empresa (entidade ou pessoa) desconsidere a importância dos meios de comunicação para a formação da sua reputação, o relacionamento com a mídia e o monitoramento de seu desempenho em divulgação devem ser prioritários numa política moderna e avançada de Comunicação Empresarial.

A auditoria como inteligência empresarial permite detectar os temas prioritários da divulgação de uma empresa e de seus concorrentes, avaliar ações específicas da concorrência no mercado e na mídia em particular, descobrir preferências de colunistas e veículos e a boa vontade com respeito à empresa e aos que com ela competem. Se bem realizada, garante análises detalhadas de inserção dos produtos e da filosofia gerencial da empresa, comparando-as com as de seus competidores.

Uma auditoria de imagem na mídia, que se define como instrumento de inteligência empresarial, não deve resumir-se unicamente à empresa-cliente. Isso significa que, embora relevante, a análise isolada da presença de uma empresa na mídia tem valor comparativo e estratégico menor. Sem a avaliação precisa do perfil do relacionamento dos principais concorrentes com a mídia (quando, como, com quem e onde falam, sobre que temas etc.), a empresa não pode orientar-se adequadamente com respeito às suas estratégias de divulgação. Na verdade, não tem mesmo condições de garantir que o seu esforço de divulgação seja positivo, porque a análise individualizada não traz elementos para comparação. Como uma empresa poderá comemorar os 1.200 cm x col de espaço com que foi contemplada nos jornais ou revistas, se não dispõe dos mesmos dados referentes aos seus concorrentes? Em alguns casos, esse espaço poderá ser relevante e significar a sua liderança na chamada "batalha na mídia", mas, em outros, poderá indicar que foi superada por seus adversários. Como a empresa poderá saber se o espaço por ela ocupado nos meios de comunicação é qualitativamente superior aos espaços de seus concorrentes, se, comparativamente, não monitora a presença de seus concorrentes nos veículos mais influentes na sua área de atuação ou nos espaços privilegiados dos jornais (capas do veículo, dos cadernos internos ou nas colunas)? Como avaliar a presença de suas fontes na mídia, se, por ausência de dados, não pode aquilatar a visibilidade dos executivos da concorrência? Como saber sobre que temas se concentra o discurso da concorrência, se não acompanha a sua divulgação, categorizando-a em temas ou ideias-força?

A auditoria de mídia como inteligência empresarial é um trabalho de parceria, realizado pela empresa (entidade ou pessoa) e uma assessoria independente. Aliás, é fundamental que esse trabalho não seja promovido internamente, porque a independência do auditor confere confiabilidade à análise e impede interferências que possam comprometer os dados e sua intepretação. A auditoria deve ser continuamente aperfeiçoada, incluindo aspectos que possam balizar a atuação da empresa em função de estratégias comerciais e de divulgação que estejam sendo implementadas. Não pode, sob pena de perder sua eficácia, transformar-se em um relatório frio e padronizado, mas deve constituir-se efetivamente em um documento estratégico, a ser considerado permanentemente para o traçado de políticas de Comunicação Empresarial.

A maioria das nossas empresas ainda não se deu conta da relevância deste trabalho e continua agindo às escuras, sem sinalizações adequadas para o seu trabalho de monitoramento da ação da concorrência na mídia. É fácil perceber que, se a presença positiva de uma empresa na mídia é vital para a sua imagem (ou reputação) e se ela não está sozinha no mercado (hoje, mais do que nunca, ela tem concorrentes), a realização de um trabalho permanente de auditoria de imagem, que leve em conta a empresa e seus concorrentes, define-se como estratégica. Quem já está lançando mão desse instrumento, com certeza, dispõe de uma vantagem competitiva e está atento para a guerra que se trava (e que, de agora em diante, será mais acirrada) no mercado.

A auditoria de mídia não tem nenhuma importância para as empresas que não valorizam os meios de comunicação e julgam dispensável um relacionamento sistemático, profissional e transparente com os seus públicos de interesse e a opinião pública. Elas, por certo, não saberão valer-se dessa auditoria como instrumento estratégico e tendem, infelizmente, por desconhecimento ou omissão, a perder espaço no mercado. A inteligência empresarial na Sociedade do Conhecimento será atributo apenas das empresas que pretendem manter-se vivas e competitivas no próximo milênio.

QUESTÕES PARA DEBATE

1) Quais os principais equívocos dos projetos de auditoria de imagem? Como superá-los?
2) Existe um modelo padrão para os projetos de auditoria de imagem ou eles realmente têm de ser concebidos para atender a situações específicas de determinadas empresas ou setores? Explique.
3) Enumere as principais etapas de um projeto de auditoria de imagem.

Referências

ALMEIDA, Ana Luísa de Castro; BERTUCCI, Janete Lara de Oliveira. Gestão estratégica de stakeholders: aspectos relevantes na definição de políticas de relacionamento. In: MARCHIORI, Marlene (org.). *Comunicação e organização: reflexões, processos e práticas*. São Caetano do Sul: Difusão, 2010, p. 191-207.

ANDERSON, Chris. *Free: grátis: o futuro dos preços*. Rio de Janeiro: Elsevier, 2009.

_____. *A cauda longa: do mercado de massa para o mercado de nicho*. Rio de Janeiro: Elsevier, 2006.

ANDRADE, Thales de. *Ecológicas manhãs de sábado: o espetáculo da natureza na televisão brasileira*. São Paulo: Annablume/Fapesp, 1998.

ARCOVERDE, Leticia. *Trainees* querem mais *feedback* nos processos. *Valor Econômico*. São Paulo, 08/04/2013, p. D4.

ARGENTI, Paul A. *Comunicação Empresarial: a construção da identidade e reputação*. Rio de Janeiro: Campus, 2006.

ARGENTI, Paul A. BARNES, Courtney M. *Sobrevivendo na selva da internet: como fazer uma comunicação poderosa na* web *e proteger a reputação de sua empresa*. São Paulo: Gente, 2011.

ARGYRIS, Chris et al. *Comunicação eficaz na empresa*. Rio de Janeiro: Campus, 1999.
BACCHETTA, Víctor L. *Ciudadania planetaria: temas y desafíos del periodismo ambiental*. Montevidéu: Federación Internacional de Periodistas Ambientales/Fundación Friedrich Ebert, 2000.
BACHELARD, Gastón. *A epistemologia*. Lisboa: Edições 70, 2006.
_____. *A formação do espírito científico*. Rio de Janeiro: Contraponto, 1996.
_____. *Estudos*. Rio de Janeiro: Contraponto, 2008.
_____. *O novo espírito científico*. São Paulo: Abril, 1984.
BALDISSERA, Rudimar. A teoria da complexidade e novas perspectivas para os estudos de comunicação organizacional. In: KUNSCH, Margarida Maria Krohling (org.). *Comunicação Organizacional: histórico, fundamentos e processos*. v. 1. São Paulo: Saraiva, 2009, p. 135-64.
_____. Comunicação Organizacional na perspectiva da complexidade. In: *Organicom*. São Paulo: USP/Gestcorp, 2009, ano 6, ns. 11/12, p. 115-20.
_____. Comunicação Organizacional: uma reflexão possível a partir do paradigma da complexidade. In: OLIVEIRA, Ivone de Lourdes; SOARES, Ana Thereza Nogueira (org.). *Interfaces e tendências da comunicação no contexto das organizações*. São Caetano do Sul: Difusão, 2008, p. 149-77.
_____. Organizações como complexos de diálogos, subjetividades e significação. In: KUNSCH, Margarida Maria Krohling (org.). *A comunicação como fator de humanização das organizações*. São Caetano do Sul: Difusão, 2010, p. 61-76.
BARBEIRO, Heródoto. *Crise e comunicação corporativa*. São Paulo: Globo, 2010.
BARBOSA, Marialva. Paradigmas de construção do campo comunicacional. In: WEBER, Maria Helena; BENTZ, Ione; HOHFELDT, Antonio. *Tensões e objetos da pesquisa em comunicação*. Porto Alegre: Sulina, 2002, p. 73-9.
BARÇANTE, Luiz César; CALDAS DE CASTRO, Guilherme. *Ouvindo a voz do cliente interno*. Rio de Janeiro: Qualitymark, 1999.
BAREFOOT, Darren; SZABO, Julie. *Manual de marketing em mídias sociais*. São Paulo: Novatec, 2010.
BARGER, Christopher. *O estrategista em mídias sociais*. São Paulo: DVS, 2013.
BERRIGAN, John; FINKBEINER, Carl. *Marketing de segmentação*. São Paulo: Makron Books, 1994.
BLECHER, Nelson; MARTINS, José Roberto. *O império das marcas*. São Paulo: Marcos Cobra, 1996.
BOFF, Leonardo. *Sustentabilidade: o que é – o que não é*. Petrópolis: Vozes, 2012.
BRAGA, José Luiz; LOPES, Maria Immacolata Vassalo; MARTINO, Luiz Cláudio. *Pesquisa empírica em Comunicação*. São Paulo: Paulus, 2010.

BUENO, Wilson da Costa. *Comunicação Empresarial: teoria e pesquisa*. São Paulo: Manole, 2003.

_____. *Comunicação Empresarial no Brasil: uma leitura crítica*. São Paulo: Mojoara, 2007.

_____. Comunicação interna e cultura organizacional. In: BUENO, Wilson da Costa. *Comunicação Empresarial no Brasil: uma leitura crítica*. São Paulo: Mojoara, 2007, p. 15-56.

_____. Comunicação interna e processo de gestão. In: BUENO, Wilson da Costa. *Comunicação Empresarial: políticas e estratégias*. São Paulo: Saraiva, 2009, p.71-110.

_____. *Comunicação, jornalismo e meio ambiente: teoria e pesquisa*. São Paulo: Mojoara, 2007.

_____. Planejando a comunicação para enfrentar a crise. In: BUENO, Wilson da Costa. *Comunicação Empresarial: políticas e estratégias*. São Paulo: Saraiva, 2009, p. 137-68.

_____. *Comunicação Empresarial: políticas e estratégias*. São Paulo: Saraiva, 2009.

BURGESS, Jean; GREEN, Joshua. *Youtube e a revolução digital*. São Paulo: Aleph, 2009.

CAHEN, Roger. *Tudo que seus gurus não lhe contaram sobre Comunicação Empresarial*. 6.ed. São Paulo: Best Seller, 1990.

CASTIEL, Luis David; VASCONCELLOS-SILVA, Paulo Roberto. *Precariedades do excesso: informação e comunicação em saúde coletiva*. Rio de Janeiro: Fiocruz, 2006.

CIPRIANI, Fábio. *Estratégia em mídias sociais*. Rio de Janeiro: Campus, 2011.

CLARKSON, Max. A stakeholder framework for analyzing and evaluating corporate social performance. *Academy of Management Review*. v.20, p.92-117, jan.1995.

CLEMEN, Paulo. *Como implantar uma área de Comunicação Interna*. Rio de Janeiro: Mauad, 2005.

COHEN, Jeff; SOLOMON, Norman. *Through the media looking glass. Decoding bias and blather in the news*. EUA, Common Courage, 1995.

COLLINS, James; PORRAS, Jerry I. *Feitas para durar*. Rio de Janeiro: Rocco, 1995.

COMM, Joel. *O poder do Twitter*. São Paulo: Gente, 2009.

CORRADO, Frank M. *A força da comunicação*. São Paulo: Makron Books, 1994.

COSTA, Letícia Maria. (org.). *O X da questão: jornalistas de redação e de assessoria de imprensa*. Taubaté: Papel Brasil, 2003.

COSTA, Luciana Miranda. *Comunicação & meio ambiente: a análise das campanhas de prevenção a incêndios florestais na Amazônia*. Belém: Núcleo de Altos Estudos Amazônicos/UFPA, 2006.

COSTA, Milena. Dinheiro não é tudo. *Exame CEO*. São Paulo: Abril, 2013, p. 28-31.

CRAIG, James; GRANT, Robert. *Gerenciamento estratégico*. São Paulo: Littera Mundi, 1999.

CREMADES, Javier. *Micropoder: a força do cidadão na era digital*. São Paulo: Senac, 2009.
CROSS, Bob; THOMAS, Robert J. *Redes sociais*. São Paulo: Gente, 2009.
CURVELLO, José João. *Comunicação interna e cultura organizacional*. São Paulo: Scortecci, 2002.
DAVIS, William. *Mitos da administração*. São Paulo: Negócio, 1999.
DENCKER, Ada de Freitas Manetti; KUNSCH, Margarida M. Krohling (org.). *Comunicação e meio ambiente*. São Paulo: Intercom, 1996.
DENCKER, Ada de Freitas Manetti; VIÁ, Sarah Chucid da. *Pesquisa empírica em ciências humanas (com ênfase em comunicação)*. São Paulo: Futura, 2001.
DENZIN, Norman K.; LINCOLN, Yvonna S. (org.). *O planejamento da pesquisa qualitativa: teorias e abordagens*. Porto Alegre: Artmed, 2006.
DESCHEPPER, Jacques. *Saber comunicar com os jornalistas da imprensa, rádio e televisão*. Portugal, Cetop, 1992.
DIAS, Reinaldo. *Marketing ambiental*. São Paulo: Atlas, 2007.
DIAS, Vera. *Como virar notícia e não se arrepender no dia seguinte*. Rio de Janeiro: Objetiva, 1994.
DIEESE. *Rotatividade e flexibilidade no mercado de trabalho*. São Paulo: Dieese, 2011.
DIZARD Jr., Wilson. *A nova mídia*. Rio de Janeiro: Jorge Zahar, 1998.
DOMENEGHETTI, Daniel; MEIR, Roberto. *Ativos intangíveis*. Rio de Janeiro: Campus, 2009.
DOTY, Dorothy I. *Divulgação jornalística & relações públicas*. São Paulo: Cultura, 1995.
DUARTE, Fábio; QUANDT, Carlos; SOUZA, Queila. *O tempo das redes*. São Paulo: Perspectiva, 2008.
DUARTE, Jorge (org.). *Assessoria de imprensa e relacionamento com mídia*. 4.ed. São Paulo: Atlas, 2011.
DUARTE, Jorge; BARROS, Antonio. *Métodos e técnicas de pesquisa em Comunicação*. São Paulo: Atlas, 2005.
DUARTE, Jorge; CARVALHO, Nino. Sala de imprensa online. In: DUARTE, Jorge (org.). *Assessoria de imprensa e relacionamento com mídia*. 4.ed. São Paulo: Atlas, 2011, p. 370-86.
EMBRAPA. *Política de Comunicação*. 2.ed revista e ampliada. Brasília/DF, 2002.
ESTRELLA, Charbelly; BENEVIDES, Ricardo; FREITAS, Ricardo Ferreira (orgs.). *Por dentro da comunicação interna: tendências, reflexões e ferramentas*. Curitiba: Champagnat, 2009.
EVANS, Dave. *Marketing de mídia social*. Rio de Janeiro: Alta Books, 2009.

FALLOWS, James. *Detonando a notícia. Como a mídia corrói a democracia americana*. Rio de Janeiro: Civilização Brasileira, 1997.
FARIAS, Luiz Alberto de. Estratégias de relacionamento com a mídia. In: KUNSCH, Margarida Maria Krohling (org.). *Gestão estratégica em Comunicação Organizacional e Relações Públicas*. São Caetano do Sul: Difusão, 2008, p. 91-104.
_____ (org.). *Relações Públicas estratégicas*. São Paulo: Summus, 2011.
FERRARI, Pollyana. *A força da mídia social*. São Paulo: Factash, 2010.
FIGUEIRA, Archibaldo. *Lobby: do Fico à UDR*. Porto Alegre: Sagra, 1987.
FRAGOSO, Suely; RECUERO, Raquel; AMARAL, Adriana. *Métodos de pesquisa para internet*. Porto Alegre: Sulina, 2011.
FRANÇA, Fábio. *Públicos: como identificá-los em uma nova visão estratégica*. São Caetano do Sul: Difusão, 2004.
FREIRE, Paulo. *Pedagogia da indignação: cartas pedagógicas e outros escritos*. São Paulo: Unesp, 2000.
FURLAN, Flávia. Sem medo das redes sociais. *Exame CEO*. São Paulo: Abril, 2013, p. 104-9.
FURTADO, Celso. *O mito do desenvolvimento econômico*. São Paulo: Paz e Terra, 1996.
GALERANI, Gilceana Soares Moreira. *Avaliação em Comunicação Organizacional*. Brasília: Embrapa, 2006.
GARCIA, Maria Tereza. *A arte de se relacionar com a imprensa*. São Paulo: Novatec, 2004.
GARCIA, Ricardo. *Sobre a Terra: um guia para quem lê e escreve sobre meio ambiente*. Lisboa: Público-Comunicação Social, 2006.
GIFFONI, Carlos. Trabalhador muda mais de emprego. *Valor Econômico*. São Paulo, 08/06/2012. Resenha eletrônica. Ministério da Fazenda: 2012. Disponível em http://www2.senado.leg.br/bdsf/bitstream/handle/id/471759/noticia.htm?sequence=1. Acessado em: 7 jul.2013.
GOODMAN, Michael. *Corporate Communication for executives*. EUA, State University of New York, 1998.
GORDON, Ian. *Marketing de relacionamento*. São Paulo: Futura, 1998.
GUIMARÃES, Euclides. Notas sobre a complexidade nas organizações e nas ciências sociais. In: OLIVEIRA, Ivone de Lourdes; SOARES, Ana Thereza Nogueira (org.). *Interfaces e tendências da comunicação no contexto das organizações*. São Caetano do Sul: Difusão, 2008, p. 131-48.
HÉRBET, Michelle Lessard; GOYETTE, Gabriel; BOUTIN, Gérald. *Investigação qualitativa: fundamentos e práticas*. 2.ed. Lisboa: Instituto Piaget, 2005.
HUNT, Tara. *O poder das redes sociais*. São Paulo: Gente, 2010.

ISRAEL, Shel. *A era do Twitter*. Rio de Janeiro: Campus, 2010.
ISSLER, Bernardo. Objetos de pesquisa e campo comunicacional. In: WEBER, Maria Helena; BENTZ, Ione; HOHFELDT, Antonio. *Tensões e objetos da pesquisa em comunicação*. Porto Alegre: Sulina, 2002, p. 36-51.
JUE, Arthur L.; MARR, Jackie Alcade; KASSOTAKIS, Mary Ellen. *Mídias sociais nas empresas: colaboração, inovação, competitividade e resultados*. São Paulo: Évora, 2010.
KANTER, Beth; FINE, Allison H. *Mídias sociais transformadoras*. São Paulo: Évora, 2011.
KEEN, Andrew. *O culto do amador*. Rio de Janeiro: Zahar, 2009.
KOBS, Jim. *Do marketing direto ao database marketing*. São Paulo: Makron Books, 1993.
KOPPLIN, Elisa; FERRARETO, Luiz Artur. *Assessoria de imprensa: teoria e prática*. Porto Alegre: Sagra, 1993.
KUNSCH, Margarida Maria Krohling (org.). *A comunicação como fator de humanização das organizações*. São Caetano do Sul: Difusão, 2010.
_____ (org.). *Comunicação organizacional: histórico, fundamentos e processos*. v. 1. São Paulo: Saraiva, 2009a.
_____ (org.). *Comunicação organizacional: linguagem, gestão e perspectivas*. v. 2. São Paulo: Saraiva, 2009b.
_____ (org.). *Gestão estratégica em Comunicação Organizacional e Relações Públicas*. São Caetano do Sul: Difusão, 2008.
_____. *Planejamento de Relações Públicas na Comunicação Integrada*. São Paulo: Summus, 2003.
_____ (org.). *Relações Públicas e Comunicação Organizacional: campos acadêmicos e aplicados de múltiplas perspectivas*. São Caetano do Sul: Difusão, 2009c.
_____. *Relações Públicas e modernidade*. São Paulo: Summus, 1997.
LEFÈVRE, Fernando; LEFÈVRE, Ana Maria Cavalcanti. *O discurso do sujeito coletivo: um novo enfoque em pesquisa qualitativa (Desdobramentos)*. Caxias do Sul: Educs, 2003.
LEFF, Enrique. *A complexidade ambiental*. São Paulo: Cortez, 2003.
_____. *Discursos sustentáveis*. São Paulo: Cortez, 2010.
_____. *Ecologia, capital e cultura*. Petrópolis: Vozes, 2009.
_____. *Epistemologia ambiental*. 4.ed. São Paulo: Cortez, 2006b.
_____. *Racionalidade ambiental*. Rio de Janeiro: Civilização Brasileira, 2006a.
_____. *Saber ambiental*. 5.ed. Petrópolis: Vozes, 2007.
LESLY, Philip. *Os fundamentos de Relações Públicas e da Comunicação*. São Paulo: Pioneira, 1995.
LI, Charlene. *Liderança aberta: como as mídias sociais transformam o modo de liderarmos*. São Paulo: Évora, 2011.

LI, Charlene; BERNOFF, Josh. *Fenômenos sociais nos negócios*. Rio de Janeiro: Campus, 2009.

LIMA, Gerson Moreira. *Releasemania*. São Paulo: Summus, 1985.

LINDEGAARD, Stefan. *A revolução da inovação aberta*. São Paulo: Évora, 2011.

LINNEMAN, Robert; STANTON Jr, John L. *Marketing de nichos: estratégia vencedora*. São Paulo: Makron Books, 1993.

LIPKIN, Nicole; PERRYMORE, April. *A geração Y no trabalho*. Rio de Janeiro: Elsevier, 2010.

LODI, João Bosco. *Lobby: os grupos de pressão*. São Paulo: Pioneira, 1986.

LOPES, Boanerges. *Abaixo o nada a declarar! O assessor de imprensa na era da globalização*. Rio de Janeiro: Zabelê, 1998.

LOPES, Boanerges (org.). *Gestão em Comunicação Empresarial: teoria e técnica*. Juiz de Fora: UFJF, 2007.

_____. *O que é assessoria de imprensa*. São Paulo: Brasiliense, 1994.

LOPES, Boanerges; VIEIRA, Roberto Fonseca. *Jornalismo e Relações Públicas: ação e reação. Uma perspectiva conciliatória possível*. Rio de Janeiro: Mauad, 2004.

LOPES, Maria Immacolata Vassalo. *Comunicação, disciplinaridade e pensamento complexo*. GT "Epistemologia" do XVI Encontro da Compós, Curitiba, 2007.

_____. *Pesquisa em Comunicação*. São Paulo: Loyola, 1990.

_____. *Pesquisa em Comunicação*. São Paulo: Loyola, 2003.

_____. Reflexidade e relacionismo como questões epistemológicas na pesquisa empírica em Comunicação. In: BRAGA, José Luiz; LOPES, Maria Immacolata Vassalo de; MARTINO, Luiz Cláudio (org.). *Pesquisa empírica em comunicação*. São Paulo: Paulus, 2010, p. 27-49.

LOPES, Marilene. *Quem tem medo de ser notícia?* São Paulo: Makron Books, 2000.

LUCAS, Luciane (org.). *Media training: como agregar valor ao negócio melhorando a relação com a imprensa*. São Paulo: Summus, 2007.

LUECKE, Richard. *Gerenciando a crise*. Rio de Janeiro: Record, 2007.

LUFT, Schirley. *Jornalismo, meio ambiente e Amazônia: os desmatamentos nos jornais O Liberal do Pará e A Crítica do Amazonas*. São Paulo: Annablume/Fapesp, 2005.

MAFEI, Maristela. *Assessoria de imprensa: como se relacionar com a mídia*. São Paulo: Contexto, 2004.

MAIA JÚNIOR, Humberto. O foco é nos melhores. *Exame CEO*. São Paulo: Abril, ago. 2013, p. 70-4.

MAINGUENEAU, Dominique. *Análise de textos de Comunicação*. São Paulo: Cortez, 2001.

MARCHIORI, Marlene. (org.). *Comunicação e organização: reflexões, processos e práticas*. São Caetano do Sul: Difusão, 2010.

_____. Comunicação organizacional e perspectivas metateóricas: interfaces e possibilidades de diálogo no contexto das organizações. In: OLIVEIRA, Ivone de Lourdes; SOARES, Ana Thereza Nogueira (org.). *Interfaces e tendências da comunicação no contexto das organizações*. São Caetano do Sul: Difusão, 2008, p. 179-200.

_____. *Cultura e Comunicação Organizacional*. São Caetano do Sul:Difusão, 2006.

MARTIN, Joanne Martin. *Cultures in organizations: three perspectives*. Oxford: Oxford University, 1992.

MARTINO, Luiz Cláudio. Panorama da pesquisa empírica em Comunicação. In: BRAGA, José Luiz; LOPES, Maria Immacolata Vassalo de; _____. (org.). *Pesquisa empírica em comunicação*. São Paulo: Paulus, 2010, p. 135-60.

MARTINS, Gilberto de Andrade. *Estudo de caso: uma estratégia de pesquisa*. 2.ed. São Paulo: Atlas, 2008.

MARTINS, José S. *O poder da imagem*. 3.ed. São Paulo: Intermeios, 1993.

McCONNEL, Bem; HUBA, Jackie. *Buzzmarketing: criando clientes evangelistas*. São Paulo: M. Books do Brasil, 2006.

_____. *Citizens marketers*. São Paulo: M.Books do Brasil, 2008.

McKENNA, Regis. *Competindo em tempo real*. Rio de Janeiro: Campus, 1998.

MINISTÉRIO DA INTEGRAÇÃO NACIONAL. *Glossário de Defesa Civil, Estudos de riscos e Medicina de desastres*. Brasília: Secretaria Nacional de Defesa Civil, 2009.

_____. *Manual de Gerenciamento de Desastres – Sistema de Comando em Operações*. Brasília: Secretaria Nacional de Defesa Civil, 2010a.

_____. *Política Nacional de Defesa Civil*. Brasília: Secretaria Nacional de Defesa Civil, 2008.

_____. *Sistema de Comando em operações – Guia de Campo*. Brasília: Secretaria Nacional de Defesa Civil, 2010b.

MITCHEL, R.K.; AGLE, B.R.; WOOD, D. J. Toward a theory of stakeholder identification and salience: defining the principle of who and what really counts. *Academy of Management Review*, v.22, n. 4, p.853-86, oct. 1997.

MONTEIRO, Diego; AZARITE, Ricardo. *Monitoramento e métricas de mídias sociais: do estagiário ao CEO*. São Paulo: DVS, 2012.

MORGAN, Gareth. *Imagens da organização*. São Paulo: Atlas, 1996.

MORIN, Edgar. *Introdução ao pensamento complexo*. 4.ed. Porto Alegre: Sulina, 2011.

MOURA, Cláudia Peixoto de. *Grupos de pesquisa em Relações Públicas e Comunicação Organizacional: uma proposta metodológica para a análise das práticas acadêmicas*. Disponível em: http://confibercom.org/anais2011/pdf/74.pdf. Acessado em: 07 fev. 2012.

_____. *Práticas acadêmicas em Relações Públicas: processos, pesquisas, aplicações*. Porto Alegre: Sulina, 2011.

NASSAR, Paulo (org.). A comunicação organizacional na contemporaneidade. Entrevista concedida à revista Novos Olhares, edição 17, 1º semestre/2006. Disponível em: http://www.revistas.univerciencia.org/index.php/novosolhares/article/viewFile/8176/7541. Acessado em: 15 out. 2012.

_____. *Comunicação interna: a força das empresas*. v. 1. São Paulo: Aberje, 2003.

NELSON, Peter. *Dez dicas práticas para reportagens sobre o meio ambiente*. Brasília: WWF/CFJ, 1994.

NEPOMUCENO, Carlos. *Gestão 3.0: a crise das organizações*. Rio de Janeiro: Campus, 2013.

NEVES, Roberto de Castro. *Crises empresariais com a opinião pública*. Rio de Janeiro: Mauad, 2002.

_____. *Imagem empresarial*. Rio de Janeiro: Mauad, 1998.

NOGUEIRA, Nemércio. *Media training*. São Paulo: Cultura, 1999.

NONAKA, Ikujiro; TAKEUCHI, Hirotaka. *Criação de conhecimento na empresa*. Rio de Janeiro: Campus, 1997.

NORI, Walter; VALENTE, Célia. *Portas Abertas*. São Paulo: Círculo do Livro: 1990.

NOVAES, Washington. *A quem pertence a informação?* 2.ed. Petrópolis: Vozes, 1996.

OLIVA, Ana Paula de Oliveira. *Universidade online: as salas de imprensa em universidades paulistas*. Dissertação (Mestrado) – Programa de Pós-Graduação em Comunicação Social da Umesp, São Paulo, 2008.

OLIVEIRA, Ivone de Lourdes; LIMA, Fábia Pereira (org.). *Propostas conceituais para a comunicação no contexto organizacional*. São Caetano: Difusão, 2012.

OLIVEIRA, Ivone de Lourdes; MARCHIORI, Marlene (org.). *Redes sociais, comunicação, organizações*. São Caetano do Sul: Difusão, 2012.

OLIVEIRA, Ivone de Lourdes; SOARES, Ana Thereza Nogueira (org.). *Interfaces e tendências da comunicação no contexto das organizações*. São Caetano do Sul: Difusão, 2008.

ORGANIZAÇÃO MUNDIAL DA SAÚDE. *Comunicação eficaz com a mídia durante emergências de saúde pública: um manual da OMS*. Brasília: Ministério da Saúde, 2009.

PALMA, Jaurês. *Jornalismo Empresarial*. 2.ed. Porto Alegre: Sagra, 1994.

PASSOS, Deusa Maria de Souza-Pinheiro. *Linguagem, política e Ecologia: uma análise do discurso de Partidos Verdes*. Campinas: Pontes, 2006.

PENA, Felipe. *Teoria do Jornalismo*. 2.ed. São Paulo: Contexto, 2010.

PERUZZO, Cicília M. Krohling. Em busca dos objetos de pesquisa em comunicação no Brasil. In: WEBER, Maria Helena; BENTZ, Ione; HOHFELDT, Antonio. *Tensões e objetos da pesquisa em comunicação*. Porto Alegre: Sulina, 2002, p. 52-72.

PHILLIPS, Jack J.; MYHILL, Monica; McDONOUGH, James B. *O valor estratégico dos eventos: como e por que medir ROI*. São Paulo: Aleph, 2008.

PINHEIRO DO NASCIMENTO, Elimar; VIANNA, João Nildo de Souza (org.). *Economia, meio ambiente e comunicação*. Rio de Janeiro: Garamond, 2006.

PLÁ DE LEÓN, Maria Lenilde Silva. *Empresa x imprensa: uma relação produtiva*. São Paulo: IOB, 1991.

POPCORN, Faith; MARIGOLD, Elys. *Click*. Rio de Janeiro: Campus, 1997.

POUPART, Jean et al. *A pesquisa qualitativa: enfoques epistemológicos e metodológicos*. Petrópolis: Vozes, 2008.

POWELL, Guy R.; GROVES, Steven W.; DIMOS, Jerry. *Retorno sobre o investimento em mídias sociais*. Rio de Janeiro: Elsevier, 2011.

POYARES, Walter. *Imagem pública*. São Paulo: Globo, 1997.

RABELO, Desirée Cipriano. *Comunicação e mobilização na Agenda 21 local*. Vitória: Edufes/Facited, 2003.

RAMALHO, José Antonio. *Mídias sociais na prática*. São Paulo: Elsevier, 2010.

RAMOS, Luís Fernando Angerami. *Meio ambiente e meios de comunicação*. São Paulo: Annablume/Fapesp, 1995.

RECUERO, Raquel. *Redes sociais na internet*. Porto Alegre: Sulina, 2009.

REIS, Maria do Carmo; MARCHIORI, Marlene. A relação comunicação-estratégia no contexto das práticas organizacionais. In: MARCHIORI, Marlene (org.). *Comunicação e organização: reflexões, processos e práticas*. São Caetano do Sul: Difusão, 2010, p.167-87.

REY, Fernando González. *Pesquisa qualitativa e subjetividade: os processos de construção da informação*. São Paulo: Pioneira Thompson Learning, 2005.

RIGHETTI, Sabine. Desastres naturais mataram quase 30 mil pessoas em 2011. *Folha de S. Paulo*. São Paulo, 19/01/2012, p.C9.

ROSA, Mário. *A era do escândalo*. São Paulo: Geração, 2003.

_____. *A reputação na velocidade do pensamento*. São Paulo: Geração, 2006.

_____. *A síndrome de Aquiles: como lidar com as crises de imagem*. São Paulo: Gente, 2001.

ROSENWALD, Peter J. *Accountable Marketing: otimizando resultados dos investimentos em Marketing*. São Paulo: Pioneira Thompson Learning, 2005.

ROSSETTI, Regina. A ruptura epistemológica com o empirismo ingênuo e inovação na pesquisa empírica em Comunicação. In: BRAGA, José Luiz; LOPES, Maria Immacolata Vassalo de; MARTINO, Luiz Cláudio (org.). *Pesquisa empírica em comunicação*. São Paulo: Paulus, 2010, p. 72-86.

RÜDIGER, Francisco. *Ciência Social crítica e pesquisa em Comunicação*. São Leopoldo: Unisinos, 2002.

SANTAELLA, Lucia. *Comunicação & Pesquisa*. São Paulo: Hacker, 2001.

SANTINI DE ABREU, Miriam. *Quando a palavra sustenta a farsa: o discurso jornalístico do desenvolvimento sustentável*. Florianópolis: UFSC, 2006.

SANTOS, Boaventura de Sousa (org.). *Semear outras soluções: os caminhos da biodiversidade e dos conhecimentos rivais*. Rio de Janeiro: Civilização Brasileira, 2005.

SCHULER, Maria. Comunicação e transdisciplinaridade na era da complexidade. In: KUNSCH, Margarida Maria Krohling (org.). *Relações Públicas e Comunicação Organizacional: campos acadêmicos e aplicados de múltiplas perspectivas*. São Caetano do Sul: Difusão, 2009, p. 183-202.

SCOTT, David Meerman. *As novas regras do marketing e de Relações Públicas*. Rio de Janeiro: Elsevier, 2008.

_____. *Marketing e comunicação em tempo real*. São Paulo: Évora, 2011.

SCROFERNEKER, Cleusa Maria Andrade. (org.). Comunicação Organizacional: certezas e incertezas. In: SCROFERNEKER, Cleusa Maria Andrade (org.). *O diálogo possível: Comunicação Organizacional e paradigma da complexidade*. Porto Alegre: EDIPUCRS, 2008b, p.15-30.

_____ (org.). *O diálogo possível: Comunicação Organizacional e Paradigma da Complexidade*. Porto Alegre: EDIPUCRS, 2008a.

_____. Perspectivas contemporâneas da Comunicação Organizacional no Brasil. In: MOURA, Cláudia Peixoto de Moura; FOSSATTI, Nelson Costa. *Práticas acadêmicas em Relações Públicas: processos, pesquisas, aplicações*. Porto Alegre: Sulina, 2011, p.199-215.

SHAPIRO, Carl; VARIAN, Hal R. *A economia da informação*. Rio de Janeiro: Campus, 1999.

SHIVA, Vandana. *Monoculturas da mente*. São Paulo: Gaia, 2003.

SILVERMAN, David. *Interpretação de dados qualitativos*. 3.ed. Porto Alegre: Artmed, 2009.

SINA, Amalia. *Crise & Oportunidade*. 2.ed. São Paulo: Saraiva, 2005.

SOBREIRA, Geraldo. *Como lidar com os jornalistas*. São Paulo: Geração, 1993.

STARKEY, Ken. *Como as organizações aprendem*. São Paulo: Futura, 1997.

STERNE, Jim. *Métricas em mídias sociais*. São Paulo: Nobel, 2011.

STONE, Merlin; WOODCOCK, Neil. *Marketing de relacionamento*. São Paulo: Littera Mundi, 1998.

SUSSKIND, Lawrence; FIELD, Patrick. *Em crise com a opinião pública*. São Paulo: Futura, 1997.

TAPARELLI, Alessandra Torrazas et al. *Relações assessorias & redações*. São Paulo: Sindicato dos Jornalistas Profissionais no Estado de São Paulo, 1999.
TAPSCOTT, Don; WILLIANS, Anthony. *Wikinomics: como a colaboração em massa pode mudar o seu negócio*. Rio de Janeiro: Nova Fronteira, 2007.
TAVARES, Mauro Calixta. *A força da marca*. São Paulo: Harbra, 1998.
TELLES, André. *A revolução das mídias sociais*. São Paulo: M. Books do Brasil, 2010.
TERRA, Carolina Frazon. *Blogs corporativos: modismo ou tendência?* São Caetano do Sul: Difusão, 2008.
_____. *Mídias sociais... e agora?* São Caetano do Sul: Difusão; Rio de Janeiro: Senac, 2011.
TORQUATO DO REGO, Francisco Gaudêncio. *Comunicação Empresarial/Comunicação Institucional*. São Paulo: Summus, 1986.
TRIGUEIRO, André. *Mundo sustentável: abrindo espaço na mídia para um planeta em transformação*. Rio de Janeiro: Globo, 2005.
URBAN, Teresa. *Em outras palavras. Meio ambiente para jornalistas*. Curitiba: Senar-PR/Sema, 2002.
VAGAS TECNOLOGIA. Retrato dos Chefes no Brasil, enquete inédita Vagas revela como os subordinados veem seus superiores. Disponível em: http://www.vagas.com.br/noticias/retrato-dos-chefes-no-brasil-como-os-subordinados-veem-seus-superiores. Acessado em: 15 set.2013.
VALENTE, Célia; NORI, Walter. *Portas abertas*. São Paulo: Best Seller, 1990.
VALENTI, Graziella. Elas conseguem os melhores resultados. *Valor Econômico*, 17/06/2013, p. D3.
VAZ, Gil Nuno. *Marketing institucional*. São Paulo: Pioneira, 1995.
VEIGA, José Eli da. *A emergência socioambiental*. São Paulo: Senac, 2007.
VIANA, Francisco. *De cara com a mídia: comunicação corporativa, relacionamento e cidadania*. São Paulo: Negócio, 2001.
VILAS BOAS, Sérgio (org.). *Formação & informação ambiental*. São Paulo: Summus, 2004.
VILLELA, Regina. *Quem tem medo da imprensa?* Rio de Janeiro: Campus, 1998.
WEBER, Maria Helena; BENTZ, Ione; HOHLFELDT, Antonio. *Tensões e objetos da pesquisa em Comunicação*. Porto Alegre: Sulina, 2002.
WEINBERG, Tamar. *As novas regras da comunidade: marketing na mídia social*. Rio de Janeiro: Alta Books, 2010.
WOLF, Mauro. *Teorias da Comunicação*. Lisboa: Presença, 2002.
WRIGHT, Jeremy. *Blog marketing: A nova e revolucionária maneira de aumentar vendas, estabelecer sua marca e alcançar resultados excepcionais*. São Paulo: M. Books do Brasil, 2008.

WWF-BRASIL & IIEB. *Manual de comunicação e meio ambiente*. São Paulo: Peirópolis, 2004.

YANAZE, Mitsuro. *Retorno de investimentos em Comunicação: avaliação e mensuração*. São Caetano do Sul: Difusão, 2010.

YIN, Roberto K. *Estudo de caso: planejamento e métodos*. 4.ed. Porto Alegre: Bookman, 2010.

ZENATTI, Ana Paula de Assis; SOUSA, Soledad Yaconi Urrutia de. *Comunicação em desastres: a atuação da imprensa e o papel da Assessoria Governamental*. Florianópolis: Governo do Estado de SC-SJC/DEDC-UFSC/Ceped, 2010.

ZOBARAN Sérgio; CAMARA, Leopoldo. *A segunda imprensa*. Rio de Janeiro: Rocco, 1994.

Índice remissivo

A

Abrapcorp 11, 165, 179, 187, 189
Assessoria de imprensa 53, 55, 60, 61, 63, 64, 66, 131, 191, 206
Auditoria 210, 211
   de imagem 133, 213
   de comunicação 134
   de imagem na mídia 187, 205, 206, 211

C

Clipping 65, 205
Complexidade 4, 5, 8, 16, 42, 53, 56, 60
Comunicação 31, 45
   em situações críticas 86
   em situações de risco 79
Comunicação empresarial 15
   trajetória 11
Comunicação estratégica 7, 8, 13, 14, 15, 26, 72, 73
Comunicação integrada 7, 8, 13, 21, 63, 89, 125
Comunicação interna 23, 25, 26, 29, 30, 31, 32, 33, 34, 35, 71, 97, 102, 107, 108, 113, 119, 120, 121, 130, 145
Comunicação organizacional 53, 56, 57, 181
Crise 69, 75, 87
Cultura 30
Cultura de comunicação 30, 33

D

Desastres 80, 81, 83, 94
   humanos 81
   naturais 80
Desenvolvimento sustentável 37, 40

Diversidade corporativa 69, 70, 71, 72

E

Economia verde 17
Embrapa 135, 136
Estratégia 7
Estudo de caso 179

F

Fan pages 142
Fazer assessoria de imprensa 54

G

Geração Y 97, 103, 104, 105, 106, 108
Gestão da comunicação 91, 94
Gestão das situações críticas 82
Grupos de pesquisa 188

H

House-organ 5, 6, 19, 26, 28, 32, 33, 113, 120, 130, 134, 142, 182

I

IFSC 137
Índice de Desenvolvimento Humano (IDH) 17, 38
Instituto Federal de Santa Catarina (IFSC) 136
Integração 7
Inteligência empresarial 210, 212
Intercom 165

J

Jogo de interesses 93

L

Liderança aberta 108, 114, 119
Lobbies 93

M

Marketing verde 18
Metodologia da Pesquisa 176
Métodos e técnicas de pesquisa em Comunicação 187
Métricas 152
Mídias sociais XI, XII, 13, 35, 58, 61, 62, 97, 113, 116, 118, 119, 121, 137, 139, 140, 141, 143, 144, 145, 146, 148, 149, 150, 151, 152, 154, 155

P

PCS 125, 126
Pesquisa em Comunicação 159, 160, 162, 164, 170, 171, 173, 174, 175, 180, 185
Pesquisa em Comunicação Empresarial 159, 164, 165, 166, 169, 183, 185, 199
Pesquisa em Comunicação Organizacional 177, 178, 179, 183, 186, 187, 188, 190, 192, 193, 194, 197
Planejamento em comunicação 87
Plano de comunicação 126, 130, 134, 137
Plano de Comunicação Social (PCS) 124
Política de Comunicação 13, 15, 16, 72, 123, 124, 126, 127, 128, 129, 130, 131, 132, 134, 135, 136, 137, 138, 151
Política de Comunicação Empresarial 203, 204
Público interno 5, 26, 27, 30

R

Rádio Corredor 134
Rádio Peão 19, 70, 134, 172
Redes e mídias sociais 102, 108, 118
Redes sociais 71, 107, 108, 117, 118
  na web 134
Relacionamento com a imprensa 61, 64, 137
Relacionamento com a mídia 54, 55, 60, 65, 66, 92, 95, 131, 211

Relatório Brundtland 37, 39
Releases 61, 65

S

Salas de imprensa 65
SCO 84, 85, 86
Sistema de Comando em Operações (SCO) 83
Situações críticas 80, 81, 82
Stakeholders 10, 14, 16, 19, 57, 58, 59, 60, 61, 62, 69, 72, 74, 78, 102, 126, 130, 140, 142, 152, 167

Sustentabilidade XI, XII, 13, 16, 17, 18, 37, 39, 40, 45, 47, 48, 49, 50, 51, 70, 130, 142, 171, 172, 182

T

Toyota 75, 76, 77

V

Valor Econômico 208

W

Wikieconomia 97, 103